全国中医药行业中等职业教育"十三五"规划教材

有机化学

（供药学、中药、中药制药、医学检验技术和药品食品检验等专业用）

主　编 ◎ 庞满坤

中国中医药出版社

·北　京·

图书在版编目（CIP）数据

有机化学 / 庞满坤主编 . —北京：中国中医药出版社，2018.7（2023.1 重印）
全国中医药行业中等职业教育"十三五"规划教材
ISBN 978 - 7 - 5132 - 4781 - 8

Ⅰ．①有⋯　Ⅱ．①庞⋯　Ⅲ．①有机化学—中等专业学校—教材
Ⅳ．① O62

中国版本图书馆 CIP 数据核字（2018）第 031829 号

中国中医药出版社出版

北京经济技术开发区科创十三街31号院二区8号楼
邮政编码　100176
传真　010-64405721
万卷书坊印刷（天津）有限公司印刷
各地新华书店经销

开本 787×1092　1/16　印张 14.5　字数 299 千字
2018 年 7 月第 1 版　2023 年 1 月第 3 次印刷
书号　ISBN 978 -7 - 5132 - 4781 - 8

定价　47.00 元
网址　www.cptcm.com

服务热线　010-64405510
购书热线　010-89535836
维权打假　010-64405753

微信服务号　zgzyycbs
微商城网址　https：//kdt.im/LIdUGr
官方微博　http：//e.weibo.com/cptcm
天猫旗舰店网址　https：//zgzyycbs.tmall.com

如有印装质量问题请与本社出版部联系（010-64405510）

　　中医药职业教育是我国现代职业教育体系的重要组成部分，肩负着培养新时代中医药行业多样化人才、传承中医药技术技能、促进中医药服务健康中国建设的重要职责。为贯彻落实《国务院关于加快发展现代职业教育的决定》（国发〔2014〕19号）、《中医药健康服务发展规划（2015—2020年）》（国办发〔2015〕32号）和《中医药发展战略规划纲要（2016—2030年）》（国发〔2016〕15号）（简称《纲要》）等文件精神，尤其是实现《纲要》中"到2030年，基本形成一支由百名国医大师、万名中医名师、百万中医师、千万职业技能人员组成的中医药人才队伍"的发展目标，提升中医药职业教育对全民健康和地方经济的贡献度，提高职业技术院校学生的实际操作能力，实现职业教育与产业需求、岗位胜任能力严密对接，突出新时代中医药职业教育的特色，国家中医药管理局教材建设工作委员会办公室（以下简称"教材办"）、中国中医药出版社在国家中医药管理局领导下，在全国中医药职业教育教学指导委员会指导下，总结"全国中医药行业中等职业教育'十二五'规划教材"建设的经验，组织完成了"全国中医药行业中等职业教育'十三五'规划教材"建设工作。

　　中国中医药出版社是全国中医药行业规划教材唯一出版基地，为国家中医中西医结合执业（助理）医师资格考试大纲和细则、实践技能指导用书、全国中医药专业技术资格考试大纲和细则唯一授权出版单位，与国家中医药管理局中医师资格认证中心建立了良好的战略伙伴关系。

　　本套教材规划过程中，教材办认真听取了全国中医药职业教育教学指导委员会相关专家的意见，结合职业教育教学一线教师的反馈意见，加强顶层设计和组织管理，是全国唯一的中医药行业中等职业教育规划教材，于2016年启动了教材建设工作。通过广泛调研、全国范围遴选主编，又先后经过主编会议、编写会议、定稿会议等环节的质量管理和控制，在千余位编者的共同努力下，历时1年多时间，完成了50种规划教材的编写工作。

　　本套教材由50余所开展中医药中等职业教育院校的专家及相关医院、医药企业等单位联合编写，中国中医药出版社出版，供中等职业教育院校中医（针灸推拿）、中药、护理、农村医学、康复技术、中医康复保健6个专业使用。

　　本套教材具有以下特点：

1. 以教学指导意见为纲领，贴近新时代实际

注重体现新时代中医药中等职业教育的特点，以教育部新的教学指导意

见为纲领，注重针对性、适用性以及实用性，贴近学生、贴近岗位、贴近社会，符合中医药中等职业教育教学实际。

2. 突出质量意识、精品意识，满足中医药人才培养的需求

注重强化质量意识、精品意识，从教材内容结构设计、知识点、规范化、标准化、编写技巧、语言文字等方面加以改革，具备"精品教材"特质，满足中医药事业发展对于技术技能型、应用型中医药人才的需求。

3. 以学生为中心，以促进就业为导向

坚持以学生为中心，强调以就业为导向、以能力为本位、以岗位需求为标准的原则，按照技术技能型、应用型中医药人才的培养目标进行编写，教材内容涵盖资格考试全部内容及所有考试要求的知识点，满足学生获得"双证书"及相关工作岗位需求，有利于促进学生就业。

4. 注重数字化融合创新，力求呈现形式多样化

努力按照融合教材编写的思路和要求，创新教材呈现形式，版式设计突出结构模块化、新颖、活泼，图文并茂，并注重配套多种数字化素材，以期在全国中医药行业院校教育平台"医开讲－医教在线"数字化平台上获取多种数字化教学资源，符合职业院校学生认知规律及特点，以利于增强学生的学习兴趣。

本套教材的建设，得到国家中医药管理局领导的指导与大力支持，凝聚了全国中医药行业职业教育工作者的集体智慧，体现了全国中医药行业齐心协力、求真务实的工作作风，代表了全国中医药行业为"十三五"期间中医药事业发展和人才培养所做的共同努力，谨此向有关单位和个人致以衷心的感谢！希望本套教材的出版，能够对全国中医药行业职业教育教学的发展和中医药人才的培养产生积极的推动作用。需要说明的是，尽管所有组织者与编写者竭尽心智，精益求精，本套教材仍有一定的提升空间，敬请各教学单位、教学人员及广大学生多提宝贵意见和建议，以便今后修订和提高。

国家中医药管理局教材建设工作委员会办公室

全国中医药职业教育教学指导委员会

2018 年 1 月

本教材为全国中医药行业中等职业教育"十三五"规划教材之一，主要供中等职业院校药学、中药、中药制药、医学检验技术和药品食品检验等专业使用。本教材是在国家中医药管理局教材建设工作委员会办公室指导下，由中国中医药出版社具体组织，依托《中医药健康服务业发展规划（2015—2020年）》和《中医药发展战略规划纲要（2016—2030年）》，落实教育部中医药职业教育教学指导委员会《关于加快发展中医药现代职业教育的意见》和《中医药现代职业教育体系建设规划（2015—2020年）》精神，按照中等职业教育规划教材的要求编写而成。本教材拥有以下几个特点：

1. 教材体现了"3+2"的基本模块，三个必备模块包括学习目标、正文知识和复习思考；二个可选模块包括案例导入和知识链接。可选模块的内容涉及医药、环境及生命科学等有关的热点话题，既承接正文知识，又明确了学习本门课程的"五性"——针对性、实用性、适应性、科学性和职业性。

2. 理论内容注重选用与专业课严密对接的基础知识，强化为专业课服务的理念和意识，本着"需用为准、够用为度、实用为先"的编写原则，努力夯实专业课必须要求掌握的官能团、结构通式、性质和鉴别等知识。

3. 实验内容多选用验证性实验，同时还根据专业课的需求选用了几个操作性的实验，目的是在有限的操作时间内，尽可能提高学生的动手能力和培养学生严谨求实的科学态度以及理论联系实践的能力，为专业课操作打下坚实的基础。

本教材编写分工如下：第一章绪论，第二章中饱和链烃和不饱和链烃，第三章有机化合物的电子效应，第六章胺、酰胺和重氮、偶氮化合物由庞满坤编写；第二章中芳香烃，第四章中醛、酮和醌，第十一章对映异构体由王振编写；第四章中醇和醚，实训八，实训十由陈炳湘编写；第四章中酚，实训三由史冯琳编写；第四章中羧酸和取代羧酸，第十章氨基酸和蛋白质，实训四，实训五，实训九由端木晶编写；第九章糖，实训一，实训七由王秀丽编写；第七章杂环化合物和生物碱，实训基本知识，实训六由刘敏编写；第四章中酯由于春光编写；第五章卤代烃由祖木热提编写；第八章脂类由王砚辉编写；实训二由张威编写。

使用本教材时，各学校可根据实际情况，在保证课程基本要求的前提下酌情取舍教学内容。本书的章节编写顺序仅供参考，教师可根据需要做出相应调整。

因学术水平及编写能力有限，尽管我们进行了认真细致的编写，书中仍难免存在疏漏，希望广大师生提出宝贵意见，以便再版时修订提高。

《有机化学》编委会

2018 年 3 月

▌理论部分▌

▌实训部分▐

理论部分

第一章

绪 论

有机化学与医学关系十分密切。人体的组织主要由有机化合物组成；人类生命的过程，其实质是人体内各种各样有机化合物反应的结果；作为人类主要食物的糖类、脂肪和蛋白质在体内的代谢过程都是由各种有机化学反应组成。有机化学是药学、中药学等专业最重要的基础学科，药物的精制、药物剂型的制备、药物的鉴定、药物的贮存、药物的构效关系等都离不开有机化学的相关理论，作为一名药事和医学人员一定要学好这门学科，夯实基础，不断提高实验操作技能，为就业工作岗位奠定坚实的基础。

扫一扫，看课件

第一节　有机化合物和有机化学

【学习目标】

1. 掌握有机化合物、官能团的概念。
2. 熟悉有机化合物的特点；有机化合物的结构理论和书写方式；有机化合物的分类；有机化合物的命名。
3. 了解有机化学与药学的关系。

1

📖 **案例导入**

阿司匹林

$$\begin{array}{c} O \\ \parallel \\ O-C-CH_3 \\ COOH \end{array}$$

阿司匹林为解热镇痛药，还具有抗血小板聚集作用，在防病治病方面起着非常重要的作用。

问题：1. 阿司匹林属于哪种类型有机化合物？

2. 阿司匹林结构特点和稳定性如何？

一、有机化合物和有机化学

（一）有机化合物和有机化学

人们把碳氢化合物及其衍生物统称为有机化合物，简称有机物。研究有机化合物的组成、结构、性质、制备、用途及其有关理论的科学称为有机化学。有机物在组成上都含有碳元素，但并非所有含碳的化合物都是有机物，如二氧化碳、碳酸盐等为无机物。有机物的界定是人类在自然界的生产劳动和科学实验过程中，不断总结认识的结果。

随着现代科学技术的不断发展，人们对有机化学的认知水平不断提高，并不断地开发合成出许许多多的新用法、新功能的有机物，例如合成塑料、合成树脂、合成纤维、合成药物、合成蛋白等，并且新的有机物仍在不断地被发现并合成出来。

（二）有机化合物的特点

有机物已有3000多万种，它们一般具有以下特性：

1. **可燃性** 大多数有机物在空气中能燃烧，生成二氧化碳和水。极少数除外，例如四氯化碳是有机物，不仅不燃烧反而用于灭火。

2. **熔点低、热稳定性差** 有机物的熔点大多在300℃以下，很少超过400℃，而无机物的熔点则较高。

3. **难溶于水** 大多数有机物属非极性或弱极性分子，难溶于水，而易溶于非极性或弱极性的苯、酒精、乙醚、丙酮等有机溶剂，也有例外，例如酒精在水中可无限混溶。

4. **反应速度较慢、反应产物复杂** 有机物的反应速率大多缓慢，且常伴有副反应发生，副产物比较复杂。因此，在书写有机化学反应方程式时，只要求写出主要反应物和生成物，一般不需要配平，在反应物和生成物之间用单箭头" ⟶ "连接。

5. **分子组成复杂** 构成有机物的元素种类虽然不多，但有机物分子中各个原子间的相互关系非常复杂，普遍存在着同分异构现象。

二、有机化合物的结构

（一）碳原子总是四价

碳原子最外层有4个电子，在化学反应中既不易失去电子，也不易获得电子，常以4个共价键和氢、氧、氮等元素的原子结合形成共价化合物。碳原子的这种成键方式，决定了碳原子必定显示4价。若用1个短线"—"代表1个价键（一个共用电子对），则有机物分子中碳原子周围4个价键的存在方式有如下4种情况：

$$ \overset{|}{\underset{|}{C}} \qquad C= \qquad -C\equiv \qquad =C= $$

碳原子周围连接的原子数目　　4个　　　　3个　　　　2个　　　　2个

（二）碳原子间的成键方式

碳原子不仅能跟H、O、N等原子形成共价键，而且也能通过共用一对、二对或三对电子与另一碳原子结合成碳碳单键、碳碳双键或碳碳叁键。

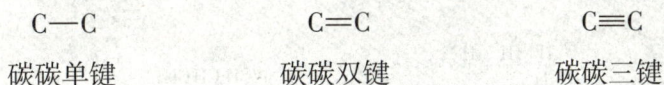

$$ C—C \qquad\qquad C=C \qquad\qquad C\equiv C $$

碳碳单键　　　　　　　　碳碳双键　　　　　　　　碳碳三键

例如：

乙烷　　　　　　　　乙烯　　　　　　　　乙炔　　　　　　　　环戊烷

（三）碳原子的连接形式

由碳原子相互结合后构成的有机化合物基本碳链骨架称为碳架。按照碳原子之间的连接形式，碳架可分链状和环状两类。

碳原子之间连接成或长或短、首尾不相连的一条或几条碳链称为链状碳链，例如：

$$ CH_3CH_2CH_2CH_3 \qquad\qquad \underset{\underset{CH_3}{|}}{CH_3CHCH_3} $$

碳原子之间首尾相连形成环状的碳链称为环状碳链，例如：

（四）有机物分子结构式的表示方法

有机物分子结构式的表示方法主要有结构式、结构简式和键线式。示例见表1-1。

表1-1 结构式、结构简式和键线式示例

分子式	结构式	结构简式	键线式
C_4H_{10}	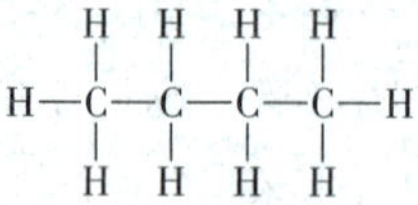	$CH_3CH_2CH_2CH_3$	
C_4H_8	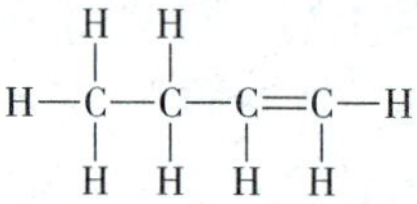	$CH_3CH_2CH{=}CH_2$	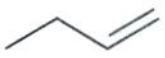
C_4H_6	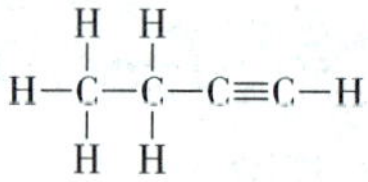	$CH_3CH_2C{\equiv}CH$	
C_4H_{10}	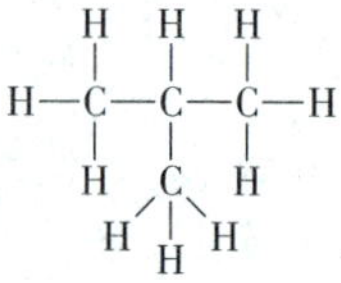	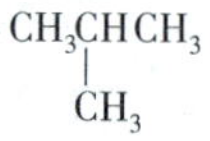 或 $(CH_3)_3CH$	
C_5H_{10}	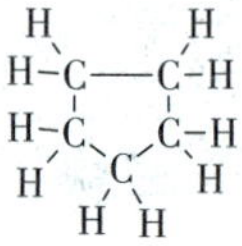	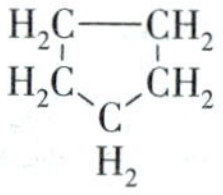	
C_3H_7OH	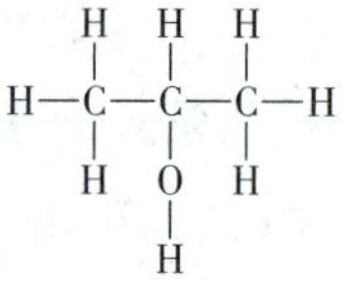	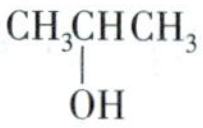	

通常将表示单键的短线去掉，保留双键和叁键，将每个碳原子周围相同的原子或原子团进行合并，这种式子称为结构简式。有机化合物的分子结构一般多采用结构简式来表示。将碳原子和与碳原子相连的氢原子省略不写，除碳氢之外的其他原子和与其他原子相连的氢原子写出，双键和叁键保留，这样的式子称为键线式。环状化合物的结构通常使用键线式表示。

三、有机化合物的分类

有机化合物数目繁多，为了便于学习和研究，必须对有机化合物进行分类。一般有以下两种分类方法。

（一）按碳架分类

1. **链状化合物** 碳原子之间或碳原子与其他原子（如 O 等）相互连接成直链或支链状化合物，因它们最初是在油脂中发现的，所以又称脂肪族化合物。例如：

$$CH_3CH_2CH_2CH_3 \qquad\qquad CH_3CHCH_3$$
$$| $$
$$CH_3$$

正丁烷   2-甲基丙烷

2. **碳环化合物** 全部由碳原子组成一个或多个环状的化合物称为碳环化合物。根据碳环结构特点，又分为脂环化合物和芳香化合物两类。

（1）脂环化合物 这类化合物可看作是由链状化合物首尾相连而成，它们的性质与相应的脂肪族化合物相似，故称脂环化合物。例如：

环戊烷   环己烷   环己醇

（2）芳香化合物 这类化合物大多数含有苯环，具有特殊的性质。例如：

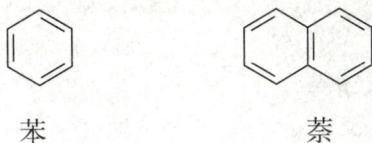

苯   萘

3. **杂环化合物** 环中原子除碳原子外，还含有氧、硫、氮等其他非碳原子（杂原子）的环状化合物。例如：

呋喃   噻吩   吡啶

（二）按官能团分类

决定一类有机化合物化学性质的原子或原子团称为官能团。官能团又称功能基团，有机化学反应主要发生在官能团上，含有相同官能团的有机物往往具有相似的化学性质。因此，学习官能团的性质是学习有机化学的主要内容之一，按官能团分类便于有机化合物的研究和学习。常见的官能团及有机化合物的类别，见表1-2。

表1-2　常见的官能团及有机化合物的类别

官能团	官能团名称	有机化合物类别	实例	
$\overset{\diagdown}{\diagup}C{=}C\overset{\diagup}{\diagdown}$	碳碳双键	烯烃	$H_2C{=}CH_2$	乙烯
$—C{\equiv}C—$	碳碳三键	炔烃	$HC{\equiv}CH$	乙炔
$—OH$	醇羟基	醇	CH_3CH_2OH	乙醇
	酚羟基	酚	C_6H_5OH	苯酚
$\overset{\diagdown}{\diagup}C{-}O{-}C\overset{\diagup}{\diagdown}$	醚键	醚	$CH_3CH_2OCH_2CH_3$	乙醚
$—X$	卤素原子	卤代烃	CH_3CH_2Cl	氯乙烷
$\overset{O}{\overset{\|}{—C—H}}$	醛基	醛	CH_3CHO	乙醛
$\overset{O}{\overset{\|}{—C—}}$	酮基	酮	CH_3COCH_3	丙酮
$—COOH$	羧基	羧酸	CH_3COOH	乙酸
$—NH_2$	氨基	胺	$C_6H_5NH_2$	苯胺
$\overset{O}{\overset{\|}{—C—OR}}$	酯基	酯	$CH_3COOCH_2CH_3$	乙酸乙酯
$\overset{O}{\overset{\|}{—C—NH_2}}$	酰胺键	酰胺	CH_3CONH_2	乙酰胺

四、有机化合物的命名

有机化合物的命名是有机化学研究的重要内容之一，正确的名称不仅能反映有机物的分子组成和分子结构，以区分不同的有机物，而且为有机物的理化性质研究带来便利。

除酯、酰胺和胺等有其自己的命名原则，其他有机物可概括为以下三种类型化合物进行命名。

（一）烷烃的命名

烷烃的命名是其他各类有机物命名的基础，尤为重要。烷烃的命名方法通常有普通命名法和系统命名法两种。

1. 普通命名法（习惯命名法）　该法适用于命名结构较简单的烷烃，基本原则如下：

（1）称"某烷"　根据分子中所含碳原子个数称为"某烷"。含 1~10 个碳原子的烷烃依次用甲、乙、丙、丁、戊、己、庚、辛、壬、癸表示；碳原子数在 10 个以上的用中文数字十一、十二……表示。例如：

CH_4	C_5H_{12}	C_8H_{18}	$C_{12}H_{26}$	$C_{20}H_{42}$
甲烷	戊烷	辛烷	十二烷	二十烷

（2）用正、异、新区分烷烃的同分异构体　"正"表示直链烷烃，"异"和"新"分别表示碳链一端第 2 位碳原子上只连有 1 个甲基和同时连有 2 个甲基支链，此外再无其他支链的烷烃。例如，C_5H_{12} 的 3 个同分异构体的普通命名分别为：

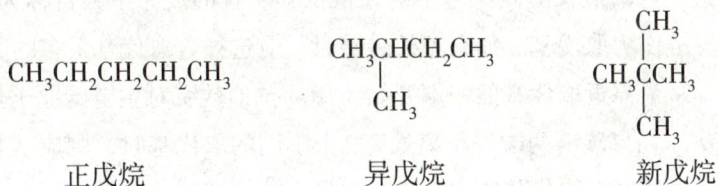

$$CH_3CH_2CH_2CH_2CH_3 \qquad \underset{\underset{CH_3}{|}}{CH_3CHCH_2CH_3} \qquad \underset{\underset{CH_3}{|}}{\overset{\overset{CH_3}{|}}{CH_3CCH_3}}$$

　　　正戊烷　　　　　　　　异戊烷　　　　　　　　新戊烷

普通命名法应用范围有限，一般适用于 6 个碳原子以下烷烃的同分异构体的命名。对于结构比较复杂的烷烃只能用系统命名法来命名。

知 识 链 接

烷 基

烷基是烷烃分子失去 1 个氢原子后所剩余的原子团，用 R-或 $-C_nH_{2n+1}$ 表示。常见烷基的结构式及名称见表 1-3。

表1-3　常见烷基的结构式及名称

烷烃	烷基	烷基名称
CH_4（甲烷）	$CH_3—$	甲基
CH_3CH_3（乙烷）	$CH_3CH_2—$ 或 $C_2H_5—$	乙基
$CH_3CH_2CH_3$（丙烷）	$CH_3CH_2CH_2—$	正丙基
	$CH_3\overset{\displaystyle\mid}{\underset{\displaystyle CH_3}{CH}}—$ 或 $(CH_3)_2CH—$	异丙基
$CH_3CH_2CH_2CH_3$（正丁烷）	$CH_3CH_2CH_2CH_2—$	正丁基
	$CH_3CH_2\overset{\displaystyle\mid}{\underset{\displaystyle CH_3}{CH}}—$	仲丁基
$CH_3\overset{\displaystyle\mid}{\underset{\displaystyle CH_3}{CH}}CH_3$（异丁烷）	$CH_3\overset{\displaystyle\mid}{\underset{\displaystyle CH_3}{CH}}CH_2—$ 或 $(CH_3)_2CHCH_2—$	异丁基
	$CH_3\overset{\displaystyle CH_3}{\underset{\displaystyle CH_3}{—C—}}—$ 或 $(CH_3)_3C—$	叔丁基

2. **系统命名法**　该法的命名原则为：

（1）选主链　选取最长的碳链为主链，根据其所含的碳原子数目称为"某烷"，并以它作为母体，支链作为取代基。如有等长碳链时，应选择含取代基最多的碳链作为主链。

（2）编号　从最靠近取代基的一端开始，用阿拉伯数字对主链碳原子依次编号，以确定取代基的位次。如果碳链两端等距离处有2个不同的取代基时，则应从靠近较小取代基的一端开始编号或使所有取代基的位次代数和最小的一端开始编号。

（3）写出名称　将取代基的位次、名称依次写在母体名称前面，取代基的位次与名称之间用半字线"-"隔开。如果有多个取代基，合并相同的取代基，将其位次逐个按从小到大顺序写出（位次相同时也必须重复写出），位次之间用逗号","隔开，并在取代基名称前用中文数字二、三、四……标明其数目；取代基不相同时，按较小取代基到较大取代基顺序写出。例如：

$$CH_3\overset{\displaystyle\overset{CH_3}{\mid}}{CHCH_2}\overset{\displaystyle\underset{\mid}{CH}}{\underset{CH_2CH_3}{}}CH_3$$

2,4-二甲基己烷

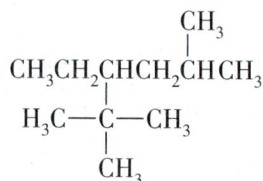

$$\begin{array}{c}CH_3CH_2CH\overset{\displaystyle\overset{CH_3}{\mid}}{CH_2}CHCH_3\\ H_3C—\overset{\displaystyle\overset{}{\mid}}{\underset{\mid}{C}}—CH_3\\ CH_3\end{array}$$

2,2,5-三甲基-3-乙基己烷

（二）含有官能团的链状化合物的命名

该类化合物的命名原则如下：

1. **选主链**　选择含官能团的碳在内的或官能团连接的碳在内的最长碳链为主链。

2. **编号**　从最靠近官能团的一端依次对主链碳原子编号，以确定官能团和取代基的位次。

3. **写名称**　官能团的位次，写在母体之前，用半字线"-"隔开，再将取代基的位次、数目、名称等依次写在官能团位次之前，其他遵循烷烃的命名原则，例如：

$$\overset{5}{CH_3}-\overset{4}{CH}-\overset{3}{CH}-\overset{2}{CH}-\overset{1}{CH_3}$$

$$\underset{CH_3}{}\quad\underset{C_2H_5}{}\quad\underset{OH}{}$$

4-甲基-3-乙基-2-戊醇

$CH_3CHCHCH_2COOH$（带 CH_3 和 CH_3 取代基）

3,4-二甲基戊酸

$CH_3CH_2CHCOOH$（带 CH_3 取代基）

2-甲基丁酸

$CH_3C=CHCH_2CH_3$（带 CH_3 取代基）

2-甲基-2-戊烯

$CH_3C=CCH_3$（带 CH_3、CH_3 取代基）

2,3-二甲基-2-丁烯

$CH_3C\equiv CCHCH_3$（带 CH_3 取代基）

4-甲基-2-戊炔

（三）含有官能团的芳香化合物的命名

遵循含有官能团的链状化合物的命名原则，只是把苯环当成取代基。

H_3C-〇$-COOH$

对甲基苯甲酸

〇$-CH_2OH$

苯甲醇

〇（带 CH_3）$-CHO$

邻甲基苯甲醛

〇$-CH=CHCH_3$

1-苯丙烯

〇$-CH_2COOH$

苯乙酸

第二节　有机化合物的同分异构体和同系物

扫一扫，看课件

【学习目标】

1. 掌握同分异构体、同系物的概念；顺反异构体的概念及形成条件。

2. 熟悉同分异构体的类型。

📚 **案例导入**

CH_3OH（甲醇）、CH_3CH_2OH（乙醇）、CH_3OCH_3（甲醚）三种有机物，甲醇和乙醇分子式不同，但官能团相同；乙醇和甲醚官能团不同，但分子式相同。

问题：这2对有机物在性质上有何变化？

分子的结构决定着分子的性质和用途，反之，根据分子的性质也可以推断进而确定分子的结构。

一、同分异构体的概念

通常将分子式相同，结构式不同的现象称为同分异构现象，具有同分异构现象的化合物互称为同分异构体，简称异构体。

二、同分异构体的类型

（一）碳链异构

在烷烃系列中，除了甲烷、乙烷和丙烷没有同分异构体外，其他烷烃都有同分异构体，并且随着碳原子数目的增加，同分异构体的数量急剧增多。

C_4H_{10}有2种异构体：

$$CH_3CH_2CH_2CH_3 \qquad\qquad CH_3\underset{\underset{CH_3}{|}}{C}HCH_3$$

C_5H_{12}有3种异构体：

$$CH_3CH_2CH_2CH_2CH_3 \qquad CH_3\underset{\underset{CH_3}{|}}{C}HCH_2CH_3 \qquad CH_3\overset{\overset{CH_3}{|}}{\underset{\underset{CH_3}{|}}{C}}CH_3$$

以上5个异构体是由于碳链结构不同而产生，像这种同分异构现象称为碳链异构，烷烃的所有异构体均为碳链异构。将只有1条碳链即没有分支的烷烃称为直链烷烃；有2条或2条以上碳链即有分支的烷烃称为支链烷烃。

（二）官能团异构

分子式为C_2H_6O的有机物有以下两种结构：

$$CH_3CH_2OH \qquad\qquad CH_3OCH_3$$

乙醇（沸点78.3℃） 甲醚（沸点−23.5℃）

两者虽然分子组成相同，但官能团不同（即结构不同），则性质不同，为官能团异构。

(三) 官能团位置异构

$CH_3CH_2C{\equiv}CCH_3$ 、 $HC{\equiv}CCHCH_3$ 是戊炔其中的两个同分异构体，由于叁键所处主
$\qquad\qquad\qquad\qquad\qquad\qquad\qquad |$
$\qquad\qquad\qquad\qquad\qquad\qquad CH_3$
链的位置不同，故称官能团位置异构。

(四) 烯烃的顺反异构

与烷烃不同，烯烃分子中由于含有双键，且双键不能自由旋转，因此当双键碳原子上连接两个不同的原子或原子团时，可能产生两种不同的空间排列方式（称为构型）。例如 2-丁烯有如下两种构型，是两种不同的化合物。

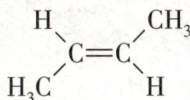

顺-2-丁烯　　　　　　　　　　　反-2-丁烯

其中 2 个相同的原子团在双键同一侧称为顺式，在异侧称为反式。这种由于分子中的原子或原子团在空间的排列方式不同而产生的同分异构现象，称为顺反异构，又称为几何异构。不同构型的分子称为顺反异构体。

产生顺反异构体必须具备以下两个条件：

（1）分子中存在碳碳双键。

（2）双键碳原子连接的两个原子或原子团必须是不相同的。如下面（a）、（b）式：

（a）　　　　　　　　　　　（b）

结构比较复杂的烷烃只能用系统命名法来命名。

知　识　链　接

脂肪杀手——反式脂肪酸

脂肪酸是油脂的主要成分之一，可分为饱和脂肪酸和不饱和脂肪酸。来源于植物，室温下呈液态油脂中的脂肪酸为不饱和脂肪酸，多为顺式结构；反式脂肪酸在自然界原本不存在，多数是在油脂的加工过程中由于加氢、长时间高温等引起脂肪酸结构变化，顺式脂肪酸转变为反式脂肪酸，室温下呈固态。反式脂肪酸广泛存在于人们经常吃的食物中，如人造奶油、起酥油、沙拉酱、酥脆食品、饼干、炸薯条、奶油蛋糕等。反式脂肪酸严重影响人体的健康，被称为"脂肪杀

手"，它能影响生长发育、造成大脑功能衰退、诱发糖尿病、导致肥胖、容易形成血栓、引发冠心病、影响男性生育能力等。

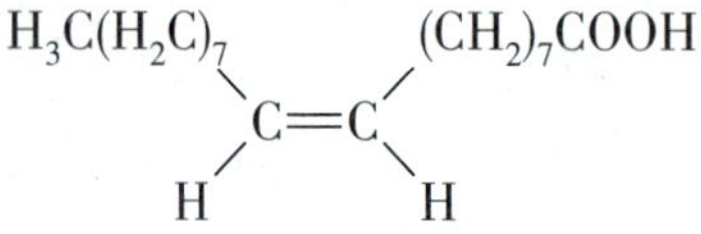

顺式脂肪酸（油酸） 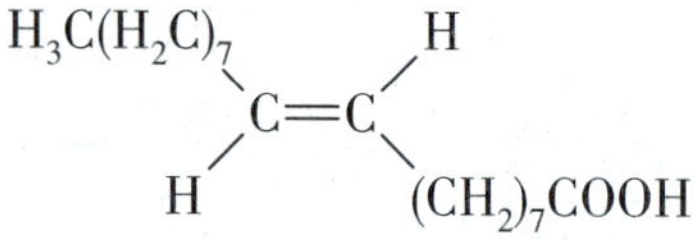　　　　　　　　反式脂肪酸（反油酸）

三、同系物

结构相似，在分子组成上相差一个或几个 CH_2 原子团的有机物，互称为同系物。例如：

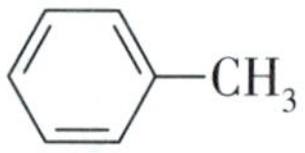

（A）

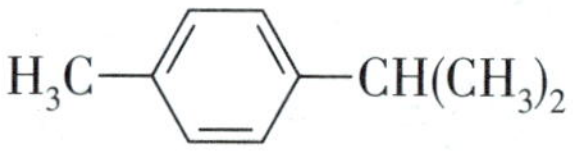

（B）

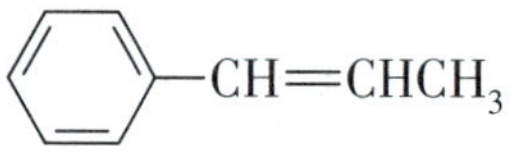

（C）

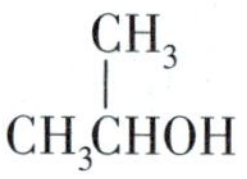

（D）

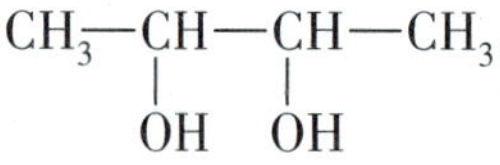

（E）

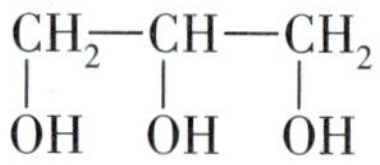

（F）

$CH_3CH_2CH_2OH$

（G）

$CH_3CH_2CH_2CH_2OH$

（H）

（A）与（B）互为同系物；（D）或（G）与（H）互为同系物。

第三节　有机化学反应

扫一扫，看课件

【学习目标】

1. 掌握氧化反应、加成反应、还原反应、取代反应、消去反应的概念。
2. 熟悉氧化反应、加成反应、还原反应、取代反应、消去反应的特点。

案例导入

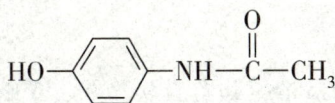

对乙酰氨基酚　　　　　　　　　　　　阿司匹林

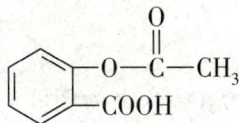

对乙酰氨基酚和阿司匹林都是解热镇痛药，尽管两者药效相近，但发生的化学反应类型不尽相同，药物的稳定性也有差异。

问题：1. 这两种解热镇痛药在结构上有什么不同？

2. 各自都能发生哪些化学反应？

有机化学反应类型很多，但主要有氧化反应、加成反应、取代反应、消去反应、水解反应等几种。认识这几种有机化学反应，将有助于学生深入学习研究有机化合物的性质和有机化合物的应用。

一、氧化反应

（一）定义

在有机化合物分子中"加氧"或"去氢"的反应称为氧化反应。

（二）类型

1. 燃烧氧化　绝大多数有机物容易发生燃烧氧化。例如：

$$CH_3CH_2OH + 3O_2 \xrightarrow{\text{点燃}} 2CO_2 + 3H_2O$$

2. 催化氧化　乙醇催化氧化制乙醛：$2CH_3CH_2OH + O_2 \xrightarrow{Cu/Ag} 2CH_3CHO + 2H_2O$

乙醛催化氧化制乙酸：$2CH_3CHO + O_2 \xrightarrow{\text{氧化剂}} 2CH_3COOH$

3. 强氧化剂（$KMnO_4/H^+$）的氧化　不饱和烃（含碳碳双键或叁键的烃）、醛、葡萄糖等物质能被强氧化剂氧化而使 $KMnO_4/H^+$ 褪色。因此，$KMnO_4/H^+$ 可作为上述有机物的鉴别试剂。

4. 弱氧化剂（银氨溶液 $[Ag(NH_3)_2]^+$ 或新制 $Cu(OH)_2$ 悬浊液）的氧化　醛、葡萄糖等均能被上述弱氧化剂所氧化而出现银镜（Ag）或砖红色（Cu_2O）沉淀。因此，银氨溶液或新制 $Cu(OH)_2$ 悬浊液可作为上述有机物的鉴别试剂。

知 识 链 接

维生素A的体内代谢反应

　　维生素A临床上主要用于维生素A缺乏症的防治，如角膜软化病、干眼病、夜盲症等。药物被机体吸收发挥药效后，在体内各种酶的作用下，发生化学结构的改变，使药物的极性和水溶性增加，再通过人体排泄系统排出体外即为代谢过程。维生素A在体内的代谢过程是通过体内酶的催化氧化反应进行的，例如：

物质（1）　　　　物质（2）

催化氧化　物质（3）

二、加成反应

　　有机化合物分子中的不饱和键断裂，不饱和键两端的原子与其他原子或原子团结合，生成新化合物的反应称为加成反应。特点：只上不下，生成物只有一种。不饱和烃、苯、醛、酮等都能发生加成反应。例如：

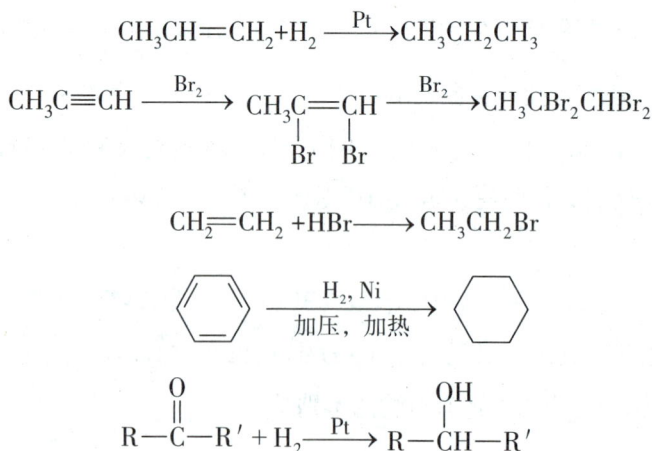

$$CH_3CH{=}CH_2 + H_2 \xrightarrow{Pt} CH_3CH_2CH_3$$

$$CH_3C{\equiv}CH \xrightarrow{Br_2} CH_3\underset{\underset{Br}{|}}{C}{=}\underset{\underset{Br}{|}}{CH} \xrightarrow{Br_2} CH_3CBr_2CHBr_2$$

$$CH_2{=}CH_2 + HBr \longrightarrow CH_3CH_2Br$$

苯 $\xrightarrow[\text{加压，加热}]{H_2, Ni}$ 环己烷

$$R{-}\underset{\underset{O}{\|}}{C}{-}R' + H_2 \xrightarrow{Pt} R{-}\underset{\overset{OH}{|}}{CH}{-}R'$$

三、还原反应

在有机化合物分子中"加氢"或"去氧"的反应称为还原反应。不饱和烃、醛、酮等物质与 H_2 的加成反应，都属于还原反应；硝基苯制苯胺，"加氢"和"去氧"，也为还原反应。例如：

$$H_3C-\overset{\overset{O}{\|}}{C}-H+H_2 \xrightarrow{Ni} CH_3CH_2OH$$

$$\bigcirc\!\!-NO_2 \xrightarrow{Fe/HCl} \bigcirc\!\!-NH_2$$

四、取代反应

有机物分子中的某些原子或原子团被其他原子或原子团所代替的反应称为取代反应。特点：有上有下，生成物有两种。烷烃、芳香烃、醇、酚、酯、羧酸、卤代烃等都能发生取代反应。

典型取代反应有：卤代反应、硝化反应、酯化反应、水解反应。

（一）卤代反应

在光照或高温条件下，有机物分子中氢原子被卤素原子取代的反应为卤代反应。例如：

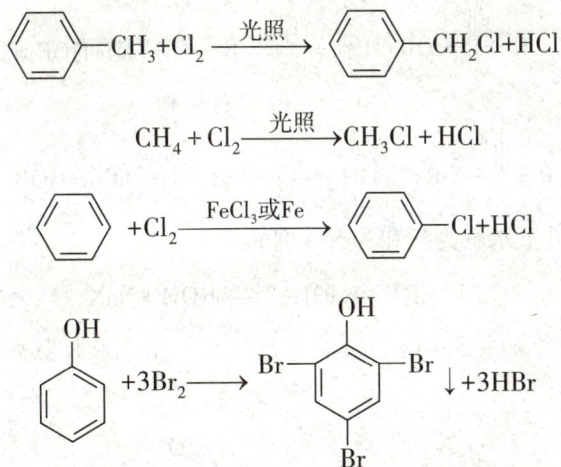

$$\bigcirc\!\!-CH_3+Cl_2 \xrightarrow{光照} \bigcirc\!\!-CH_2Cl+HCl$$

$$CH_4 + Cl_2 \xrightarrow{光照} CH_3Cl + HCl$$

$$\bigcirc +Cl_2 \xrightarrow{FeCl_3或Fe} \bigcirc\!\!-Cl+HCl$$

$$\bigcirc\!\!-OH +3Br_2 \longrightarrow \text{（2,4,6-三溴苯酚）} \downarrow +3HBr$$

（二）硝化反应

苯、苯的同系物和酚，在浓硫酸、浓硝酸和加热条件下，苯环上的氢原子被硝基取代的反应为硝化反应。例如：

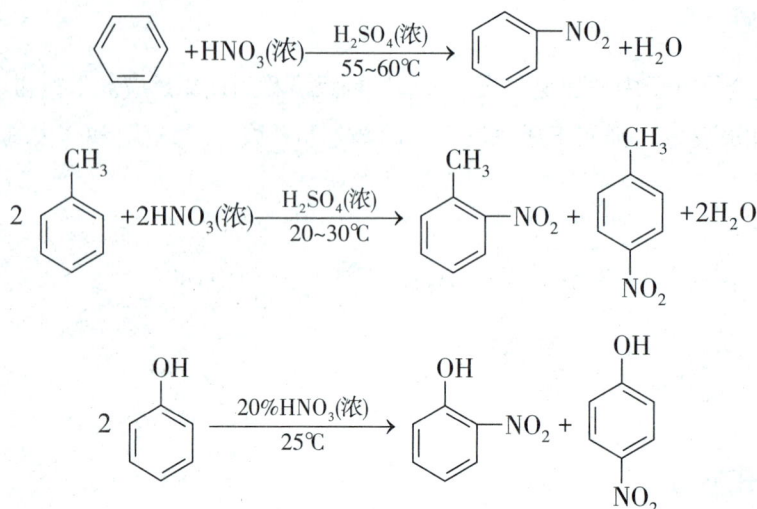

$$\text{C}_6\text{H}_6 + \text{HNO}_3(\text{浓}) \xrightarrow[\text{55~60℃}]{\text{H}_2\text{SO}_4(\text{浓})} \text{C}_6\text{H}_5\text{NO}_2 + \text{H}_2\text{O}$$

$$2\,\text{C}_6\text{H}_5\text{CH}_3 + 2\text{HNO}_3(\text{浓}) \xrightarrow[\text{20~30℃}]{\text{H}_2\text{SO}_4(\text{浓})} \text{邻硝基甲苯} + \text{对硝基甲苯} + 2\text{H}_2\text{O}$$

$$2\,\text{C}_6\text{H}_5\text{OH} \xrightarrow[\text{25℃}]{20\%\text{HNO}_3(\text{浓})} \text{邻硝基苯酚} + \text{对硝基苯酚}$$

（三）酯化反应

在加热和浓硫酸催化下，羧酸与醇脱水生成酯的反应称为酯化反应。例如：

$$\text{H}_3\text{C}-\overset{\text{O}}{\overset{\|}{\text{C}}}-\text{OH} + \text{HOCH}_2\text{CH}_3 \underset{\triangle}{\overset{\text{H}_2\text{SO}_4(\text{浓})}{\rightleftharpoons}} \text{H}_3\text{C}-\overset{\text{O}}{\overset{\|}{\text{C}}}-\text{OCH}_2\text{CH}_3 + \text{H}_2\text{O}$$

（四）水解反应

酯在酸性条件下水解为羧酸和醇；在碱性条件下水解为羧酸盐和醇。例如：

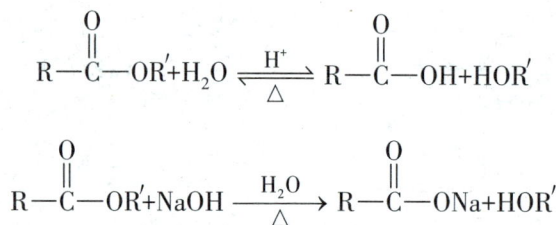

$$\text{R}-\overset{\text{O}}{\overset{\|}{\text{C}}}-\text{OR}' + \text{H}_2\text{O} \underset{\triangle}{\overset{\text{H}^+}{\rightleftharpoons}} \text{R}-\overset{\text{O}}{\overset{\|}{\text{C}}}-\text{OH} + \text{HOR}'$$

$$\text{R}-\overset{\text{O}}{\overset{\|}{\text{C}}}-\text{OR}' + \text{NaOH} \xrightarrow[\triangle]{\text{H}_2\text{O}} \text{R}-\overset{\text{O}}{\overset{\|}{\text{C}}}-\text{ONa} + \text{HOR}'$$

卤代烃在碱性条件下水解为醇和 NaX，例如：

$$\text{RX} + \text{NaOH} \xrightarrow{\triangle} \text{ROH} + \text{NaX}$$

酰胺在酸性和加热条件下水解为羧酸和铵盐；在碱性和加热条件下水解为羧酸盐和氨。例如：

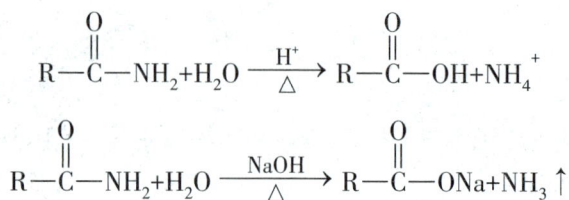

$$\text{R}-\overset{\text{O}}{\overset{\|}{\text{C}}}-\text{NH}_2 + \text{H}_2\text{O} \xrightarrow[\triangle]{\text{H}^+} \text{R}-\overset{\text{O}}{\overset{\|}{\text{C}}}-\text{OH} + \text{NH}_4^+$$

$$\text{R}-\overset{\text{O}}{\overset{\|}{\text{C}}}-\text{NH}_2 + \text{H}_2\text{O} \xrightarrow[\triangle]{\text{NaOH}} \text{R}-\overset{\text{O}}{\overset{\|}{\text{C}}}-\text{ONa} + \text{NH}_3\uparrow$$

五、消去反应

一定条件下，在有机化合物分子中脱去一个小分子物质（如 H_2O、HBr 等），生成含有双键或叁键化合物分子的反应称为消去反应。特点：只下不上。醇和卤代烃能发生消去反应，例如：

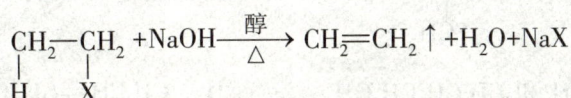

$$CH_2-CH_2 \xrightarrow[170℃]{H_2SO_4(浓)} CH_2=CH_2 \uparrow + H_2O$$
$$\ \ |\ \ \ \ \ |$$
$$\ \ H\ \ \ \ OH$$

$$CH_2-CH_2 + NaOH \xrightarrow[\triangle]{醇} CH_2=CH_2 \uparrow + H_2O + NaX$$
$$\ \ |\ \ \ \ \ |$$
$$\ \ H\ \ \ \ X$$

知 识 链 接

毛花洋地黄——强心苷药物

毛花洋地黄是强心苷类药物，能选择性地作用于心脏，可以增强心肌收缩力，减慢心率，临床用于治疗急、慢性充血性心力衰竭及节律障碍等心脏疾病。西地兰（又称去乙酰毛花洋地黄苷丙）和地高辛（又称异羟基洋地黄毒苷）均是以毛花洋地黄为原料进行制备的强心药。毛花洋地黄中的某些成分在酸性条件下除了能发生水解反应，还能发生消去反应。例如毛花洋地黄苷乙在此条件下水解和消去反应生成多脱水苷元。

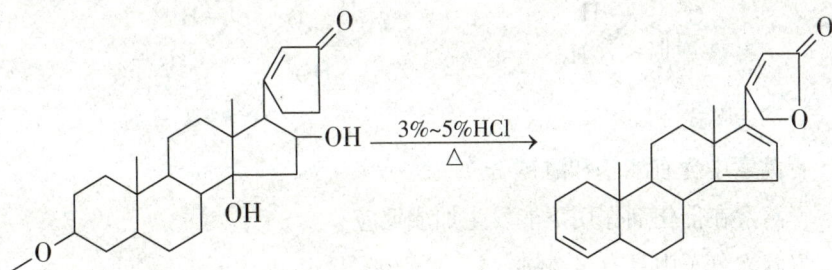

(D-洋地黄毒糖)₂-(D-乙酰洋地黄毒糖)-D-glc

复习思考

一、选择题

1. 有机化合物的基本元素是（　　　）

   A. 碳元素　　　　　　　　　　　　　　B. 氢元素

   C. 氧元素　　　　　　　　　　　　　　D. 氮元素

2. 在有机化合物分子中，碳原子总是（　　　）价

   A. 6　　　　　　　　　　　　　　　　B. 5

   C. 4　　　　　　　　　　　　　　　　D. 3

3. 下列化合物互为同分异构体的是（　　　）

   A. $CH_3CH_2CH_3$ 和 CH_3CHCH_3 (CH_3)　　　　B. $CH_3CH_2CH_2CH_3$ 和 CH_3CHCH_3 (CH_3)

   C. CH_3CH_2OH 和 $CH_3CH_2CH_2OH$　　　　D. $CH_3CH{=}CH_2$ 和 $CH_3C{\equiv}CH$

4. 有机化合物分子中的化学键主要是（　　　）

   A. 离子键　　　　　　　　　　　　　　B. 氢键

   C. 金属键　　　　　　　　　　　　　　D. 共价键

5. 东晋葛洪《肘后备急方》一书中记载："青蒿一握，以水二升渍，绞取汁，尽服之，治疟疾。"《本草纲目》亦有"青蒿治疟疾寒热"之说。医学研究表明其药理作用是青蒿中的青蒿素，青蒿素、双氢青蒿素的结构简式如甲式和如乙式，下列有关说法不正确的是（　　　）

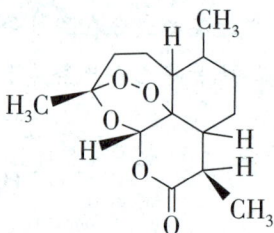

甲式　　　　　　　　　　　　乙式

   A. 青蒿素中含有酯基和醚键

   B. 青蒿素在催化剂作用下能发生加成反应

   C. 青蒿素分子中具有过氧键

   D. 青蒿素在一定条件下可以转化为双氢青蒿素，该过程发生了还原反应

6. 下列说法正确的是（　　　）

   A. 所有的有机物都能溶于水中　　　　B. 所有的有机物都能燃烧

   C. 所有的有机反应都十分缓慢　　　　D. 大多数有机物熔点低、热稳定性差

7. 2,3-二甲基丁烷的正确结构式是（　　　）

   A. $CH_3{-}CH_2{-}CH_2{-}CH_3$ (CH_3 CH_3)　　　　B. $CH_3{-}C{-}C{-}CH_3$ (CH_3 CH_3)

C.　$(CH_3)_4CH—CH$　　　　　　　　　　D.　$CH_3—CH—CH—CH_3$
　　　　　　　　　　　　　　　　　　　　　　　　　　　$\underset{CH_3}{|}$ $\underset{CH_3}{|}$

8.　存在2种同分异构体的是（　　）

A.　C_6H_{14}　　　　　　　　　　　　B.　C_5H_{12}

C.　C_4H_{10}　　　　　　　　　　　　D.　C_3H_8

9.　$(CH_3)_2CHCH(CH_3)CH_2CH_3$ 的系统命名正确的是（　　）

A.　异庚烷　　　　　　　　　　　　B.　二甲基庚烷

C.　2,3-二甲基戊烷　　　　　　　　D.　3,4-二甲基戊烷

10.　$CH_3C≡CCH(CH_3)_2$ 的系统命名正确的是（　　）

A.　己炔　　　　　　　　　　　　　B.　4-甲基-2-戊炔

C.　2-甲基-3-戊炔　　　　　　　　　D.　2-己炔

11.　下列化合物有顺反异构体的是（　　）

A.　$(CH_3)_2C=CHCH_2CH_3$　　　　　B.　$H_2C=CHCH_2CH_3$

C.　$CH_3CH=CHCH_3$　　　　　　　　D.　$H_2C=CHBr$

12.　与 CH_3OH 互称为同系物的是（　　）

A.　$\underset{CH_3CHOH}{\overset{CH_3}{|}}$　　　　　　　　　　B.　$CH_3—CH—CH—CH_3$
　　　　　　　　　　　　　　　　　　　　　　　　　　$\underset{OH}{|}$ $\underset{OH}{|}$

C.　$\underset{OH\ \ \ OH\ \ \ OH}{CH_2—CH—CH_2}$　　　　　D.　CH_3OCH_3

二、填空题

A.

B.　$H_2N—\underset{}{\bigcirc}—COOH$

C.

D.

1.　A中含有的官能团名称是_____、_____、_____；B中含有的官能团的名称是_____、_____；C中含有的官能团的名称是_____、_____、_____；D中含有的官能团的名称是_____、_____

_____、_____。

2. 指出下列有机化合物的类别

$CHCl_3$_____，CH_3CHO_____，CH_3COOH_____，

CH_3OH_____，$CH_3COOCH_2CH_3$_____，

$CH_3C\equiv CH$_____，$CH_3CH=CH_2$_____，

CH_3CONH_2_____，$CH_3NHCH_2CH_3$_____，

CH_3COCH_3_____，$CH_3CH_2OCH_2CH_3$_____，C_6H_5OH_____。

3. $\underset{OH}{\underset{|}{CH_3}}\underset{\underset{|}{CH_3}}{CH}CHCHCH_3$ 的 $\overset{C_2H_5}{\underset{OH}{CH_3CHCH}}$, $CH_3\underset{\underset{|}{CH_3}}{CH}CHCH_2COOH$, 〔苯基〕—$CH_2COOH$ 系统命名法分别

命名为_____、_____、_____。

4. 在有机化合物分子中_____或_____的反应称为氧化反应，氧化反应类型有_____、_____、_____、_____。

5. 下列有机化学反应类型中，加成反应是_____；水解反应是_____；取代反应是_____；消去反应是_____；还原反应是_____。

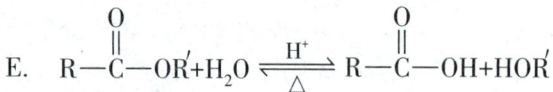

A. $\underset{\underset{H}{|}}{CH_2}\underset{\underset{OH}{|}}{-CH_2} \xrightarrow[170℃]{H_2SO_4(浓)} CH_2=CH_2\uparrow +H_2O$

B. 〔苯〕 $+Cl_2 \xrightarrow{FeCl_3或Fe}$ 〔苯〕$-Cl+HCl$

C. $H_2C=CH_2+HBr \longrightarrow CH_3CH_2Br$

D. $R-\overset{\overset{O}{\|}}{C}-R' +H_2 \xrightarrow{Pt} R-\overset{\overset{OH}{|}}{C}H-R'$

E. $R-\overset{\overset{O}{\|}}{C}-OR'+H_2O \underset{\triangle}{\overset{H^+}{\rightleftharpoons}} R-\overset{\overset{O}{\|}}{C}-OH+HOR'$

三、将下列结构式转换为结构简式

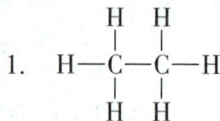

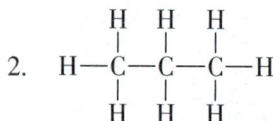

1. $H-\overset{\overset{H}{|}}{\underset{\underset{H}{|}}{C}}-\overset{\overset{H}{|}}{\underset{\underset{H}{|}}{C}}-H$

2. $H-\overset{\overset{H}{|}}{\underset{\underset{H}{|}}{C}}-\overset{\overset{H}{|}}{\underset{\underset{H}{|}}{C}}-\overset{\overset{H}{|}}{\underset{\underset{H}{|}}{C}}-H$

3.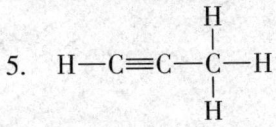

4.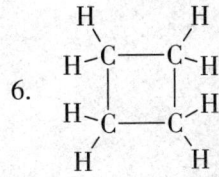

5.

$$H-C\equiv C-\overset{\displaystyle H}{\underset{\displaystyle H}{C}}-H$$

6.

第二章

烃

分子中只含有碳、氢两种元素的化合物称为碳氢化合物，简称烃。烃是有机物中最简单的一类。当烃分子中的氢原子被其他原子或原子团取代则可衍变成各类有机物，因此，常把烃看成是有机化合物的母体。

按照分子的碳架，烃可分为开链烃（简称链烃）和环烃两大类；根据分子中碳原子的成键方式，开链烃又分为烷烃、烯烃、炔烃三类；环烃分为脂环烃和芳香烃二类。

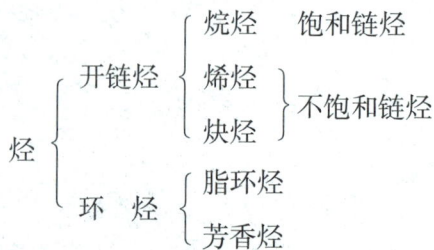

$$
烃\begin{cases} 开链烃\begin{cases} 烷烃 \quad 饱和链烃 \\ 烯烃 \\ 炔烃 \end{cases}不饱和链烃 \\ 环\quad烃\begin{cases} 脂环烃 \\ 芳香烃 \end{cases} \end{cases}
$$

第一节　饱和链烃

扫一扫，看课件

【学习目标】
1. 掌握饱和烃的结构特点和理化性质。
2. 熟悉几种常见饱和烃及其应用。

📖 案例导入

凡士林是从石油中提取出来的多种烷烃的半固态混和物，不溶于水，易溶于石油醚和乙醚。化学性质稳定，不易与药物起反应。

问题：1. 凡士林为什么不溶于水？

2. 凡士林化学性质为什么稳定？

一、结构

饱和链烃是分子中碳原子之间以单键结合，碳原子剩余价键全都与氢原子相结合的一类开链烃。饱和链烃又称烷烃，烷烃简称烷，是含氢最多的一种烃。烷烃的分子组成可用通式 C_nH_{2n+2} 来表示。

甲烷是最简单的烷烃，以其为例说明烷烃的结构特点。

（一）甲烷的分子结构

甲烷分子式是 CH_4。在甲烷分子中，碳原子以最外电子层上的 4 个电子分别与 4 个氢原子的电子形成 4 个共价键。甲烷的结构式为：

$$\begin{array}{c} H \\ | \\ H-C-H \\ | \\ H \end{array}$$

甲烷的结构式可以表示甲烷分子中碳原子与氢原子的成键情况，但不能说明分子中各原子在空间的分布情况。甲烷分子中的碳原子和 4 个氢原子并不在同一个平面上，而是形成一个正四面体的立体结构。碳原子位于正四面体的中心，4 个氢原子分别位于正四面体的 4 个顶点上。甲烷分子的结构及模型如图 2-1、图 2-2 所示。

a. 球棍模型　　　b. 比例模型

图 2-1　正四面体　　　图 2-2　甲烷分子的模型

其他烷烃的结构与甲烷类似，当碳原子周围为四个相同的原子或基团时为正四面体结构；反之，当碳原子周围为四个不相同的原子或基团时为四面体结构。

（二）烷烃分子中碳原子的类型

根据与碳原子直接连接的碳原子数目的不同，可将碳原子分为 4 类。只与 1 个碳原子直接相连的碳原子称为伯碳原子或一级碳原子，用 1° 表示；与 2 个碳原子直接相连的碳原子称为仲碳原子或二级碳原子，用 2° 表示；与 3 个碳原子直接相连的碳原子称为叔碳原子或三级碳原子，用 3° 表示；与 4 个碳原子直接相连的碳原子称为季碳原子或四级碳原子，用 4° 表示。例如：

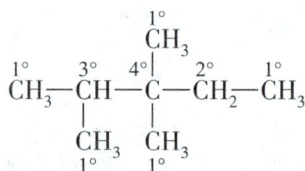

$$1° \quad CH_3$$

$$\overset{1°}{CH_3} - \overset{3°}{CH} - \overset{4°}{C} - \overset{2°}{CH_2} - \overset{1°}{CH_3}$$

$$\underset{1°}{CH_3} \quad \underset{1°}{CH_3}$$

与此相对应，将连接在伯、仲、叔碳原子上的氢原子分别称为伯氢原子（1°H）、仲氢原子（2°H）、叔氢原子（3°H）。氢原子的类型不同，受周围环境影响就不同，则表现出来的反应活性也不同。

二、性质

烷烃的物理性质随着分子里碳原子的数目增加，呈现规律性变化。室温下，直链中含有1~4个C原子的烷烃是气体，5~16个C原子的烷烃是液体，17个以上C原子的烷烃是固体。烷烃的熔点随着相对分子质量的增大而升高；分子形状越规整，对称性越好，则熔点越高。直链烷烃的沸点随着碳原子数的增多而升高；当碳原子数相同时，支链烷烃的沸点比直链烷烃的沸点低，支链越多，沸点越低。相对密度随着相对分子质量的增大而增大，但增加的值很小，所有烷烃的相对密度都小于1，比水轻。烷烃是非极性或弱极性分子，根据"相似相溶"规律，烷烃几乎不溶于水，易溶于四氯化碳、氯仿、苯、乙醚等非极性或弱极性的有机溶剂中。

了解有机化合物的物理性质对有机物的鉴定、储存、分离、提纯等都具有十分重要的意义。

烷烃在常温下比较稳定，不与强酸、强碱、强氧化剂和强还原剂发生反应。在加热或光照条件下，烷烃能与卤素发生取代反应。在空气中烷烃都可以燃烧放出大量的热。以甲烷为例来说明烷烃的化学性质。

（一）氧化反应

甲烷只能发生燃烧氧化，不能发生强氧化剂（$KMnO_4/H^+$）氧化。纯净的甲烷在空气中可安静地燃烧发出淡蓝色的火焰，并生成二氧化碳和水，同时放出大量的热。其他烷烃燃烧也都生成二氧化碳和水。

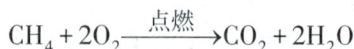

$$CH_4 + 2O_2 \xrightarrow{\text{点燃}} CO_2 + 2H_2O$$

（二）取代反应

甲烷与氯气在光照、加热或催化剂的作用下，甲烷分子中的4个氢原子可以逐个被氯原子取代而生成一氯甲烷、二氯甲烷、三氯甲烷（即氯仿）、四氯甲烷（即四氯化碳）4种混合物。其反应方程式如下：

$$CH_4 + Cl_2 \xrightarrow{\text{光照}} CH_3Cl + HCl$$

$$CH_3Cl + Cl_2 \xrightarrow{\text{光照}} CH_2Cl_2 + HCl$$

$$CH_2Cl_2 + Cl_2 \xrightarrow{\text{光照}} CHCl_3 + HCl$$

$$CHCl_3 + Cl_2 \xrightarrow{\text{光照}} CCl_4 + HCl$$

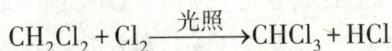

以上产物中除一氯甲烷为气体外，其他三个产物都为液体，氯仿和四氯化碳还是常用的有机溶剂。其他烷烃也都能发生氯代反应或溴代反应。

知 识 链 接

汽 油

汽油为透明液体，主要是由5~10个C原子的各种烷烃组成，难溶于水，易燃烧，空气中含量为74~123g/m³时遇火爆炸。按辛烷值汽油可分成92、95、98三种型号。

汽油辛烷值的测定是以异辛烷和正庚烷为标准燃料，其中异辛烷用作抗爆性优良的标准，辛烷值定为100；正庚烷用作抗爆性低劣的标准，辛烷值定为0。将这两种烃按不同体积比例混合，可配制成辛烷值由0~100的标准燃料。汽油辛烷值是衡量汽油在气缸内抗爆震燃烧能力的一种数字指标，其值越高表示汽油抗爆性能越好，质量越好。

三、重要的饱和链烃

（一）甲烷

甲烷是无色、无味、无毒且比空气轻的可燃气体，大量存在于自然界中，是天然气、油田气、沼气和瓦斯（矿井中甲烷等可燃气体的统称）的主要成分。甲烷与氧气或空气的混合物遇到火花就会发生爆炸，因此，煤矿里必须采取通风、严禁烟火、专设瓦斯检查员等安全措施，以防发生瓦斯爆炸事故。家庭使用天然气、石油液化气也要注意安全，定期检查接口和导气管，谨防气体泄漏而发生意外。

（二）石油醚

石油醚是低分子量烷烃（主要是戊烷和己烷）的混合物，由石油分馏而获得。常温下是无色透明液体，具有易燃、易挥发等性质，不溶于水，是一种常用的有机溶剂。

（三）石蜡

液体石蜡的主要成分是16~20个C原子的烷烃的混合物。它是一种无嗅无味，不溶于水，无刺激性的物质，化学性质稳定，不酸败，能与多种药物配伍，在体内不易被吸收的特点，在医药中常用于肠道润滑的缓泻剂或滴鼻剂的溶剂及软膏剂中药物的载体（基质）。

固体石蜡简称石蜡，它的主要成分是18~30个C原子的烷烃的混合物，为白色蜡状固体。在医药上，石蜡可用于蜡疗、中成药的密封材料和药丸的包衣等。在工业上，用于制造蜡烛、蜡纸、防水剂和电绝缘材料等。

凡士林是液体石蜡和固体石蜡的混合物，一般为黄色，经漂白脱色后为白色，呈软膏状的半固体，不溶于水，易溶于石油醚和乙醚。在医药上，凡士林同液体石蜡一样，也用于各种软膏的基质。

复习思考

一、选择题

1. 含有6个碳原子的烷烃的分子式是（   ）

   A. C_6H_{12}　　　　　　　　　　B. C_6H_{14}

   C. C_6H_6　　　　　　　　　　　D. C_6H_{10}

2. 下列烷烃分子中只含有伯氢原子的是（   ）

   A. CH_4　　　　　　　　　　　　B. $CH_3CH_2CH_2CH_3$

   C. $(CH_3)_2CHCH_3$　　　　　　　D. $(CH_3)_4C$

3. 下列烷烃沸点最高的是（   ）

   A. 正戊烷　　　　　　　　　　　B. 正己烷

   C. 正庚烷　　　　　　　　　　　D. 正丁烷

4. 下列叙述中，与烷烃性质不符的是（   ）

   A. 完全燃烧时的产物有 CO_2 和 H_2O

   B. 在光照下，可与纯卤素单质发生取代反应

   C. 都易溶于水，溶于有机溶剂

   D. 通常稳定，不与强酸、强碱反应

5. 甲烷的空间结构是（   ）

   A. 正方形　　　　　　　　　　　B. 直线型

   C. 平面三角形　　　　　　　　　D. 正四面体

6. 下列事实、事件、事故中与甲烷无关的是（   ）

   A. 天然气的主要成分

   B. 石油催化裂化及裂解后的主要产物

   C. "西气东输"中的气体

D.　煤矿中的瓦斯爆炸

二、命名下列化合物

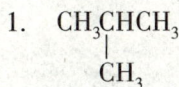

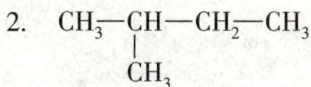

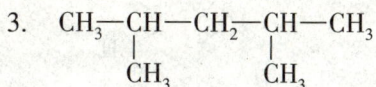

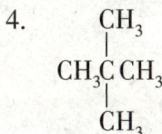

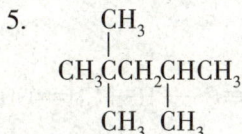

1. $\underset{\underset{CH_3}{|}}{CH_3CHCH_3}$
　2. $\underset{\underset{CH_3}{|}}{CH_3-CH-CH_2-CH_3}$
　3. $\underset{\underset{CH_3}{|}\qquad\underset{CH_3}{|}}{CH_3-CH-CH_2-CH-CH_3}$

4. $\underset{\underset{CH_3}{|}}{\overset{\overset{CH_3}{|}}{CH_3CCH_3}}$
　5. $\underset{\underset{CH_3}{|}\quad\underset{CH_3}{|}}{\overset{\overset{CH_3}{|}}{CH_3CCH_2CHCH_3}}$

三、简答题

经测定某烷烃分子中含有5个碳原子。

1. 写出该烷烃的分子式。
2. 写出该烷烃的所有异构体，并分别用普通和系统命名法命名。
3. 指出各个异构体中碳原子和氢原子的类别。

第二节　不饱和链烃

扫一扫，看课件

【学习目标】

1. 掌握不饱和烃的结构特点、性质的表述及鉴别方法。
2. 熟悉不饱和烃的化学反应方程式。
3. 了解常见不饱和烃在相关领域中的应用。

📚 案例导入

　　不饱和链烃在生产生活中发挥着重要的作用，有些还是维持人体正常生理功能不可缺少的物质。例如有维生素A源之称的β-胡萝卜素，在抗氧化、抗癌、预防心血管疾病等方面有显著功能；炔的衍生物人参炔醇，不仅存在于三七、人参等传统中药中，还广泛存在于番茄等食用植物中，具有抗癌、降压、抗菌等作用。

　　问题：1. 不饱和烃药物稳定性如何？

　　　　　2. 不饱和烃能发生哪些化学反应？

　　　　　3. 不饱和烃如何来鉴别？

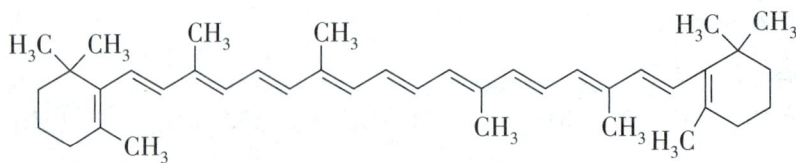

β-胡萝卜素

人参炔醇

一、结构

分子中含有碳碳双键或碳碳叁键的链烃称为不饱和链烃。最常见的不饱和链烃有烯烃和炔烃。分子中含有碳碳双键的不饱和链烃称为烯烃。烯烃比相同碳原子数的烷烃少两个氢原子，其分子组成通式是 C_nH_{2n}（$n \geqslant 2$ 的整数）。碳碳双键 $\diagdown C{=}C\diagup$ 是烯烃的官能团，由1个σ键和1个π键构成。

最简单的烯烃是乙烯，其分子式为 C_2H_4，结构式为：$H{-}\overset{H}{\underset{}{C}}{=}\overset{H}{\underset{}{C}}{-}H$，结构简式为：$H_2C{=}CH_2$，乙烯的空间结构为平面型结构，2个C原子和4个H原子都在一个平面上，如图2-3所示。

a. 球棍模型 b. 比例模型

图2-3　乙烯分子的模型

分子中含有碳碳叁键的不饱和链烃称为炔烃。碳碳叁键（ $-C{\equiv}C-$ ）是炔烃的官能团，碳碳叁键由1个σ键和2个π键组成的。炔烃比相应的烯烃少2个氢原子，炔烃的分子通式为 C_nH_{2n-2}（$n \geqslant 2$ 的整数）。最简单的炔烃是乙炔，其分子式为 C_2H_2，结构式为 $H{-}C{\equiv}C{-}H$，结构简式为 $HC{\equiv}CH$，乙炔的空间结构为直线型结构，2个碳原子和2个氢原子都在一条直线上，如图2-4所示。

a. 球棍模型   b. 比例模型

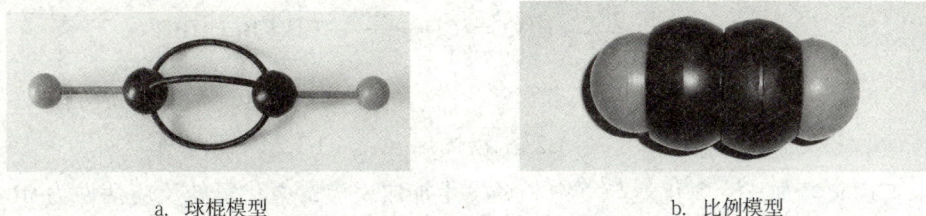

图2-4 乙炔分子的模型

二、性质

在常温下，含有2~4个碳原子的不饱和烃呈气态，含有5~18个碳原子的不饱和烃呈液态，含19个以上碳原子的不饱和烃呈固态。熔、沸点随着碳原子数的增多而逐渐升高；同分异构体之间，支链越多，沸点越低。密度随着碳原子数的增多，密度逐渐增大，但密度均比水小。均难溶于水，易溶于苯、四氯化碳等有机溶剂。

由于不饱和烃中存在不稳定的、易断裂的π键，所以，不饱和烃的化学性质比烷烃活泼，不仅饱和碳上的氢原子可发生取代反应，更主要的是容易在不饱和键上发生加成、氧化和加聚反应。炔烃中具有端基炔（ $RC{\equiv}CH$ ）的炔氢原子还具有一定的酸性，可被某些金属离子置换生成金属炔化物。

（一）加成反应

加成反应是不饱和烃的典型反应。不饱和烃分子中的双键或叁键中的π键打开，不饱和碳原子上加入其他原子或原子团的反应，称为加成反应。

1. 与氢气加成　在金属催化剂（Ni或Pt）的作用下，不饱和烃与氢气发生加成反应，生成相应的烷烃。

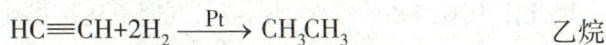

$$CH_3CH{=}CH_2+H_2 \xrightarrow{\text{Pt}} CH_3CH_2CH_3 \qquad \text{丙烷}$$

$$HC{\equiv}CH+2H_2 \xrightarrow{\text{Pt}} CH_3CH_3 \qquad \text{乙烷}$$

2. 与卤素加成　不饱和烃容易与溴水或溴的四氯化碳发生加成反应，生成卤代烷。例如将气态不饱和烃通入溴水或溴的四氯化碳中，或将液态不饱和烃与溴水或溴的四氯化碳混合振摇，不饱和烃可使溴水（黄~橙）或溴的四氯化碳（橙~橙红）褪色，以此作为不饱和烃的鉴别反应。其中烯烃通常使溴溶液立刻褪色，而炔烃需要几分钟才能使之褪色。

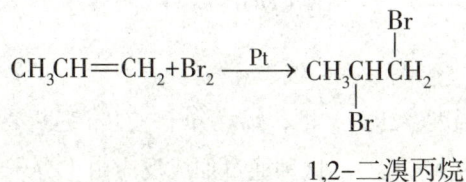

$$CH_3CH{=}CH_2+Br_2 \xrightarrow{\text{Pt}} CH_3\overset{\displaystyle Br}{\underset{\displaystyle Br}{CHCH_2}}$$

1,2-二溴丙烷

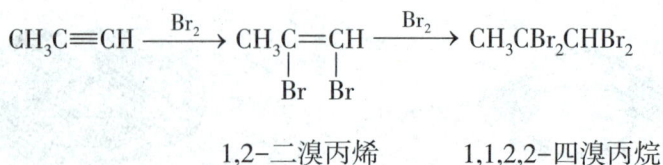

$$1,2-二溴丙烯 \qquad 1,1,2,2-四溴丙烷$$

3. 与卤化氢加成 卤化氢与不饱和烃发生加成反应，卤化氢的反应活性为 HI>HBr>HCl，HF 一般不与不饱和烃加成。卤化氢为不对称试剂，当其与对称烯烃（即双键碳原子上连接的原子或原子团相同）发生加成反应时，可生成一种加成产物，与不对称烯烃发生加成反应时，可以生成两种不同的加成产物，例如：

$$H_2C{=}CH_2+HBr \longrightarrow CH_3CH_2Br \qquad 溴乙烷$$

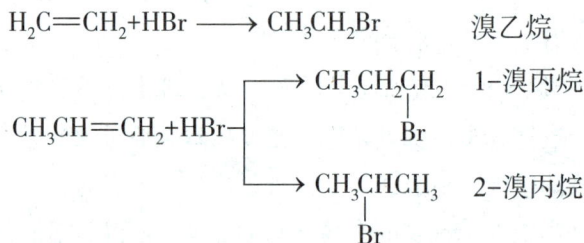

实验证明，丙烯与卤化氢加成的主要产物是 2-溴丙烷。俄国化学家马尔科夫尼可夫（1837—1904）根据大量实验总结出一条重要的经验规则：当不对称烯烃和不对称试剂（如 HX）发生加成反应时，氢原子总是加到含氢较多的双键碳原子上，这一规则简称为马氏规则。炔烃与卤化氢的加成反应也遵循马氏规则。例如：

$$CH_3C{\equiv}CH \xrightarrow{HBr} CH_3\underset{Br}{\overset{Br}{C}}{=}CH_2 \xrightarrow{HBr} CH_3\underset{Br}{\overset{Br}{C}}CH_3$$

（二）氧化反应

不饱和烃不仅能发生燃烧氧化，而且易被酸性高锰酸钾等强氧化剂所氧化，使酸性高锰酸钾溶液褪色，以此作为不饱和烃的鉴别反应。同时氧化结果使双键和叁键全部断开，烯烃中 $={=}CH$ 生成 $-COOH$，$={=}CH_2$ 生成 CO_2；$\equiv C-$ 炔烃中生成 $-COOH$，$\equiv CH$ 生成 CO_2，例如：

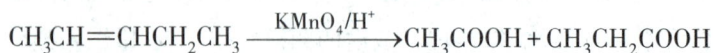

$$CH_3CH{=}CHCH_2CH_3 \xrightarrow{KMnO_4/H^+} CH_3COOH + CH_3CH_2COOH$$

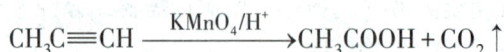

$$CH_3C{\equiv}CH \xrightarrow{KMnO_4/H^+} CH_3COOH + CO_2\uparrow$$

（三）加聚反应

在一定条件（催化剂、温度、压力）下，烯烃分子中的 π 键断裂，同类分子间可相互彼此加成，生成高分子化合物（聚合物），这种通过加成反应由小分子结合成大分子的过程称为加聚反应，发生加聚反应的烯烃分子称为单体，单体的个数称为聚合度，用 n 表示。

例如，乙烯在高温、高压和催化剂的存在下，可以聚合生成聚乙烯（PE）。聚乙烯无色、无味、无毒，是一种性能优良、用途很广的塑料。例如用聚乙烯做成的塑料袋可直接盛装食物，在医药上聚乙烯还可用来制作输液容器、各种医用导管、整形材料等。

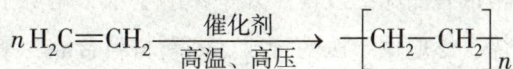

$$n\,H_2C{=}CH_2 \xrightarrow[\text{高温、高压}]{\text{催化剂}} \left[CH_2{-}CH_2\right]_n$$

炔烃发生加聚反应时，一般生成链状的二聚体、三聚体或环状化合物，不聚合成高分子化合物。例如：

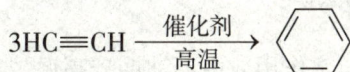

$$3HC{\equiv}CH \xrightarrow[\text{高温}]{\text{催化剂}} \bigcirc$$

其他烷烃也都能发生氯代反应或溴代反应。

知 识 链 接

聚氯乙烯（PVC）

聚氯乙烯是由氯乙烯在一定条件下发生聚合反应生成的。用聚氯乙烯做成的塑料袋有毒性，因而不能与食品直接接触。聚氯乙烯塑料常用于做雨衣、鞋底、手提包等。

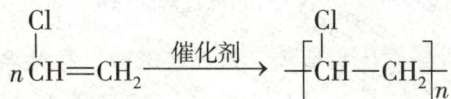

$$n\,\overset{\displaystyle Cl}{\underset{\displaystyle |}{CH}}{=}CH_2 \xrightarrow{\text{催化剂}} \left[\overset{\displaystyle Cl}{\underset{\displaystyle |}{CH}}{-}CH_2\right]_n$$

（四）炔氢的置换反应

乙炔和 $RC{\equiv}CH$ 型炔烃末端氢原子（炔氢）比较活泼，具有一定的酸性，可以被 Ag^+、Cu^+ 等金属离子置换生成金属炔化物。例如含有炔氢的不饱和烃遇到硝酸银或氯化亚铜的氨溶液，分别生成白色的炔化银或棕红色的炔化亚铜沉淀。

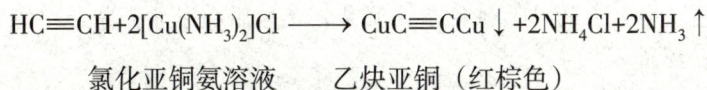

$$HC{\equiv}CH+2[Ag(NH_3)_2]NO_3 \longrightarrow AgC{\equiv}CAg\downarrow +2NH_4NO_3+2NH_3\uparrow$$

　　　　硝酸银氨溶液　　　　乙炔银（白色）

$$HC{\equiv}CH+2[Cu(NH_3)_2]Cl \longrightarrow CuC{\equiv}CCu\downarrow +2NH_4Cl+2NH_3\uparrow$$

　　　　氯化亚铜氨溶液　　　　乙炔亚铜（红棕色）

该反应迅速、灵敏，现象明显，可用来鉴别乙炔和 $RC{\equiv}CH$ 型炔烃。

炔化银和炔化亚铜在潮湿及低温时比较稳定，在干燥时因撞击或受热而发生爆炸。因此，实验完毕后应立即加入稀硝酸使其分解，以免发生危险。

三、重要的不饱和链烃

（一）乙烯

乙烯是一种无色、稍带有甜味的气体。几乎不溶于水，略溶于乙醇，易溶于乙醚、丙酮和苯等有机溶剂。乙烯广泛应用于医药合成、高新材料合成、果实催熟等领域。乙烯有麻醉作用，人体若吸入75%～90%乙烯与氧气的混合气体，则会失去知觉，因其产生的不良反应较少，故可用作麻醉剂。但乙烯对人体也有一定的伤害，皮肤接触液态乙烯能发生冻伤，长期接触乙烯，会出现头晕、全身不适、乏力、注意力不能集中等症状。

（二）乙炔

俗称电石气，主要由电石与水作用或由石油馏分高温裂解而制得。纯净的乙炔是有芳香气味的无色无臭的气体，比空气稍轻，微溶于水，易溶于酒精、丙酮等有机溶剂。乙炔是重要的化工原料，可以合成多种化工产品；乙炔和氧气混合燃烧可产生高达2800℃的高温，可用来焊接或切割钢铁及其他金属。乙炔对人体有一定的危害，人体吸入10%～20%乙炔时，可引起不同程度的中毒，轻者出现头痛、头晕、全身无力等症状，重者出现昏迷、紫绀等症状。停止吸入乙炔，症状可消失。

知 识 链 接

含叁键的合成药物

许多合成药物中含有炔基结构，例如炔雌醇、依法韦仑、帕吉林（优降宁）等。

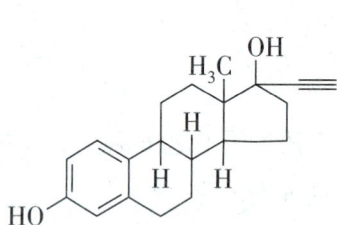   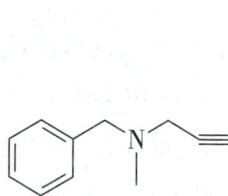

炔雌醇　　　　　　　　　依法韦仑　　　　　　　　帕吉林

炔雌醇为白色或类白色的结晶性粉末，无臭，是口服雌激素，常与孕激素类药物合用，可作避孕药。

依法韦仑为逆转录酶抑制剂，是一种抵抗艾滋病毒的特效药物。

帕吉林为白色结晶性粉末，有特异臭，临床上主要用于重度高血压，尤其是对其他降压药疗效不理想者，以及对利血平有较严重副作用者。

复习思考

一、选择题

1. 炔烃的分子组成通式是（　　）

    A. C_nH_{2n+2}　　　　　　　　　　B. C_nH_{2n-2}

    C. C_nH_{2n}　　　　　　　　　　　D. C_nH_{2n-6}

2. 构成下列分子的原子都在同一个平面上的是（　　）

    A. 乙烯　　　　　　　　　　　　B. 丙烯

    C. 丙烷　　　　　　　　　　　　D. 丙炔

3. 丁烯和溴化氢反应的类型是（　　）

    A. 加成　　　　　　　　　　　　B. 取代

    C. 氧化　　　　　　　　　　　　D. 聚合

4. 能和硝酸银的氨溶液反应生成白色沉淀的是（　　）

    A. 丙烯　　　　　　　　　　　　B. 2-丁烯

    C. 1-丁炔　　　　　　　　　　　D. 2-丁炔

5. 下列化合物不能发生聚合反应的是（　　）

    A. 甲烷　　　　　　　　　　　　B. 乙烯

    C. 乙炔　　　　　　　　　　　　D. 氯乙烯

6. 丙烯和HBr加成的主要产物是（　　）

    A. 1-溴丙烷　　　　　　　　　　B. 2-溴丙烷

    C. 1-溴丙烯　　　　　　　　　　D. 2-溴丙烯

7. "司乐平"是治疗高血压的一种临床药物，其有效成分M的结构式如下所示。

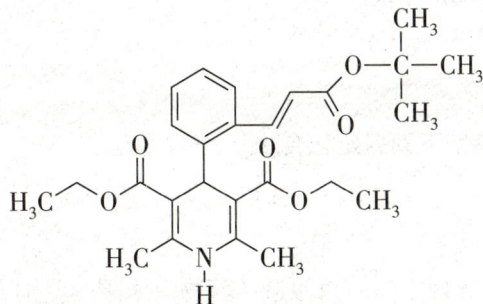

M的结构简式

下列关于M的说法不正确的是（　　）

    A. 属于芳香族化合物　　　　　　B. 能使溴水或溴的四氯化碳褪色

    C. 能使酸性高锰酸钾溶液褪色　　D. 1mol M完全水解生成2mol醇

二、填空题

1. 分子中含有_____或_____的链烃称为不饱和链烃。

2. 最常见的不饱和链烃有_____和_____。

3. 最简单的烯烃是_____，最简单的炔烃是_____。

4. 烯烃的组成通式为_____，炔烃的组成通式为_____。

5. 在有机化合物分子中，双键或叁键断裂加入其他原子或原子团的反应称为_____。

6. 如果把乙烯和乙炔通入酸性高锰酸钾溶液中，高锰酸钾的紫红色很快_____，此反应类型属于_____反应。若将乙炔和甲烷分别通入溴水中，能使溴水褪色的是_____，此反应类型属于_____反应。

三、命名下列化合物

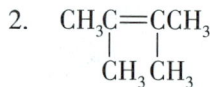

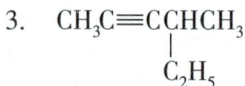

1. $H_2C=CHCH_2CH_3$

2. $\underset{\displaystyle \overset{|}{CH_3}\ \overset{|}{CH_3}}{CH_3C=CCH_3}$

3. $\underset{\displaystyle \overset{|}{C_2H_5}}{CH_3C\equiv CCHCH_3}$

4. $CH_3C\equiv CCH_3$

四、完成下列反应方程式

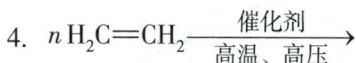

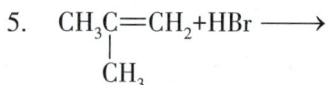

1. $CH_3CH=CHCH_3+H_2 \xrightarrow{Pt}$

2. $CH_3C\equiv CH+2Br_2 \longrightarrow$

3. $CH_3CH=CHCH_2CH_3 \xrightarrow{KMnO_4/H^+}$

4. $n\,H_2C=CH_2 \xrightarrow[\text{高温、高压}]{\text{催化剂}}$

5. $\underset{\displaystyle \overset{|}{CH_3}}{CH_3C=CH_2}+HBr \longrightarrow$

五、用化学方法鉴别下列各组化合物

1. 丙烷和丙烯　　　　　2. 丁烷和丁炔　　　　　3. 1-戊炔和2-戊炔

六、简答题

《中国药典》2015版规定短效口服避孕药物炔诺酮的鉴别方法为：取本品约10mg，加乙醇1mL溶解后，加硝酸银试液5~6滴，即生成白色沉淀。根据炔诺酮的结构式解释其药典规定的鉴别方法。

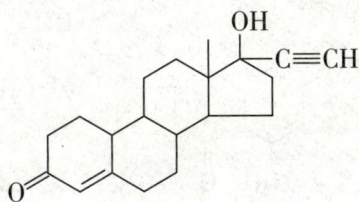

炔诺酮

第三节　芳香烃

扫一扫，看课件

【学习目标】

1. 掌握苯和苯的同系物的结构特点及其理化性质；苯的同系物的鉴别方法。
2. 熟悉苯的同系物的分类和命名。
3. 了解稠环芳烃的结构和性质；芳香烃在相关领域中的应用。

📖 案例导入

2010年1月，某美发饰品有限公司30余名职工作业时出现浑身无力、恶心、无食欲并伴有牙龈出血、发烧等症状。经专家会诊，病人是因为长期接触苯而导致的慢性苯中毒。苯、甲苯等芳香烃大多是无色具有特殊芳香气味的液体，专家们称其为芳香杀手。

问题：1. 芳香烃是怎么组成的？

2. 芳香烃有何性质？

现代有机化学认为芳香烃是指除了含有苯环结构的碳氢化合物以外，还包括一些不含苯环但电子构型与苯环相似的不饱和环状烃。

芳香烃主要来源于石油和煤焦油，是有机化学工业上最基本的原料。很多合成药物及天然药物中都含有苯环结构。如布洛芬（非甾体抗炎药物）、卡马西平（抗癫痫药）、木犀草素（抗菌、降压、解痉）等。

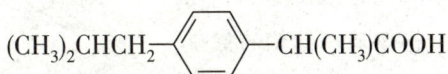

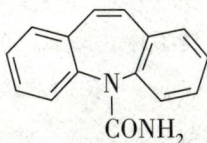

布洛芬　　　　　　　　　　　　　　　卡马西平

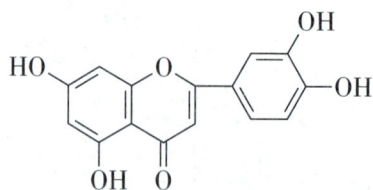

木犀草素

单环芳烃是指分子中只含有一个苯环的芳香烃，包括苯、苯的同系物等。最简单的单环芳烃是苯。

一、苯的结构

苯是最简单的芳烃，也是芳香族化合物中最具代表性的化合物，苯的分子式是C_6H_6。

1865年德国化学家凯库勒在实验的基础上提出苯的结构是由六个碳原子构成，具有交替单双键的环状正六边形平面结构，每个碳原子上连接着一个氢原子。这种结构式称为凯库勒式。后来研究发现苯的凯库勒结构式并不能反映苯的真实结构，但通常还在沿用。

根据现代价键理论，苯分子的真实结构可用 结构简式来表示。苯中所有原子均在一个平面上（平面型结构）；苯环的六个碳-碳键长都是相同的，均为0.140 nm，没有单双键之分；键角均为120°。

 知 识 链 接

凯库勒与凯库勒结构式

凯库勒是德国著名化学家，长期致力于苯的分子结构的研究，并于1865年提出苯是含有交替单双键的六碳原子环状化合物。相传，有一天夜晚，他在书房中打起了瞌睡，梦见碳原子的长链像蛇一样盘绕卷曲，忽见一蛇抓住了自己的尾巴，并旋转不停。他猛地醒来，连忙整理苯环结构的假说。

凯库勒说："我们应该会做梦！……那么我们就可以发现真理……但不要在清醒的理智检验之前，就宣布我们的梦。"但我们应该知道，凯库勒从梦中得到启发并不是偶然的，而是由于他在平时工作中善于独立思考，总是冥思苦想有关原子、分子以及结构等问题，才会梦有所思。

二、苯的同系物及其命名

苯的同系物是指苯环上的氢原子被烷基取代所形成的化合物。苯及其同系物的通式为 C_nH_{2n-6}（$n \geq 6$）。通常有一元取代、二元取代和三元取代物。

（一）一元烷基苯

苯环上一个氢原子被烷基取代而生成的化合物称为一元烷基苯。其命名为"某基苯"，简称"某苯"。如苯环上有较为复杂的链状烃基时，则将苯环作为取代基进行命名。例如：

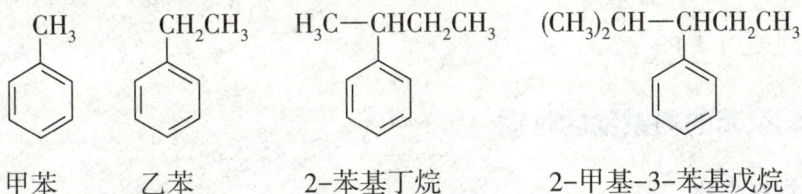

甲苯　　　　乙苯　　　　2-苯基丁烷　　　　2-甲基-3-苯基戊烷

（二）二元烷基苯

苯环上的两个氢原子被烷基取代而生成的化合物称为二元烷基苯。两个取代基的位置可以用阿拉伯数字进行编号（应使位次和最小）或用"邻"或"o-""间"或"m-""对"或"p-"来表示。例如：

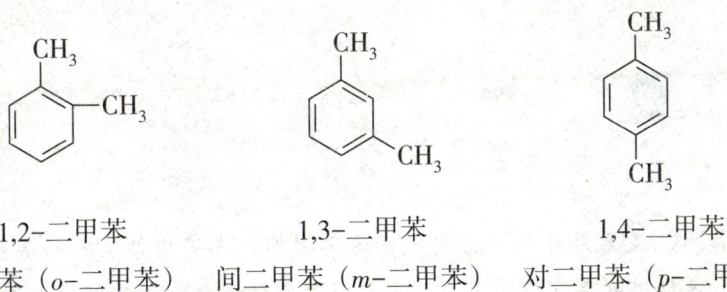

1,2-二甲苯　　　　　　1,3-二甲苯　　　　　　1,4-二甲苯

邻二甲苯（o-二甲苯）　间二甲苯（m-二甲苯）　对二甲苯（p-二甲苯）

（三）三元烷基苯

苯环上的三个氢原子被烷基取代而生成的化合物称为三元烷基苯。三个取代基的位置可以用阿拉伯数字进行编号（应使位次和最小）或用"连""偏""均"表示。例如：

连三甲苯　　　　　　偏三甲苯　　　　　　均三甲苯

1,2,3-三甲苯　　　　1,2,4-三甲苯　　　　1,3,5-三甲苯

芳基的命名

芳香烃分子中去掉一个氢原子后,剩下的基团称为芳香烃基,简称为芳基,常用 Ar- 表示。常见的芳基有:

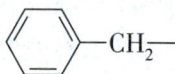

苯基   苄基(苯甲基)

苯基也可用 Ph- 表示。

三、苯及苯的同系物的性质

(一)物理性质

苯及其同系物大多数为无色透明的液体,有特殊气味,相对密度通常在 0.86 ~ 0.90 之间,易挥发,易燃,不溶于水,易溶于乙醚、乙醇等有机溶剂。苯和甲苯都是常用的良好的有机溶剂,其蒸气有毒,长期吸入会损害造血系统和神经系统,引起慢性中毒,导致白细胞数目减少或头晕乏力等症状。

香蕉水

香蕉水,又名天那水,主要成分是二甲苯,主要用作喷漆的溶剂和稀释剂。香蕉水是无色透明易挥发、易燃、易爆且有毒的液体,有较浓的香蕉气味,微溶于水,能溶于各种有机溶剂。

香蕉水属于危险品,使用时千万要小心。若不小心接触皮肤,应用流动的清水冲洗;若接触眼睛,应提起眼睑,用流动的清水或生理盐水冲洗;若误吸入,需迅速脱离现场至空气新鲜处,保持呼吸道通畅;若误食入,需饮足量温水,催吐或送医院急救。

(二)化学性质

苯的化学性质较为稳定(存在共轭效应),不易发生加成反应和氧化反应,易发生取代反应。这些性质被称为芳香族化合物的"芳香性"。

1. 取代反应　苯环的特征反应是取代反应，现主要介绍卤代和硝化反应。

（1）卤代反应　苯与纯净的卤素单质，在铁粉或三卤化铁等催化剂作用下，苯环上的氢原子被卤素原子取代，生成卤苯。

$$\text{（苯）} +Cl_2 \xrightarrow{FeCl_3\text{或}Fe} \text{（苯）}-Cl +HCl$$

不同的卤素反应速率不同，氟>氯>溴>碘。通常苯的卤代反应指的是氯代和溴代反应。

烷基苯在相同条件下比苯环容易发生取代反应，生成邻位和对位的取代产物。但在光照条件下，取代发生在侧链上而不是苯环上。通常是侧链中与苯环相连接的 α-H 易被卤素取代。

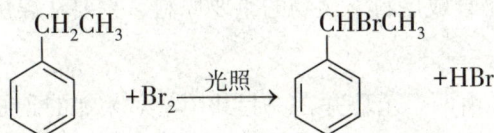

$$2\ \text{（甲苯）} +2Cl_2 \xrightarrow{Fe\text{或}FeCl_3} \text{（邻氯甲苯）} + \text{（对氯甲苯）} +2HCl$$

$$\text{（乙苯）} +Br_2 \xrightarrow{\text{光照}} \text{（溴代物）} +HBr$$

（2）硝化反应　浓硝酸与浓硫酸的混合物，在加热条件下与苯反应，苯环上的氢被硝基取代生成硝基苯，称为硝化反应。烷基苯比苯更容易发生硝化反应，生成邻位和对位取代产物。

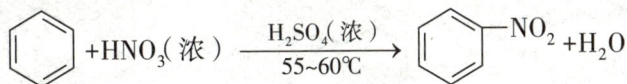

$$\text{（苯）} +HNO_3\text{（浓）} \xrightarrow[55\sim60℃]{H_2SO_4\text{（浓）}} \text{（苯）}-NO_2 +H_2O$$

$$2\ \text{（甲苯）} +2HNO_3\text{（浓）} \xrightarrow[20\sim30℃]{H_2SO_4\text{（浓）}} \text{（邻硝基甲苯）} + \text{（对硝基甲苯）} +2H_2O$$

2. 加成反应　在 Ni、Pt、Pd 等催化剂作用下，在较高的温度和压力下，苯能与 H_2 发生加成反应，生成环己烷。在紫外光照射下能与氯气发生加成生成六氯环己烷，俗称"六六六"，是一种强效杀虫剂，不易分解，毒性残留大，目前已被禁用。

$$\text{（苯）} +3H_2 \xrightarrow[\text{加热、加压}]{Ni} \text{（环己烷）}$$

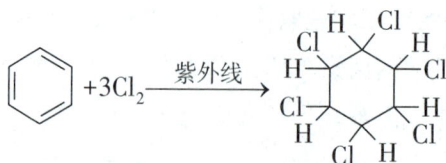

$$\text{（苯环）} + 3Cl_2 \xrightarrow{\text{紫外线}} \text{（六氯环己烷）}$$

3. 氧化反应 苯环很难被氧化，不能使高锰酸钾褪色。

苯的同系物中具有α-H的烷基苯易被氧化，不论侧链长短，α-碳原子都被氧化成羧基。

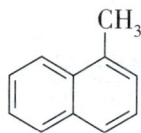

$$\xrightarrow[H^+]{KMnO_4}$$

四、稠环芳香烃

稠环芳烃是指两个或多个苯环共用两个邻位碳原子的化合物。其中具有代表性的主要有萘、蒽、菲等，它们是合成燃料、药物的重要原料，主要从煤焦油中提取。

（一）萘、蒽和菲

萘的分子式 $C_{10}H_8$，由两个苯环并在一起共用一对相邻的碳原子稠合而成。萘分子中碳原子编号如下图所示，其中1、4、5、8位是等同的，称为α位，2、3、6、7位是等同的，称为β位。萘的一元取代物有两种位置异构体，即α-取代物和β-取代物。命名时可以用阿拉伯数字或希腊字母标明取代基位置。

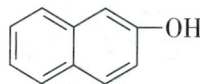

萘　　　　1-甲基萘（α-甲基萘）　　　2-萘酚（β-萘酚）

萘是有光亮的白色片状晶体，熔点80.5℃，沸点218℃，不溶于水，易溶于乙醇、乙醚和苯等有机溶剂。萘易挥发，易升华，有特殊气味，具有驱虫防蛀作用。萘有致癌作用，在工业上主要用于合成染料、农药等。

萘的化学性质与苯相似，但取代反应、加成反应及氧化反应都比苯容易。其中α-碳原子的电子云密度比β-碳原子电子云密度高，因此取代反应通常发生在α位。

1. 取代反应 萘能发生卤代、硝化等反应。

2. 氧化反应 常温下，萘可与三氧化铬的乙酸溶液反应生成1,4-萘醌。在高温下，用五氧化二钒做催化剂，可以被空气氧化得到邻苯二甲酸酐。邻苯二甲酸酐是合成树脂、增塑剂、染料等重要的原料。

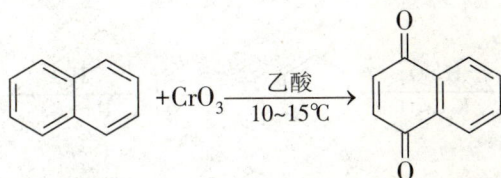

3. 还原反应（加成反应） 萘在不同条件下发生还原反应生成不同的产物。例如：

蒽和菲的分子式都是 $C_{14}H_{10}$，互为同分异构体。它们都是由三个苯环稠合而成的，并且三个苯环都处在同一平面上。

蒽为无色片状晶体，有蓝紫色荧光。熔点216℃，沸点340℃，不溶于水，微溶于乙醇和乙醚，易溶于热的苯中。菲也是无色片状晶体，略带荧光，熔点100℃，沸点340℃。不溶于水，易溶于苯及其同系物中。

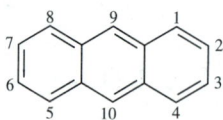

蒽

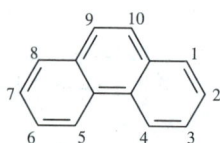

菲

蒽分子中，1、4、5、8位是等同的，称为α位；2、3、6、7位是等同的，称为β位；9、10位是等同的，称为γ位。菲分子中1、8位等同；2、7位等同；3、6位等同；4、5位等同；9、10位等同。蒽、菲的还原和氧化反应主要发生在9、10位上。蒽和菲的芳香性比苯和萘差，但它们的氧化反应和还原反应比苯和萘容易，所得产物均保持2个完整的苯环。例如：

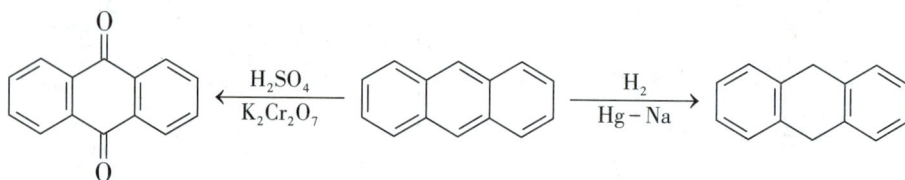

9,10-蒽醌   9,10-二氢蒽

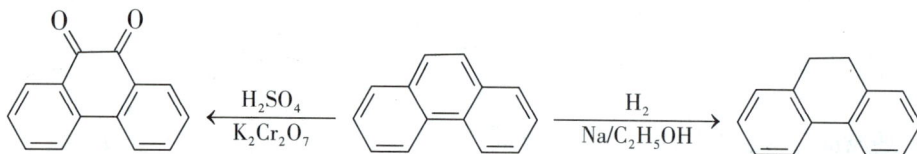

9,10-菲醌   9,10-二氢菲

（二）致癌芳烃

稠环芳烃中有一些具有明显的致癌作用。3个苯环的稠环芳烃（蒽、菲）本身不致癌，若分子中某些碳上连有甲基时就有致癌性。4环和5环的稠环芳烃和它们的部分甲基衍生物有致癌性。6环的稠环芳烃部分有致癌性。苯并芘类稠环芳烃，特别是3,4-苯并芘有强烈的致癌作用。多环芳烃类的致癌物质来源于各种烟尘，包括煤烟、油烟、柴草烟等。目前已知，致癌芳烃的致癌作用是由于它们的代谢产物能与DNA结合，导致DNA突变，增加致癌的可能性。

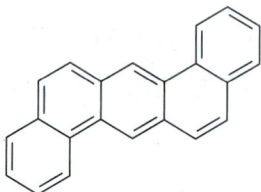

1,2,5,6-苯并蒽

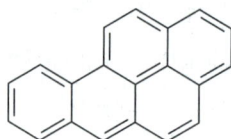

苯并芘

1,2,3,4-苯并菲

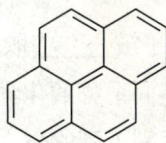
芘

复习思考

一、选择题

1. 下列关于芳香族化合物（含有苯环的化合物）的叙述正确的是（　　）

 A. 其组成的通式是 C_nH_{2n-6} B. 分子里含有苯环的烃

 C. 分子里含有苯环的有机物   D. 苯及其同系物的总称

2. 下列关于苯的性质的叙述中，错误的是（　　）

 A. 苯在催化剂的作用下与液溴发生取代反应

 B. 在苯中加入溴水，振荡并静置后，溴水中的 Br_2 被苯萃取到上层苯中而呈橙色

 C. 在苯中加入高锰酸钾溶液，振荡并静置后下层液体为紫色

 D. 在一定条件下，苯与氢气发生取代反应生成环己烷

3. 下列物质中，既能使溴的四氯化碳溶液褪色又能使酸性的 $KMnO_4$ 溶液褪色的是（　　）

 A. 环己烷   B. 己烯

 C. 苯   D. 己烷

4. 下列化合物分子中各原子不在同一平面的是（　　）

 A. 苯   B. 甲烷

 C. 萘   D. 乙烯

5. 下列化合物不能被酸性 $KMnO_4$ 溶液氧化的是（　　）

 A. 甲苯   B. 苯

 C. 2-苯基丁烷   D. 邻二甲苯

6. 下列物质中，不可能发生加成反应的是（　　）

 A. 甲苯   B. 乙烯

 C. 乙炔   D. 乙烷

二、填空题

1. 分子中含有 1 个或多个_____结构的芳香烃，称为苯型芳香烃。最简单、最基本

的芳香烃为_____。

2. 苯环上的氢原子被_____取代所生成的化合物称为苯的同系物，苯同系物的结构通式为_____，苯及其同系物的化学性质表现为难_____、难_____、易_____。

三、用化学方法区别下列物质

1. 苯和甲苯

2. $\text{C}_6\text{H}_5-\text{C}(\text{CH}_3)_3$（叔丁基苯），　$\text{C}_6\text{H}_5-\text{CH}=\text{CHCH}_3$（苯丙烯），

$\text{C}_6\text{H}_5-\text{CH}(\text{CH}_3)_2$（异丙基苯）

四、完成下列反应式

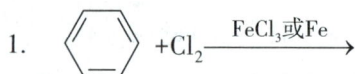

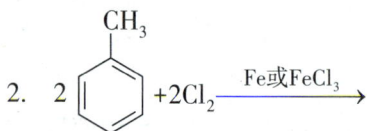

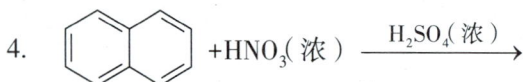

1. $\bigcirc + \text{Cl}_2 \xrightarrow{\text{FeCl}_3\text{或Fe}}$

2. $2\,\text{C}_6\text{H}_5\text{CH}_3 + 2\text{Cl}_2 \xrightarrow{\text{Fe或FeCl}_3}$

3. $2\,\text{C}_6\text{H}_5\text{CH}_3 + 2\text{HNO}_3(\text{浓}) \xrightarrow[20\sim30℃]{\text{H}_2\text{SO}_4(\text{浓})}$

4. 萘 $+ \text{HNO}_3(\text{浓}) \xrightarrow{\text{H}_2\text{SO}_4(\text{浓})}$

5. 对叔丁基甲苯 $\xrightarrow[\text{H}^+]{\text{KMnO}_4(\text{浓})}$

44

第三章

扫一扫，看课件

有机化合物的电子效应

有机化学电子理论认为，分子中不直接相连的原子或原子团之间的相互影响可以通过诱导效应和共轭效应两种方式传递。

【学习目标】
1. 熟悉诱导效应和共轭效应对有机物性质的影响。
2. 会判断吸电子诱导效应和给电子诱导效应和共轭效应类型。

案例导入

麻黄碱为拟肾上腺素药，有兴奋交感神经、升高血压、扩张支气管等作用。临床上用麻黄碱的盐酸盐，治疗止咳、过敏反应、低血压症和防治支气管哮喘等。去氧麻黄碱又称甲基安非他明，是无味或略有苦味的无色晶体，形似冰，故称冰毒。去氧麻黄碱是一种高效成瘾性中枢神经系统兴奋剂，是国际上严禁的毒品。

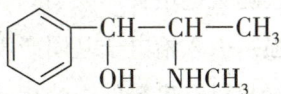

麻黄碱

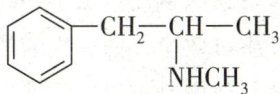

去氧麻黄碱

问题：通过实验测定两者的碱性强弱不同，为什么？

45

一、诱导效应

（一）定义

在不同原子形成的共价键中，成键电子云会偏向电负性（非金属性）较大的原子一方，使共价键出现极性。在多原子分子中，一个键的极性会影响到分子中其他部分，使分子中的电子云沿着碳链向某一方向分布。以 $CH_3CH_2CH_2Cl$ 为例：

$$\overset{\delta\delta\delta+}{C_3}\longrightarrow\overset{\delta\delta+}{C_2}\longrightarrow\overset{\delta+}{C_1}\longrightarrow\overset{\delta-}{Cl}$$

由于 Cl 原子的电负性大于 C 原子，C—Cl 键的电子云偏向 Cl 原子一端，使 C-1 带部分正电荷（δ^+），在 C-1 静电引力作用下，C-1 和 C-2 之间共价键的电子云也发生偏移，稍偏向于 C-1，使 C-2 也带有少量正电荷（$\delta\delta^+$），同理，C-3 也带有更少量的正电荷（$\delta\delta\delta^+$）。这种由于成键原子或原子团的电负性不同，引起分子中的电子云沿着碳链向某一方向偏移的现象称为诱导效应，常用符号"I"表示。诱导效应随着传递距离的增加迅速减弱或消失，一般到第3个碳原子后就很微弱，可忽略不计。

诱导效应的方向一般以 C—H 键中的氢原子作为比较标准。电负性大于氢的原子或原子团表现为吸电性，称为吸电子基，吸电子基引起的诱导效应称为吸电子诱导效应，用-I 表示；电负性小于氢的原子或原子团表现为给电性，称为给电子基，由给电子基引起的诱导效应称为给电子诱导效应，以+I 表示。

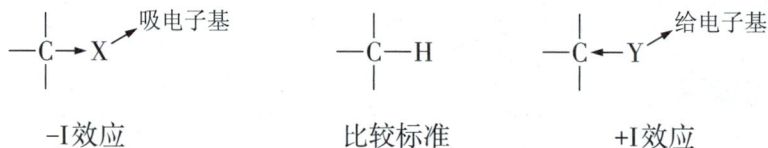

$-\overset{\textstyle\mid}{\underset{\textstyle\mid}{C}}\rightarrow X$ 吸电子基	$-\overset{\textstyle\mid}{\underset{\textstyle\mid}{C}}-H$	$-\overset{\textstyle\mid}{\underset{\textstyle\mid}{C}}\leftarrow Y$ 给电子基
-I效应	比较标准	+I效应

常见的吸电子基和给电子基及强弱的次序如下：

吸电子基（-I）：—NO_2 > —CN > —COOH > —F > —Cl > —Br > —I > —OH > —C_6H_5 > —CH=CH_2 > —H

给电子基（+I）：—O^- > —COO^- > —$C(CH_3)_3$ > —$CH(CH_3)_2$ > —CH_2CH_3 > —CH_3 > —H

（二）诱导效应对有机物酸碱性的影响

诱导效应对有机物酸碱性产生不同的影响，且随碳链增长而减弱。当有机酸分子中引入吸电子基团，产生-I 效应，使有机酸的酸性增强；引入给电子基团产生的+I 效应使有机酸的酸性减弱。诱导效应对有机碱的碱性影响正好与对有机酸的影响相反。当有机碱引入吸电子基团，产生的-I 效应，使有机碱的碱性减弱；引入给电子基团产生的+I 效应，使有机碱的碱性增强，见表3-1。

表3-1　诱导效应对有机酸碱性影响示例

	CH$_3$COOH	1.76×10^{-5}（K_b）	CH$_3$CH$_2$CH$_2$COOH	1.52×10^{-5}（K_b）
−I效应	ClCH$_2$COOH	1.55×10^{-3}	CH$_3$CH$_2$CH(Cl)COOH	1.39×10^{-3}
−I效应	Cl$_2$CHCOOH	5.14×10^{-2}	CH$_3$CH(Cl)CH$_2$COOH	8.85×10^{-5}
−I效应	Cl$_3$CCOOH	2×10^{-1}	CH$_2$(Cl)CH$_2$CH$_2$COOH	2.96×10^{-5}
	CH$_3$NH$_2$	4.4×10^{-4}（K_b）	CH$_3$CH$_2$COOH	4.57×10^{-5}（K_b）
+I效应	CH$_3$CH$_2$NH$_2$	5.6×10^{-4}	(CH$_3$)$_2$CHCOOH	1.86×10^{-5}

二、共轭效应

（一）定义及共轭体系的类型

1. 定义　共轭效应是指在共轭体系中原子间的一种相互影响，这种影响使分子更稳定，内能更低，键长更趋于平均化，折光率增大，并引起物质性质的一系列改变。共轭效应常用C表示。

2. 共轭体系的类型　主要有π–π共轭、p–π共轭、σ–π共轭三种。π–π共轭是指分子中含有单双键交替连接的体系，例如：H$_2$C═CH—CH═CH$_2$ 是最简单的、研究最多的π–π共轭体系。p–π共轭体系是单键的一侧有1个π键，另一侧含有1个p轨道，p轨道里可含1个电子、2个电子或0电子，例如：

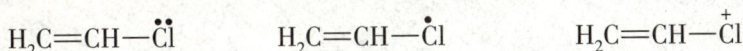

$$H_2C=CH-\ddot{C}l \qquad H_2C=CH-\dot{C}l \qquad H_2C=CH-\overset{+}{C}l$$

σ–π共轭体系是指单键的一侧有1个π键，另一侧有1个σ键，例如：

$$H_3C-CH=CH_2$$

（二）共轭效应对化合物性质的影响

1. 共轭效应对有机物酸碱性的影响　含有酚羟基结构的药物由于苯氧间存在p–π共轭，p电子朝着双键方向转移，呈现给电子共轭效应（+C），使酚类药物呈现酸性。

当酚羟基的对位连有给电子基团时，给电子基团上的电子向苯环移动，苯环上的电子再向羟基上的氧移动，造成羟基中氢氧结合比较牢固不易断裂，而使酚的酸性减弱。当酚羟基的对位连有吸电子基团，酚羟基氢氧间的电子由氧向苯环移动，苯环上的电子再向吸电子基移动，而使酚类药物的酸性增强。例如以下酚类化合物酸性由弱到强的顺序是：

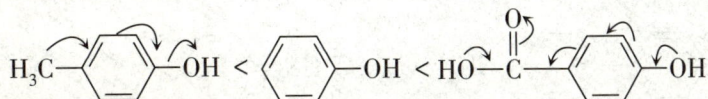

有机碱的碱性大小取决于分子中是否有诱导效应和共轭效应。有p–π共轭体系的有机碱类药物，p电子朝着双键方向转移，呈现给电子共轭效应（+C），而使有机碱的碱性减

弱。例如苯胺和环己胺，前者有p-π共轭体系，碱性弱，后者无p-π共轭体系，碱性要比苯胺强。

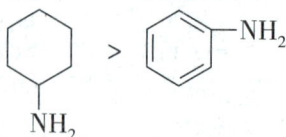

2. 共轭效应对有机物还原性的影响　含有酚羟基结构的药物具有还原性，能发生自动氧化反应。当酚中引入烷基等给电子基团时，苯环的电子云密度会增大，更易失去电子表现出比较强的还原性，在空气中更易发生自动氧化反应。反之，酚中引入—COOH、—NO$_2$、—X等吸电子基团时，苯环的电子云密度会降低，还原性减弱，不易发生自动氧化反应。例如以下酚类化合物还原性由强到弱的顺序是：

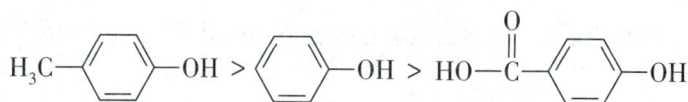

3. 共轭效应对有机化合物分子颜色的影响

（1）在有机化合物共轭体系中引入助色基或生色基一般伴随着颜色的加深。助色基：如 —NH$_2$ 、—NHR 、—OH 、—OCH$_3$ 等；生色基：如 —NO$_2$ 、—NO 、 $\diagup C{=}O$ 、

$\diagup C{=}NH$ 等。例如，在蒽醌分子中引入助色基，则由浅黄色变成红色；在苯中引入生色基，由无色变成黄绿色。

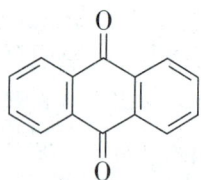
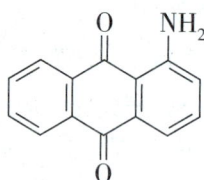

蒽醌（浅黄色）　　　　　　　　1-氨基蒽醌（红色）　　　　　　黄绿色

（2）有机化合物分子中共轭体系的增长导致颜色的加深。例如，联苯胺是无色的，当氧化成醌型结构时，扩大了其中的共轭体系而呈现蓝色。

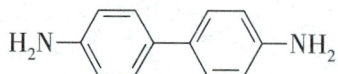

无色　　　　　　　　　　　　　　蓝色

知 识 链 接

共轭体系中键长趋于平均化的机理

例如在1,3-丁二烯中，π电子（即形成π键的电子）不在局限于C-1和C-2、C-3和C-4之间，而是在整个共轭体系中运动，使电子云密度分布趋于平均化，键长趋于平均化。在链状共轭体系中，共轭链越长，双键及单键的键长越接近。在环状共轭体系中，如苯环的六个碳-碳键的键长完全相等。

复习思考

一、选择题

1. 下列化合物碱性最强的是（　　　）

A. 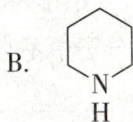　　　　　　　B.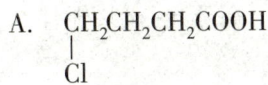

C. 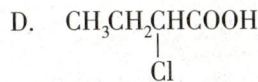　　　　　　　D.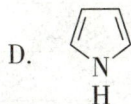

2. 下列化合物酸性最弱的是（　　　）

A. CH_3COOH 　　　　　　　B. $ClCH_2COOH$

C. $Cl_2CHCOOH$ 　　　　　　D. Cl_3CCOOH

3. 下列取代羧酸，酸性最强的是（　　　）

A. $\underset{\underset{Cl}{|}}{CH_2}CH_2CH_2COOH$ 　　　　　B. $CH_3CH_2CH_2COOH$

C. $CH_3\underset{\underset{Cl}{|}}{CH}CH_2COOH$ 　　　　　D. $CH_3CH_2\underset{\underset{Cl}{|}}{CH}COOH$

4. 下列原子或基团属于给电子基的是（　　　）

A. ——Br 　　　　　　　　B. ——OH

C. ——CH_3 　　　　　　　D. ——NO_2

5. 下列化合物不存在共轭体系的是（　　　）

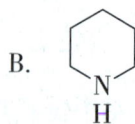

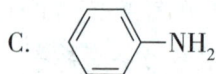

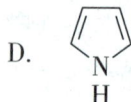

A. $H_2C=CH-CH=CH_2$

B.

C.

D.

二、填空题

1.

A.

B.

C.

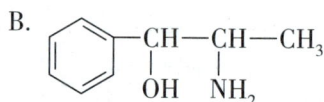

将 A、B、C 化合物按碱性由大到小排列的是_____。

2. 有机化学电子理论认为，分子中不直接相连的原子或原子团之间的相互影响可以通过两种方式传递，一种是_____，另一种是_____。

3. 共轭体系的类型主要有_____、_____、_____三种。

4. 诱导效应分为_____和_____两种，吸电子诱导效应使有机酸的酸性_____，使有机碱的碱性_____。

5. 在共轭体系中原子间的一种相互影响，这种影响造成分子更_____，内能_____，键长_____，并引起折光率_____等物质性质的一系列改变。

6. $H_2C=CH-CH=CH_2$ ， $-NH_2$ ， $CH_3CH=CH_2$ 三个共轭体系分子，

_____属于 p-π 共轭体系分子，_____属于 π-π 共轭体系分子，

_____属于 σ-π 共轭体系分子。

第四章

烃的几种重要含氧衍生物

　　醇、酚、醛、羧酸和酯等都是烃的几种重要含氧衍生物，它们与医药关系非常密切。例如，邻硝基苯甲醛是合成抗心绞痛药物硝苯定的原料；对硝基苯乙酮是合成氯霉素的原料；阿司匹林、布洛芬是解热镇痛药和非甾体抗炎药；治疗乙肝的阿德福韦酯；治疗冠心病的单硝酸异山梨酯；治疗水肿的螺内酯等。不仅如此，烃的含氧衍生物在我们日常生活中也发挥着非常重要的作用。例如用于环境消毒剂——来苏尔（甲酚的肥皂溶液）；日常调味品——食醋等。

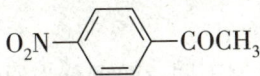

| 邻硝基苯甲醛 | 对硝基苯乙酮 | 阿司匹林 | 邻甲酚 |

第一节　醇和醚

扫一扫，看课件

【学习目标】
1. 掌握醇、醚的结构特点和醇的主要化学性质。
2. 熟悉醇的分类和简单醇、醚的命名。
3. 了解重要的醇和醚在医药上的用途。

案例导入

　　醇、醚与医药密切相关，有的是合成药物的原料，有的直接作为药物使用。

乙醚和羟丁酸钠都可以作为麻醉药使用，尽管两者药效相同，但在人体中发生的药理作用不同。

问题：1. 这两种麻醉药在结构上有什么不同？

2. 这两种麻醉药各自有哪些独特的化学反应？

$$HO\diagdown\diagup\diagdown\underset{\underset{O}{\|}}{C}\diagup ONa \qquad\qquad CH_3CH_2OCH_2CH_3$$

羟丁酸钠（静脉麻醉药）　　　　　　　乙醚（全身麻醉药）

一、结构、分类和命名

（一）醇和醚的结构

从化学结构上看，醇可看作是脂肪烃、脂环烃或芳香烃侧链上的氢原子被羟基取代后生成的化合物。醇的结构通式为：R—OH 和 Ar—CH$_2$OH，羟基（—OH）为醇的官能团，R 和 Ar 分别代表脂肪烃基和芳香烃基。醚是两个烃基通过氧原子连接起来的化合物，开链醚的结构通式为（Ar）R—O—R′（Ar′），醚键（—O—）为醚的官能团。含有相同碳原子数的醚和醇互为官能团异构。

（二）醇和醚的分类

醇通常有以下3种分类方法。

1. 根据醇分子中羟基所连碳原子的类型不同，醇可分为伯醇、仲醇和叔醇。羟基与伯碳原子相连的醇称为伯醇（1°醇）；与仲碳原子相连的醇称为仲醇（2°醇）；与叔碳原子相连的醇称为叔醇（3°醇）。

$$CH_3CH_2OH \qquad\qquad \underset{|}{\overset{CH_3}{}}{CH_3CHOH} \qquad\qquad CH_3\underset{|}{\overset{CH_3}{}}COH\underset{|}{CH_3}$$

　　伯醇　　　　　　　　　　仲醇　　　　　　　　　　叔醇

2. 根据醇分子中羟基所连接烃基的种类不同，醇可分为脂肪醇、脂环醇和芳香醇。

$$CH_3CH_2CH_2CH_2OH$$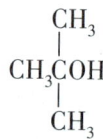

　　1-丁醇　　　　　　　　　环戊醇　　　　　　　　苯甲醇

3. 根据分子中所含醇羟基的数目，醇可分为一元醇、二元醇等，含2个或2个以上醇烃基的醇称为多元醇，命名为"某几醇"。

CH_3CH_2OH　　　　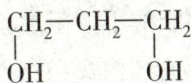

乙醇（一元醇）　　　　1,3-丙二醇（二元醇）　　　　　　丙三醇（三元醇）

根据分子中所连烃基是否相同，醚可分为单醚和混醚。与氧原子相连的2个烃基相同的醚称为单醚，2个烃基不同的醚称为混醚。根据分子中所连烃基种类的不同，醚可分为脂肪醚、环醚、芳香醚。具有环状结构的醚称为环醚，2个烃基都是脂肪烃基的醚称为脂肪醚，1个或2个烃基是芳香烃基的醚则称为芳香醚。

（三）醇和醚的命名

1. 醇的命名　遵循含有官能团的链状化合物和芳香化合物的命名原则。脂环醇根据成环碳原子数命名为"环某醇"。例如：

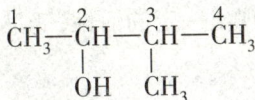

4-甲基-3-乙基-2-戊醇　　　　　3-甲基-2-丁醇　　　　2-丙醇（异丙醇）

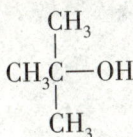　　　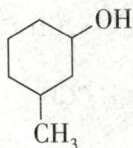　　　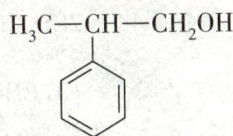

2-甲基-2-丙醇（叔丁醇）　　3-甲基环己醇　　　　2-苯基-1-丙醇

2. 醚的命名　命名单醚时，根据与氧原子相连的烃基名称称为"二某醚"，"二"可省略不写；命名混醚时，称为"某某醚"，将较小的烃基名称放在前面，将芳香烃基名称放在脂肪烃基的前面。例如：

CH_3OCH_3　　　　　　$CH_3CH_2OCH_2CH_3$　　　　　　$CH_3OCH_2CH_3$

甲醚（脂肪单醚）　　　乙醚（脂肪单醚）　　　　甲乙醚（脂肪混醚）

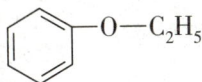　　　　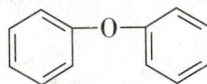

环氧乙烷（环醚）　　苯乙醚（芳香混醚）　　　　二苯醚（芳香单醚）

二、醇的性质

1～3个C原子的低级饱和一元醇为无色液体，具有特殊的芳香气味和辛辣味道（酒味），4～11个C原子的醇为有难闻气味的油状液体，12个以上C原子的醇为无色、无味、蜡状固体。1～3个C原子的低级醇能与水任意比例混溶，但随着醇分子中烃基的增大，醇在水中的溶解度逐渐减少，壬醇以上的高级醇不溶于水。

醇的化学性质及反应的断键位置如下面结构式：

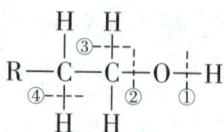

$$
\begin{array}{c}
\quad\; \overset{H}{\underset{H}{|}} \; \overset{H}{\underset{H}{|}} \\
R-\underset{④}{C}\overset{③}{-}\underset{②}{C}-\overset{①}{O}-H \\
\quad\; \overset{|}{H} \; \overset{|}{H}
\end{array}
$$

催化氧化反应断键位置为①和③；与无机酸取代反应断键位置为②；与有机酸取代（酯化）反应断键位置为①；与醇的取代（分子间脱水）反应断键位置为①和②；消去（分子内脱水）反应断键位置为②和④；与金属钠的置换反应断键位置为①。

（一）氧化反应

在一定条件下，在分子中引入氧原子或去掉氢原子的反应称为氧化反应。醇分子中 α-H 受到羟基的影响，表现出一定的活性，容易发生氧化反应。醇的氧化反应主要有以下三种类型：

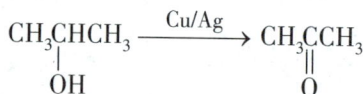

1. **燃烧氧化** $CH_3CH_2OH + 3O_2 \xrightarrow{\text{点燃}} 2CO_2 + 3H_2O$

2. **催化氧化** $2CH_3CH_2OH + O_2 \xrightarrow{Cu/Ag} 2CH_3CHO + 2H_2O$

$$
\underset{\underset{OH}{|}}{CH_3CHCH_3} \xrightarrow{Cu/Ag} \underset{\underset{O}{||}}{CH_3CCH_3}
$$

催化氧化反应中，断键位置是①③，发生的是去氢氧化（—OH 和 α-H 各去掉一个氢原子），其中伯醇氧化为醛，仲醇氧化为酮，叔醇由于和—OH 相连的 α-C 上无氢，不能发生催化氧化。

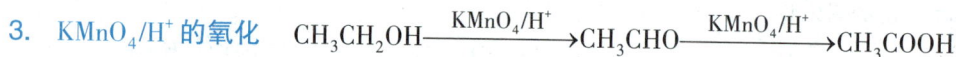

3. **$KMnO_4/H^+$ 的氧化** $CH_3CH_2OH \xrightarrow{KMnO_4/H^+} CH_3CHO \xrightarrow{KMnO_4/H^+} CH_3COOH$

知 识 链 接

酒驾检查

国家刑事法律已经规定酒后驾驶是违法行为。使用呼气式酒精分析仪可以帮助交警检测驾驶员是否酒后驾车。呼气式酒精分析仪内特殊设计的玻璃瓶中装有硫酸、重铬酸钾、硝酸银（催化剂）和水的混合物，当被测人员对准仪器呼气时，若呼出气体中含有一定比例的乙醇蒸气，分析仪内的重铬酸钾（$Cr_2O_7^{2-}$ 橙红色）就会迅速与之反应，生成绿色的 Cr^{3+}。分析仪中铬离子（$Cr^{6+} \rightarrow Cr^{3+}$）颜色的变化通过电子传感元件转换成电信号，$Cr^{3+}$ 颜色变化的程度与呼出气体中的酒精含量直接相关，从而精确地标示出呼气中酒精的含量。

（二）消去反应

在一定反应条件下，从1个有机化合物分子中脱去1个小分子（如水、卤化氢等）生成不饱和化合物的反应称为消去反应，也称消除反应。脱水反应是消去反应的一种。醇在脱水剂浓硫酸催化下，加热可发生脱水反应。醇的脱水方式与反应所处温度和醇的结构有关。在较高温度下，醇能够发生分子内脱水反应生成烯烃，断键位置为②和④。例如：

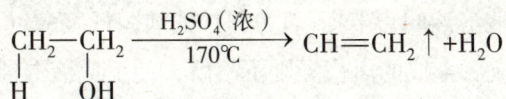

$$\underset{\underset{H}{|}}{CH_2}-\underset{\underset{OH}{|}}{CH_2} \xrightarrow[170℃]{H_2SO_4(浓)} CH_2{=}CH_2\uparrow + H_2O$$

醇的消去反应也可称为分子内脱水反应。仲醇和叔醇发生分子内脱水时，遵循扎依采夫（Saytzeff）规则：氢原子从含氢原子较少的 β-C 上脱去。例如：

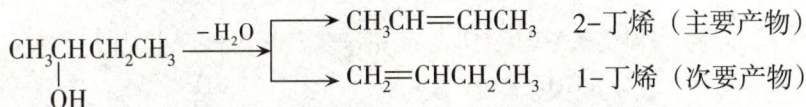

$$\underset{\underset{OH}{|}}{CH_3CHCH_2CH_3} \xrightarrow{-H_2O} \begin{cases} CH_3CH{=}CHCH_3 & 2\text{-丁烯（主要产物）} \\ CH_2{=}CHCH_2CH_3 & 1\text{-丁烯（次要产物）} \end{cases}$$

不同结构的醇，发生分子内脱水反应的难易程度是不一样的，反应的活性顺序为：叔醇＞仲醇＞伯醇。

（三）取代反应

1. 与有机酸的反应　醇和有机酸在强酸（通常用浓硫酸）催化下脱水生成酯的反应，称为酯化反应，断键位置为①。例如：

$$H_3C-\underset{\underset{}{\overset{\overset{O}{\|}}{C}}}{}-OH + H{-}O{-}CH_2CH_3 \xrightarrow[\triangle]{H_2SO_4(浓)} H_3C-\underset{\underset{}{\overset{\overset{O}{\|}}{C}}}{}-OCH_2CH_3 + H_2O$$

乙酸乙酯

2. 与含氧无机酸的反应　醇和含氧无机酸发生分子间脱水生成无机酸酯，断键位置为②。例如：

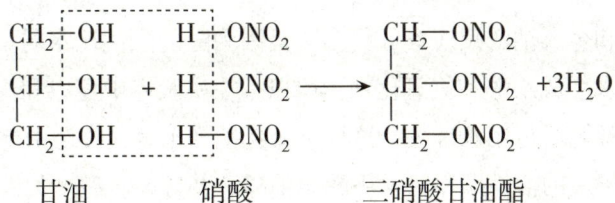

$$\begin{matrix} CH_2{-}OH \\ | \\ CH{-}OH \\ | \\ CH_2{-}OH \end{matrix} \quad + \quad \begin{matrix} H{-}ONO_2 \\ \\ H{-}ONO_2 \\ \\ H{-}ONO_2 \end{matrix} \quad \longrightarrow \quad \begin{matrix} CH_2{-}ONO_2 \\ | \\ CH{-}ONO_2 \\ | \\ CH_2{-}ONO_2 \end{matrix} \quad + 3H_2O$$

甘油　　　　硝酸　　　　三硝酸甘油酯

知 识 链 接

三硝酸甘油酯的药用价值

三硝酸甘油酯，俗称硝酸甘油，在医学上作为血管扩张药，治疗冠状动脉狭窄引起的心绞痛。硝酸甘油味稍甜并带有刺激性，合格的硝酸甘油不但溶化迅速，而且舌下含服有烧灼感，这也是药物有效的标志。此外，硝酸甘油遇热或受到撞击即猛烈分解，瞬间产生大量气体而引起爆炸，又可用作炸药。

3. 与氢卤酸的反应　醇分子中的羟基被卤素原子取代，生成卤代烃。

无水氯化锌的浓盐酸溶液叫卢卡斯（Lucas）试剂，低级醇（含6个以下碳原子的醇）可溶于该试剂中，但反应后生成的卤代烃则不溶解，使反应液混浊。可根据反应液变混浊的快慢来区别伯醇、仲醇和叔醇。其中，叔醇立即反应，约1分钟内溶液变混浊；仲醇需十几分钟后变混浊；伯醇在室温下放置数小时后才有混浊。例如：

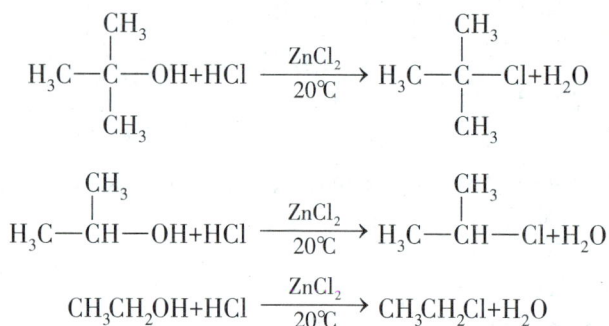

$$H_3C-\overset{\underset{\displaystyle CH_3}{|}}{\underset{\underset{\displaystyle CH_3}{|}}{C}}-OH + HCl \xrightarrow[20℃]{ZnCl_2} H_3C-\overset{\underset{\displaystyle CH_3}{|}}{\underset{\underset{\displaystyle CH_3}{|}}{C}}-Cl + H_2O$$

$$H_3C-\overset{\underset{\displaystyle CH_3}{|}}{CH}-OH + HCl \xrightarrow[20℃]{ZnCl_2} H_3C-\overset{\underset{\displaystyle CH_3}{|}}{CH}-Cl + H_2O$$

$$CH_3CH_2OH + HCl \xrightarrow[20℃]{ZnCl_2} CH_3CH_2Cl + H_2O$$

4. 与醇的反应　在较低温度下，醇发生分子间脱水生成醚，断键位置为①和②。

$$CH_3CH_2\!-\!OH + H\!-\!OCH_2CH_3 \xrightarrow[140℃]{H_2SO_4(浓)} CH_3CH_2OCH_2CH_3 + H_2O$$

（四）置换反应

醇与水一样，能与钠、钾等活泼金属发生反应，羟基上的氢原子被金属取代，生成醇的金属化合物并放出氢气，断键位置为①。例如，乙醇和钠反应生成乙醇钠并放出氢气。

$$2CH_3CH_2OH + 2Na \longrightarrow 2CH_3CH_2ONa + H_2\uparrow$$

这个反应比水和金属钠的反应缓和得多，是因为醇的酸性比水弱。生成的乙醇钠碱性比氢氧化钠强，遇水生成乙醇和氢氧化钠。所以，在实验室中可以利用乙醇处理残留的少量钠，使之生成乙醇钠后再用水洗去，这样可避免钠和水直接接触引起燃烧或爆炸。

醇和活泼金属反应的活性顺序为：甲醇＞伯醇＞仲醇＞叔醇。

结构上含有羟基的有机物大部分都可以与金属钾、钠等活泼金属反应，这也成为检验有机物是否含有羟基官能团的一个简易方法。

三、重要的醇和醚

（一）甲醇

甲醇是最简单的饱和一元醇。因最初是从木材干馏得到的，所以又称为木醇或木精。

甲醇是无色透明的液体，沸点为64.4℃，能溶于水、乙醇、乙醚、丙酮、苯和其他有机溶剂中，易燃，有酒精味，有很强的毒性。当人体误服或吸入甲醇会产生毒性反应。急性表现为头痛、疲倦、恶心、视力减弱甚至失明（误服10mL以上即可失明）、循环性虚脱，呼吸困难甚至死亡（30mL可导致死亡）。

（二）乙醇

俗称酒精，是最常见的醇，也是饮用酒（白酒、黄酒和啤酒）的主要成分。纯净的乙醇是无色透明、易挥发、易燃的液体，具有特殊的气味和辛辣味道（酒味），沸点78.5℃，能与水及大多数有机溶剂混溶，毒性小。

工业上一般利用淀粉或糖类发酵而制得，目前更好的办法是利用石油裂解气中的乙烯进行催化加水制得，可节约大量的粮食。

乙醇的用途非常广泛，主要有：

1. 用作燃料　乙醇燃烧时几乎无烟，生成二氧化碳和水，并放出大量的热。

2. 用作消毒剂　临床上用体积分数为75％的乙醇溶液做外用消毒剂（使细菌的蛋白质变性），又称消毒酒精。

3. 用作有机溶剂　体积分数在99.5％以上的称为无水乙醇，又称绝对酒精，是重要的有机溶剂和化工原料。体积分数为95％的乙醇称为药用酒精，在医药中主要用于提取中草药的有效成分。在药剂上将生药与化学药品用不同浓度的乙醇浸出或溶解制成溶液称为酊剂。例如碘酊（俗称碘酒）就是将碘和碘化钾（助溶剂）溶于乙醇制成的。

知 识 链 接

酿酒的原理

白酒中大部分是乙醇和水，还含有占总量2％左右的其他香味物质，从而使酒具有独特的魅力。白酒中的香味物质主要是酯类物质。

工业上乙醇的生产过程为：淀粉→糖→乙醇；另有一种传统式的酿酒工艺——微生物发酵酿酒法。具体酿制过程大致如下：选取红高粱、玉米、大米、小麦、稻谷及薯干等混合物为原料，辅料为弃酒糟、谷壳及水。先将原料煮熟，冷却后，再与辅料按照一定的比例混合，发酵后的混合料经过蒸馏，即可得到白酒和酒糟。

（三）丙三醇

俗称甘油，是一种无色、无臭、略带甜味的黏稠性液体，沸点290℃，比水重，能与水以任意比例混溶。甘油有润肤作用，但由于它本身吸湿性很强，对皮肤有刺激作用，故使用时需用1：3的适量水稀释。临床上常用甘油栓或50％甘油溶液灌肠，以治疗便秘。验证丙三醇的简易方法是：丙三醇遇到新制备的氢氧化铜溶液振荡显深蓝色溶液。

（四）苯甲醇

苯甲醇又名苄醇，是最简单的芳香醇，为无色液体，具有芳香气味，微溶于水，易溶于有机溶剂。苯甲醇具有微弱的麻醉作用，既能镇痛又能防腐。含有苯甲醇的注射用水称为无痛水，含有10％苯甲醇的软膏或洗剂为局部止痒剂。

（五）乙醚

乙醚是重要和常见的醚，在医药上可用作全身吸入性麻醉剂。乙醚为无色透明、有特殊气味的液体，沸点很低（34.5℃），挥发性极强，易着火。当乙醚蒸汽和空气混合到一定比例时，遇火引起猛烈的爆炸。即使没有火焰，乙醚蒸汽遇到热的金属（如铁丝网）也会着火。因此，使用乙醚时要特别注意安全，尤其要避开明火。

乙醚微溶于水，易溶于乙醇、氯仿等有机溶剂，其本身化学性质比较稳定，是良好的有机溶剂，常用作提取中药有效成分的溶剂。

复习思考

一、选择题

1. 醇、醚都是烃的（　　　）

  A. 同位素　　　　　　　　　　B. 同分异构

  C. 同系物　　　　　　　　　　D. 含氧衍生物

2. 下列物质不属于醇的是（　　　）

  A. 　　　　　　B.

  C. 　　　　　　D.

3. 下列有机化合物不是醇类的是（　　　）

  A. 饱和烃分子中的氢原子被羟基取代后的化合物

  B. 脂环烃分子中的氢原子被羟基取代后的化合物

  C. 芳环上的氢原子被羟基取代后的化合物

  D. 芳环侧链上的氢原子被羟基取代后的化合物

4. 下列各组物质中，互为同分异构体的是（　　　）

    A. 甲醇和甲醚   B. 乙醇和乙醚

    C. 甲醚和乙醇   D. 苯酚和苯甲醇

5. 下列有机化合物中属于一元仲醇的是（　　　）

    A. 2-丁醇   B. 1-丁醇

    C. 2-甲基-2-丙醇   D. 丙三醇

6. 与乙醇作用，不能放出氢气的是（　　　）

    A. K   B. Na

    C. Ca   D. NaOH

7. 2-丁醇发生分子内脱水反应时，主要产物是（　　　）

    A. 2-丁烯   B. 1-丁烯

    C. 1-丁炔   D. 2-丁炔

8. 在加热和铜催化下，乙醇生成乙醛的反应属于（　　　）

    A. 取代反应   B. 加成反应

    C. 氧化反应   D. 脱水反应

9. 乙醇俗名是（　　　）

    A. 木醇   B. 酒精

    C. 木精   D. 甘油

10. 临床上作外用消毒剂的酒精浓度为（　　　）

    A. 25%   B. 50%

    C. 75%   D. 95%

11. 乙醇发生分子间脱水的条件是（　　　）

    A. 浓硝酸140℃   B. 浓硝酸170℃

    C. 浓硫酸140℃   D. 浓硫酸170℃

12. 2-丙醇脱氢氧化（Cu为催化剂）的产物是（　　　）

    A. 丙醛   B. 丙酮

    C. 丙烯   D. 丙炔

13. 三硝酸甘油酯是甘油与下列何种试剂经酯化反应得到的（　　　）

    A. 盐酸   B. 硫酸

    C. 硝酸   D. 亚硝酸

14. 浓硫酸与乙醇共热170℃，主要生成乙烯，这个反应属于（　　　）

    A. 取代反应   B. 消去反应

    C. 加成反应   D. 酯化反应

15. 丙三醇的俗名是（　　）

    A. 木醇　　　　　　　　　　B. 乙醇

    C. 肌醇　　　　　　　　　　D. 甘油

16. 下列物质不能与金属钠发生反应的是（　　）

    A. 酒精　　　　　　　　　　B. 苄醇

    C. 乙醚　　　　　　　　　　D. 甘油

17. 可用于区别丙醇和丙三醇的试剂是（　　）

    A. 钠　　　　　　　　　　　B. 三氯化铁

    C. NaOH　　　　　　　　　D. 新配制的氢氧化铜

18. ①甲醇、②伯醇、③仲醇、④叔醇和金属钠反应的速率顺序是（　　）

    A. ①②③④　　　　　　　　B. ②③④①

    C. ④③②①　　　　　　　　D. ①②④③

19. 临床上把加入少量苯甲醇的注射剂称为"无痛水"，是因为苯甲醇具有（　　）

    A. 反腐作用　　　　　　　　B. 麻醉作用

    C. 氧化作用　　　　　　　　D. 还原作用

二、填空题

1. 甲醇俗称_____，具有_____气味，甲醇有_____，误饮少量可使人失明，多量可使人致死。

2. 在一定条件下醇可以被氧化，其中伯醇氧化生成_____，乙醇氧化成_____；仲醇氧化生成_____，2-丙醇氧化成_____；不易被氧化的醇是_____。

3. 乙醇和浓硫酸共热可发生脱水反应，随反应温度的不同，脱水方式和产物也不同，当加热到140℃时，乙醇主要发生_____脱水，主要生成_____；加热到170℃时，主要发生_____脱水，主要生成_____。

4. 在适当条件下，从一个有机化合物分子中脱去一个小分子，生成不饱和化合物的反应称为_____。

5. 酸和醇脱水生成酯和水的反应总称为_____。

三、命名下列化合物或写出结构式

1. CH₃CHCHCHOH（带CH₃支链）
   2. CH₃CH₂OCH₃
   3. 苯环—CH₂—CH₂—OH

4. 2-丙醇　　5. 3-甲基-2-戊醇　　6. 乙醇　　7. 甘油　　8. 苄醇

四、完成下列反应方程式

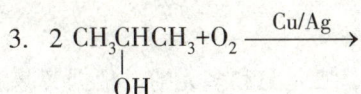

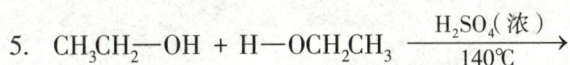

1. $\underset{\overset{|}{\text{H}}}{\text{CH}_2}-\underset{\overset{|}{\text{OH}}}{\text{CH}_2} \xrightarrow[170℃]{\text{H}_2\text{SO}_4（浓）}$

2. $2\text{CH}_3\text{CH}_2\text{OH} + \text{O}_2 \xrightarrow{\text{Cu/Ag}}$

3. $2\ \underset{\overset{|}{\text{OH}}}{\text{CH}_3\text{CHCH}_3} + \text{O}_2 \xrightarrow{\text{Cu/Ag}}$

4. $2\text{CH}_3\text{CH}_2\text{OH} + 2\text{Na} \longrightarrow$

5. $\text{CH}_3\text{CH}_2-\text{OH} + \text{H}-\text{OCH}_2\text{CH}_3 \xrightarrow[140℃]{\text{H}_2\text{SO}_4（浓）}$

五、用化学方法区分下列各组化合物

1. 乙醇和甘油
2. 苯乙醇和苯乙烯
3. 苯甲醇和苯甲醚

第二节　酚

扫一扫，看课件

【学习目标】

1. 掌握酚的结构、性质和鉴别。
2. 熟悉酚的分类和命名。
3. 了解一些重要的酚类化合物在医药上的应用。

案例导入

维生素E是一种天然存在的酚，具有抗不育作用，又称生育酚，主要存在于绿色蔬菜和植物油中，小麦的麦胚中含量最为丰富。

问题：1. 该天然酚属于哪类有机化合物？

2. 该类化合物有何性质？

一、结构和分类

从结构上看，芳香烃分子中，苯环上的氢原子被羟基取代后生成的化合物称为酚。

如：

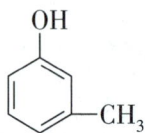

苯酚　　　　　　　　邻甲酚（邻甲基苯酚）　　　　　间硝基苯酚

酚中羟基又称酚羟基，为酚的官能团。

根据分子中所含酚羟基的数目，酚可以分为一元酚、二元酚和多元酚。根据芳基的不同又可以分为苯酚、萘酚、蒽酚等。

苯酚　　　　　　　　1-萘酚（α-萘酚）　　　　　　1-蒽酚

二、命名

酚的命名是以"酚"为母体，芳坏上其他原子、原子团作为取代基，编号从芳坏上连有酚羟基的碳原子开始，用阿拉伯数字表示，也可以用邻、间、对表示取代基与酚羟基间的位置。如：

苯酚　　3-甲酚（间甲酚）　　2,4,6-三溴苯酚　　4-甲酚（对甲酚）

二元酚（或三元酚）的命名采用邻、间、对（或用连、偏、均）或用阿拉伯数字来表示酚羟基间相处的位置。例如：

1,2-苯二酚　　　　1,3-苯二酚　　　　1,4-苯二酚　　　　9,10-蒽二酚

（邻苯二酚）　　　（间苯二酚）　　　（对苯二酚）　　　（对蒽二酚）

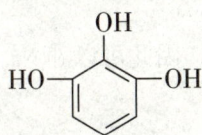
1,2,3-苯三酚
（连苯三酚）

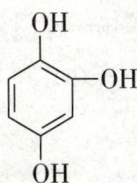
1,2,4-苯三酚
（偏苯三酚）

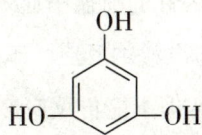
1,3,5-苯三酚
（均苯三酚）

三、性质

　　酚绝大多数为固体，纯净的酚无色，具有特殊的气味。酚分子间能形成氢键，熔点、沸点比相对分子质量相近的芳烃高。酚能溶于乙醇、乙醚、苯等有机溶剂，在水中也有一定的溶解度，含酚羟基越多，在水中的溶解度越大，一元酚微溶于水，多元酚易溶于水。

（一）弱酸性

　　由于苯氧间存在 p-π 共轭，p 电子朝着苯环方向转移，使酚羟基的氢与氧之间的结合力减弱，酚羟基上的氢原子可质子化。在水溶液里，能电离出极少量的氢原子，具有极弱的酸性，但不能使指示剂变色。其酸性大小：$RCOOH > H_2CO_3 > 酚 > HCO_3^-$

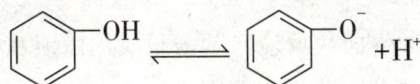

　　1. 酚与钠反应　苯酚与钠反应比醇与钠反应要容易，说明酚羟基上氢原子比醇羟基上的氢原子更活泼。

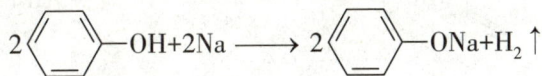

　　2. 酚与氢氧化钠反应　酚和氢氧化钠反应生成可溶于水的酚钠。

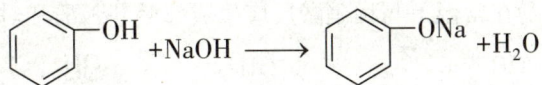

苯酚（微溶于水）　　　　　苯酚钠（溶于水）

根据 H_2CO_3 和酚的酸性相对强弱，若在酚钠溶液中通入二氧化碳，则苯酚又游离出来。

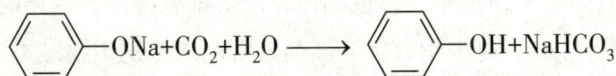

　　利用酚的这一性质可进行分离提纯。当酚与其他难溶性非酸性有机物混在一起时，先加 NaOH 等强碱性溶液，酚与其反应生成水溶性的酚盐，与其他难溶性非酸性有机物分

开，再向水溶性的酚盐中通入 CO_2，将酚游离出来。

3. 酚与碳酸钠反应　苯酚酸性介于 H_2CO_3 和 HCO_3^- 之间，因此可以和 Na_2CO_3 反应产生 $NaHCO_3$，但不能再反应产生 CO_2。

$$\text{（苯酚）—OH} + Na_2CO_3 \longrightarrow \text{（苯酚）—ONa} + NaHCO_3$$

（二）与三氯化铁的显色反应

含酚羟基的化合物大多数都能与三氯化铁发生显色反应。如与苯酚、间苯二酚、1,3,5-苯三酚显紫色；与甲苯酚显蓝色；与邻苯二酚、对苯二酚显绿色；与1,2,3-苯三酚显红色等，故此反应常用来鉴别酚类。但具有烯醇式结构（结构如下）的化合物也能与三氯化铁呈显色反应。

$$\underset{\mid}{\overset{H}{\underset{}{C}}}=\underset{\mid}{\overset{OH}{\underset{}{C}}}$$

（三）苯环上的取代反应

由于苯环受酚羟基的影响，使苯环上酚羟基所连碳的邻位和对位上的氢原子变得活泼，容易发生卤代、硝化等取代反应。

1. 卤代反应　酚极易发生卤代反应，苯酚只要用浓溴水处理，就立即生成2,4,6-三溴苯酚白色沉淀，反应非常灵敏，常用来鉴别酚类。

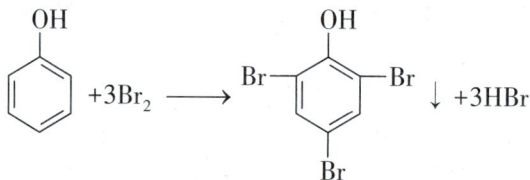

$$\text{（苯酚）—OH} + 3Br_2 \longrightarrow \text{（2,4,6-三溴苯酚）} \downarrow + 3HBr$$

2,4,6-三溴苯酚（白色）

2. 硝化反应　苯酚在常温下与稀硝酸反应生成邻硝基苯酚和对硝基苯酚。

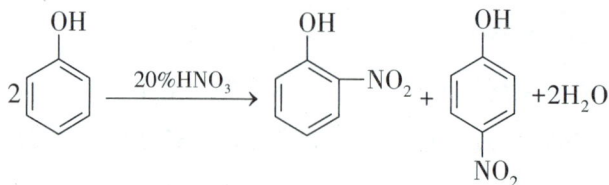

$$2\,\text{（苯酚）—OH} \xrightarrow{20\%HNO_3} \text{（邻硝基苯酚）} + \text{（对硝基苯酚）} + 2H_2O$$

邻硝基苯酚和对硝基苯酚都是浅黄色晶体，两者都有毒性，使用时需注意安全。另外2,4,6-三硝基苯酚是苦味酸，是生物碱沉淀试剂，常用来鉴别生物碱类药物。

（四）氧化反应

酚类化合物很容易被氧化，不仅能被强氧化剂如酸性高锰酸钾等所氧化，甚至较长时间与空气接触，也可被空气中的氧气氧化，使颜色加深。多元酚更易被氧化，甚至在室温下也能被弱氧化剂所氧化。由于酚类容易被氧化，所以在保存酚及其含酚羟基的药物时应避光、低温、密封保存，制备时须加抗氧剂等防氧化措施。

四、重要的酚类化合物

（一）苯酚

苯酚又称为酚，俗名石炭酸。因最初是从煤炭中提取的，又具有弱酸性而得名。苯酚为无色针状结晶，熔点为43℃，沸点为182℃。具有特殊气味，易被空气氧化而变成粉红色甚至深红色。水中有一定的溶解度，在20℃时，每100g水约溶解8.3g苯酚。常温下微溶于水而使溶液呈现浑浊，但当温度高于65℃时，能与水以任意比例混溶。苯酚易溶于乙醚、乙醇、苯等有机溶剂。

苯酚能凝固蛋白质，使蛋白质变性，故有杀菌作用，在医药上常用作消毒剂和防腐剂。1%的苯酚水溶液可用作皮肤止痒，3%~5%的苯酚水溶液用于外科器械的消毒，5%苯酚水溶液可用作生物制剂的防腐剂。但苯酚有毒，苯酚及其溶液对皮肤有腐蚀性，使用时要小心。苯酚易被氧化，应盛放在棕色瓶中避光保存。

（二）苯二酚

有邻、间、对三种同分异构体。结构如下：

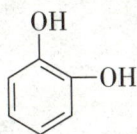
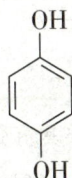

邻苯二酚　　　　　　　　间苯二酚　　　　　　　　对苯二酚

（儿茶酚）　　　　　　　（雷琐辛）　　　　　　　（氢醌）

这3种同分异构体均为无色的结晶，邻苯二酚和间苯二酚易溶于水，而对苯二酚由于结构对称，它的熔点最高，在水中溶解度最小。

间苯二酚具有抗细菌和真菌的作用，强度仅为苯酚的三分之一，刺激性小，其2%~10%的油膏及洗剂用于皮肤治疗，如湿疹、癣症等。

对苯二酚和邻苯二酚易被氧化，可作还原剂。在生物体内，它们则以衍生物的形式存在。如人体代谢的中间产物3,4-二羟基苯丙氨酸（又名多巴）和医学上常用的肾上腺素中均有儿茶酚（邻苯二酚）的结构，具有升高血压和止喘的作用。

（三）甲酚

有邻、间、对三种异构体，因其来源于煤焦油，故它们的混合物称为煤酚。由于这三种异构体的沸点相近，一般不易分离，常使用它们的混合物。煤酚的杀菌力比苯酚强，因其难溶于水，常配成50%的肥皂溶液，称为煤酚皂溶液，俗称"来苏儿"，是常用的消毒剂，可用于器械和环境消毒。

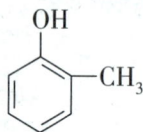

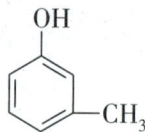

邻甲酚

（沸点192℃）

间甲酚

（沸点202℃）

对甲酚

（沸点202℃）

知 识 链 接

吗 啡

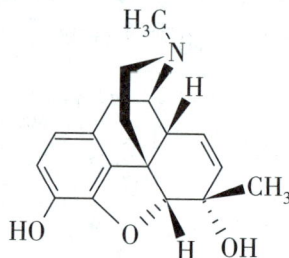

　　吗啡具有强大的止痛作用，对各种疼痛都有镇痛效果，临床上主要用于外科手术和外伤剧痛、晚期癌症剧痛等，也用于心绞痛发作时止痛和镇静作用，并有抑制呼吸作用，可以减轻患者呼吸困难的痛苦。吗啡结构中含有酚羟基，性质不稳定，易氧化变色，生成毒性较大的伪吗啡（双吗啡）和N-氧化吗啡，吗啡水溶液与三氯化铁试剂反应显蓝色。光、热和重金属离子等可加速氧化，故本品应避光，密封保存。

复习思考

一、选择题

1. 能与溴水反应生成白色沉淀的是（　　　）

　　A. 苯

　　B. 乙烯

　　C. 乙醇

　　D. 苯酚

2. 下列物质：①苯酚 ②水 ③乙醇 ④碳酸，其酸性由强到弱的顺序为（　　　）

    A. ①②③④　　　　　　　　　　B. ④①②③

    C. ②③④①　　　　　　　　　　D. ①②④③

3. 下列物质中不能与金属钠反应的物质是（　　　）

    A. 苯酚　　　　　　　　　　　　B. 苄醇

    C. 乙醚　　　　　　　　　　　　D. 甘油

4. 下列物质中，既能与溴水反应，又能与三氯化铁反应显色的是（　　　）

    A. 甲苯　　　　　　　　　　　　B. 苄醇

    C. 苯酚　　　　　　　　　　　　D. 甘油

5. "来苏儿"常用于医疗器械和环境消毒，其主要成分是（　　　）

    A. 肥皂　　　　　　　　　　　　B. 苯酚

    C. 甲酚　　　　　　　　　　　　D. 甘油

6. 去甲肾上腺素可以调控动物机体的植物神经功能，其结构简式如下，下列说法正确的是（　　　）

    A. 该化合物的分子式是 $C_8H_{10}NO_3$

    B. 1mol 该化合物最多能与 3mol Br_2 发生反应

    C. 该化合物不能与 Na_2CO_3 溶液反应

    D. 该化合物含有 3 种官能团（氨基、酚羟基、醇羟基）

7. 香兰素是一种重要香料，其结构简式如下，下列有关香兰素的叙述不正确的是（　　　）

    A. 香兰素的化学式为 $C_8H_8O_3$

    B. 能与 $NaHCO_3$ 和 NaOH 溶液反应

    C. 香兰素与 $FeCl_3$ 可发生显色反应

    D. 香兰素容易被氧化而使其颜色加深

8. 下列物质中能与三氯化铁溶液发生显色反应的是（　　　）

A. 乙烷   B. 苯酚

C. 苯甲醇   D. 乙醇

9. 下列溶液中通入二氧化碳后，能使溶液变成浑浊的是（   ）

A. 醋酸钠溶液   B. 苯酚钠溶液

C. 碳酸氢钠溶液   D. 苯酚溶液

10. 下列可以用来区别苄醇和对甲酚的试剂是（   ）

A. 金属钠   B. 三氯化铁溶液

C. 紫色的石蕊试液   D. 酸性高锰酸钾溶液

二、填空题

1. 苯酚俗称_____，为_____色针状结晶，在空气中易被_____而呈_____色。苯酚能凝固蛋白质，具有_____作用，在医疗上常用作_____。

2. 甲酚有_____种位置异构体，它们的总称为_____，将它们配制成50%肥皂溶液称为"来苏儿"，临床中用作_____。

三、完成方程式

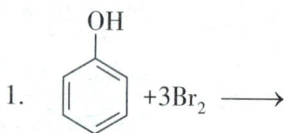

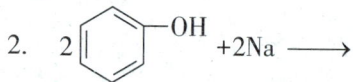

1. $\text{C}_6\text{H}_5\text{OH} + 3Br_2 \longrightarrow$

2. $2\,\text{C}_6\text{H}_5\text{OH} + 2Na \longrightarrow$

3. $\text{C}_6\text{H}_5\text{OH} + NaOH \longrightarrow$

第三节　醛、酮和醌

扫一扫，看课件

【学习目标】

1. 掌握醛、酮的结构和性质。

2. 熟悉简单醛和酮的命名。

3. 了解醌的结构和命名；常见醛和酮在医药上的用途。

📖 **案例导入**

2014年5月20日，海口市龙华区食品药品监督管理局的执法人员查获了一个"鸡爪加工厂"，该工厂工人用氢氧化钠及甲醛溶液泡制、加工鸡爪以获取暴利，这个生产加工有毒鸡爪的窝点很快就被查处，犯罪嫌疑人选择了投案自首，最终被判处有期徒刑2年6个月，并处罚金人民币12万元。

　　问题：1. 甲醛属于哪类有机化合物？有何性质？

　　　　　2. 甲醛的用途和危害有哪些？

一、结构、分类和命名

（一）醛、酮的结构、分类和命名

醛和酮是醇的氧化产物，是烃的含氧衍生物。在醛和酮的分子结构中，都含有羰基官

能团（ $-\overset{O}{\underset{\parallel}{C}}-$ ）。羰基中的碳原子与一个氢原子相连接形成醛基，醛基是醛的官能团。烃基或氢原子与醛基相连所构成的化合物称为醛。羰基与两个烃基相连构成的化合物称为酮，酮分子中的羰基又称为酮基，是酮的官能团。

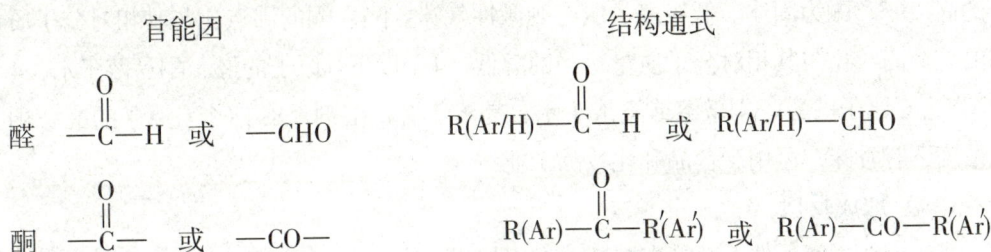

醛、酮按照分子中烃基的结构可分为脂肪醛、酮，芳香醛、酮。例如：

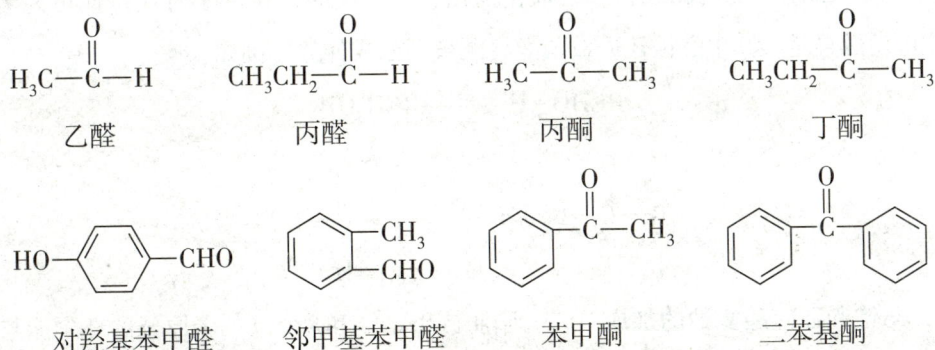

（二）醌的结构、分类和命名

从结构上看，醌属于环己二烯二酮类。醌可分为苯醌、蒽醌、萘醌、菲醌等。母体中羰基位次多为邻位和对位。

醌的命名以苯、萘、菲等芳环作为母体，用较小的数字标明羰基的位次，也可用邻、对来标明。例如：

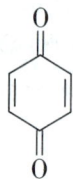

1,4-苯醌（对苯醌）

1,2-苯醌（邻苯醌）

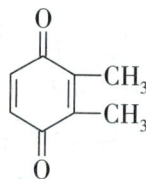

2,3-二甲基-1,4-苯醌

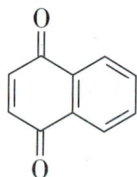

1,4-萘醌

1,2-萘醌

9,10-菲醌

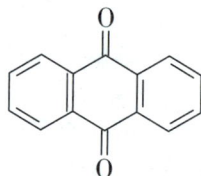

9,10-蒽醌

二、醛和酮的主要共性

常温常压下，除甲醛为气体外，12个以下C原子的脂肪醛、酮为液体，12个以上C原子的高级醛、酮为固体。低级醛、酮有刺激性气味。醛、酮的沸点比与其相对分子质量相当的烷烃高，比与其相对分子质量相当的醇低。4个以下C原子的醛、酮易溶于水，4个及4个以上C原子的醛、酮微溶或不溶于水，易溶于有机溶剂。8~13个C原子的醛、酮在较低浓度下有香味，可用于食品和化妆品工业。

（一）加成反应

醛、酮在一定条件下都能在羰基上发生加成反应。

1. 与 H_2 加成（还原反应） 在催化剂铂、钯、镍的存在下，与 H_2 反应可使羰基还原成相应的醇羟基，其中醛被还原成伯醇，酮被还原成仲醇。例如：

$$RCHO + H_2 \xrightarrow{Ni} RCH_2OH$$

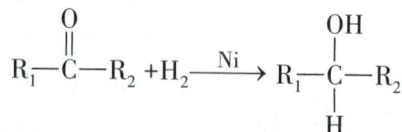

2. 与饱和亚硫酸氢钠的加成 醛、脂肪族甲基酮和8个以下碳原子的环酮能与饱和亚硫酸氢钠反应，有白色晶体（α-羟基磺酸钠）析出。反应式如下：

$$R_1-\overset{\displaystyle O}{\overset{\|}{C}}-(H)R_2 \xrightarrow{NaHSO_3} R_1-\overset{\displaystyle OH}{\overset{|}{\underset{SO_3Na}{C}}}-(H)R_2\downarrow \text{（白色）}$$

该反应为可逆反应，生成的晶体与稀酸或碱一起加热，很快分解为原来的醛或酮。因此可用来分离、精制、提纯醛和酮。

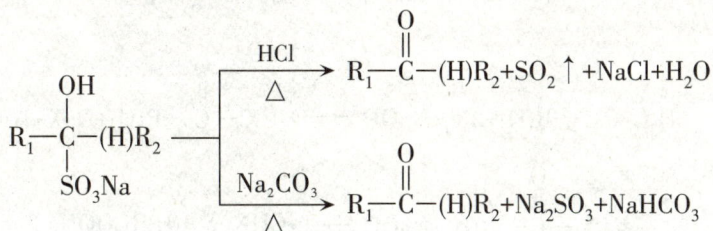

$$R_1-\overset{\displaystyle OH}{\overset{|}{\underset{SO_3Na}{C}}}-(H)R_2 \begin{cases} \xrightarrow[\triangle]{HCl} R_1-\overset{\displaystyle O}{\overset{\|}{C}}-(H)R_2+SO_2\uparrow+NaCl+H_2O \\[3em] \xrightarrow[\triangle]{Na_2CO_3} R_1-\overset{\displaystyle O}{\overset{\|}{C}}-(H)R_2+Na_2SO_3+NaHCO_3 \end{cases}$$

3. 与氨的衍生物的加成　羟胺、肼、苯肼、2,4-二硝基苯肼、氨基脲等都是 NH_3 的衍生物。

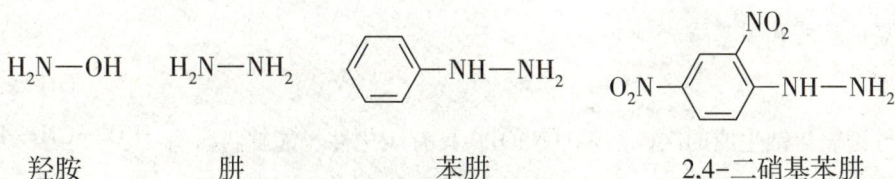

$$H_2N-OH \qquad H_2N-NH_2 \qquad \underset{\text{苯肼}}{}-NH-NH_2 \qquad O_2N-\overset{NO_2}{\underset{}{}}-NH-NH_2$$

羟胺　　　　肼　　　　　苯肼　　　　　2,4-二硝基苯肼

它们都能与醛、酮发生加成反应，加成产物通常不稳定，经过分子内脱水最终生成含有碳氮双键的肟、腙、苯腙、2,4-二硝基苯腙等化合物。

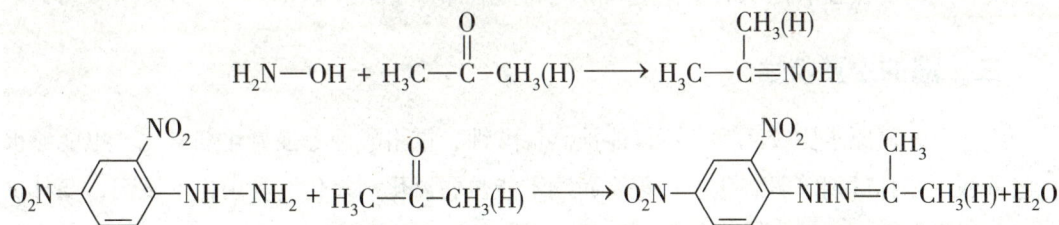

$$H_2N-OH + H_3C-\overset{\displaystyle O}{\overset{\|}{C}}-CH_3(H) \longrightarrow H_3C-\overset{CH_3(H)}{\overset{\|}{C}}=NOH$$

$$O_2N-\overset{NO_2}{}-NH-NH_2 + H_3C-\overset{\displaystyle O}{\overset{\|}{C}}-CH_3(H) \longrightarrow O_2N-\overset{NO_2}{}-NHN=\overset{CH_3}{\overset{\|}{C}}-CH_3(H)+H_2O$$

氨的衍生物是羰基鉴别试剂，用以鉴定醛、酮。2,4-二硝基苯肼是最常用的羰基鉴别试剂，它能与所有的醛、酮快速地发生反应。反应生成的产物颜色大多为橙黄或者橙红色晶体。

（二）卤代反应

醛、酮分子中由于羰基的强吸电子诱导效应，使 α-碳原子上的 H 变得活泼，在酸或碱催化下，能够缓慢地逐步被卤素原子（Cl、Br、I）取代生成 α-卤代醛、酮。通过控制卤素用量，可使反应停留在一卤代、二卤代、三卤代阶段，可用来制备各种卤代醛、酮。

$$\underset{}{-\overset{\overset{H}{|}}{C}-\overset{\overset{O}{\|}}{C}-R(H)+X_2} \xrightarrow{H^+或OH^-} -\overset{\overset{X}{|}}{C}-\overset{\overset{O}{\|}}{C}-R(H)+HX \qquad (X=Cl,Br,I)$$

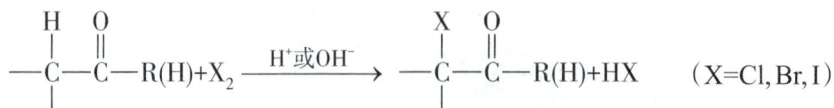

卤仿反应是乙醛、甲基酮在碱性条件下，与羰基相连的甲基上的 3 个氢原子（α-H）能全部被卤素取代，先生成不稳定的三卤代醛、酮，再生成三卤甲烷（俗称卤仿）。卤仿反应方程式为：

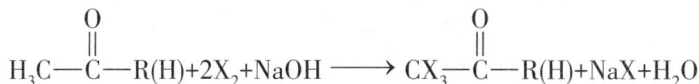

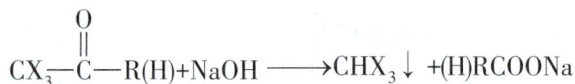

$$H_3C-\overset{\overset{O}{\|}}{C}-R(H)+2X_2+NaOH \longrightarrow CX_3-\overset{\overset{O}{\|}}{C}-R(H)+NaX+H_2O$$

$$CX_3-\overset{\overset{O}{\|}}{C}-R(H)+NaOH \longrightarrow CHX_3\downarrow +(H)RCOONa$$

卤仿

若与碘反应，则生成 CHI_3（碘仿），称为碘仿反应。碘仿为黄色有特殊气味的固体，常用来鉴别乙醛和甲基酮。

碘与氢氧化钠生成的次碘酸钠（NaOI）具有氧化性，能够将含有 $H_3C-\overset{\overset{OH}{|}}{C}H-R(H)$ 结构的醇氧化成乙醛或甲基酮，因此含有该结构的醇也能发生碘仿反应。

（三）与强氧化剂的反应

醛和酮均能被强氧化剂氧化，比如酸性高锰酸钾，重铬酸钾等。

三、醛的主要特性

醛基上的氢原子比较活泼，不仅能被高锰酸钾、重铬酸钾等强氧化剂氧化，也能够被托伦试剂，斐林试剂等弱氧化剂氧化，而酮不能被弱氧化剂氧化。利用托伦试剂，斐林试剂可鉴别醛和酮。

（一）与弱氧化剂反应

1. 托伦反应（银镜反应）　在硝酸银溶液中，滴加氨水即产生褐色的氧化银沉淀，再继续滴加氨水至沉淀刚好完全溶解即制得托伦试剂。托伦试剂主要成分为 $[Ag(NH_3)_2]^+$，能将醛氧化成羧酸，而 $[Ag(NH_3)_2]^+$ 被还原成金属银，可均匀的附着在试管内壁上，形成银镜，因此该反应又称为银镜反应。

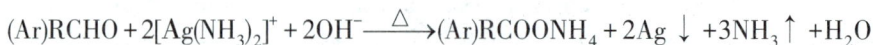

$$(Ar)RCHO+2[Ag(NH_3)_2]^++2OH^- \xrightarrow{\triangle} (Ar)RCOONH_4+2Ag\downarrow +3NH_3\uparrow +H_2O$$

2. 斐林反应　斐林试剂是由硫酸铜（斐林试剂 A）及酒石酸钾钠的氢氧化钠溶液（斐林试剂 B）混合得到的深蓝色溶液。斐林试剂中二价铜配离子将脂肪醛氧化成相应的羧酸，自身被还原成砖红色的沉淀（Cu_2O）。甲醛具有更强的还原性，能进一步将氧化亚铜还原成金属铜单质，附着在试管壁上，形成铜镜，又称铜镜反应。只有脂肪醛能与斐林试剂反应，芳香醛不能与斐林试剂反应，故可用斐林试剂来区分芳香醛和脂肪醛。

$$RCHO + 2Cu(OH)_2 + NaOH \xrightarrow{\triangle} RCOONa + Cu_2O \downarrow + 3H_2O$$

（二）与醇的缩合反应

在干燥氯化氢的催化下，醛与醇先发生加成反应，生成半缩醛。半缩醛分子中的羟基称为半缩醛羟基，很活泼，不稳定，可继续与另一分子醇作用，脱去一分子水，生成缩醛。

$$R_1-\overset{\overset{\displaystyle O}{\|}}{C}-H + H-OR' \xrightarrow{\text{干燥HCl}} R-\overset{\overset{\displaystyle OH}{|}}{\underset{\underset{\displaystyle OR'}{|}}{C}}-H$$

$$R_1-\overset{\overset{\displaystyle OH}{|}}{\underset{\underset{\displaystyle OR'}{|}}{C}}-H + H-OR' \xrightarrow{\text{干燥HCl}} R-\overset{\overset{\displaystyle OR'}{|}}{\underset{\underset{\displaystyle OR'}{|}}{C}}-H + H_2O$$

缩醛在碱性溶液中比较稳定，在酸性溶液中则可以水解生成原来的醛和醇。某些酮也可以发生类似的反应，但比较困难。环状的半缩醛和半缩酮比较稳定，是糖类环状结构的基础。

（三）与希夫试剂的显色反应

往品红水溶液中通入二氧化硫气体使红色褪去，得到的无色溶液即为希夫试剂（又称品红亚硫酸试剂）。该试剂与醛作用呈紫红色，与酮作用不变色，且反应灵敏，故可用于鉴别醛和酮。甲醛与希夫试剂作用生成的紫红色加入硫酸后不消失，而其他醛生成的紫红色会褪去。因此，此方法亦可用于鉴别甲醛和其他醛。

希夫试剂在使用中要保持试剂中 SO_2 不损失，否则会恢复品红溶液的颜色。因此在使用希夫试剂应避免加热，溶液中不能含有碱性物质和氧化剂。

知 识 链 接

双硫仑样反应

用药期间饮酒（或接触酒精），表现为胸闷、口唇紫绀、呼吸困难、心率增快、血压下降、头痛、恶心、眼花、嗜睡甚至发生过敏性休克，血压下降，并伴有意识丧失，被称为双硫仑样反应，又称戒酒硫样反应。

酒精进入体内后，首先在肝细胞内经过"乙醇脱氢酶"的作用氧化为"乙醛"，乙醛在肝细胞线粒体内经过"乙醛脱氢酶"的作用氧化为"乙酸和乙醛酶A"，乙酸进一步代谢为二氧化碳和水排出体外。

如果药物的化学结构中含有"甲硫四氮唑侧链"，该侧链会抑制肝细胞线粒体内乙醛脱氢酶的活性，使乙醛产生后不能进一步氧化代谢，从而导致体内乙醛聚集，出现双硫仑样反应。

四、重要的醛、酮

（一）乙醛（CH_3CHO）

乙醛常温下是液体，易挥发，无色、有刺激性气味，沸点21℃，可溶于水，乙醇、乙醚等溶剂中。乙醛是重要的化工原料，可用于合成乙醇，乙酸等。

在酸催化下，乙醛也容易聚合生成三聚乙醛。三聚乙醛在医药上称作副醛，具有催眠作用，是较为安全的催眠药。

乙醛分子中的三个 α-H 原子被氯原子取代生成三氯乙醛，三氯乙醛是乙醛的一个重要的衍生物，易与水结合生成水合三氯乙醛，简称水合氯醛。水合氯醛为无色晶体，有刺激性气味，味略苦，易溶于水、乙醚和乙醇溶剂中。10%的水合氯醛溶液在临床上用于治疗失眠、烦躁不安、惊厥等。是比较安全的催眠药和镇静药，但对胃有一定的刺激性。

（二）甲醛（$HCHO$）

甲醛俗称蚁醛，常温下是无色气体，具有强刺激性气味。沸点-21℃，易溶于水。甲醛具有凝固蛋白质的作用，具有杀菌和防腐功能，属高毒物质。空气中含量 $0.5 \, mg/m^3$ 时会使人流泪，随着含量升高，会逐渐引起咽喉不适，甚至恶心呕吐。含量达到 $230 \, mg/m^3$ 时可致人死亡。使用甲醛时应注意做好防护措施。

含量为35%~40%的甲醛水溶液称为福尔马林，是常用的消毒剂和防腐剂。

甲醛分子中的两个氢原子直接与羰基相连，这种结构使其比其他醛更容易被氧化，更易发生聚合反应，在常温下能自动聚合生成具有环状结构的三聚甲醛。

甲醛溶液与浓氨水作用，生成一种具有特殊环状结构的化合物六亚甲基四胺，白色晶体。药品名称为乌洛托品。该药品在临床上用作尿道消毒剂，治疗尿道感染。

（三）苯甲醛（C_6H_5CHO）

苯甲醛是最简单的芳香醛，无色液体，沸点179℃，微溶于水，易溶于乙醇和乙醚中。具有苦杏仁味，俗称苦杏仁油。存在于水果的核仁中，苦杏仁中含量较高。

苯甲醛易被氧化，在空气中久置会被氧化成苯甲酸白色晶体。因此在保存中常加入对苯二酚作为抗氧化剂。苯甲醛是重要的有机合成化工原料，用来制造药物、染料和香料等。

（四）丙酮（CH_3COCH_3）

丙酮为无色液体，易挥发，易燃，沸点56.5℃，具有特殊气味，能与水、乙醚、乙醇和氯仿等混溶。是常用的有机溶剂。也是重要的有机合成原料，用来合成有机玻璃、环氧树脂等产品。工业上用来制备卤仿。

正常情况下，人体的血液中丙酮含量非常低，当人体代谢出现紊乱时，如糖尿病患者，由于体内糖代谢发生障碍，脂肪代谢加速，常产生过量的丙酮，体内丙酮含量增加，随呼吸或尿液排出体外。临床上检验尿液中是否含有丙酮，常将亚硝基铁氰化钠的氢氧化钠溶液加入尿液中，如尿液呈鲜红色，说明有丙酮存在。也可利用碘仿反应来检验尿液中是否有丙酮。

复习思考

一、选择题

1. 下列试剂中不能用来鉴别醛和酮的是（　　）

    A. 希夫试剂   B. 托伦试剂

    C. 斐林试剂   D. 卢卡斯试剂

2. 医学上用的福尔马林溶液主要成分是（　　）

    A. 苯酚   B. 甲醛

    C. 甲酸   D. 丙酮

3. 下列化合物中，属于醌类化合物的是（　　）

    A.   B.

    C.   D.

4. 下列化合物不能发生碘仿反应的是（　　）

    A. 甲醇   B. 乙醇

    C. 丙酮   D. 2-丙醇

5. 下列化合物中能发生银镜反应的是（　　）

    A. 丙酮   B. 乙醛

    C. 苯酚   D. 乙醇

6. 临床上检验糖尿病患者尿液中的丙酮，可采用的试剂为（　　　）

    A. 希夫试剂　　　　　　　　　　B. 托伦试剂

    C. 斐林试剂　　　　　　　　　　D. 亚硝基铁氰化钠的碱性溶液

7. 下列物质中，属于芳香醛的是（　　　）

    A.   B.

    C.   D.

二、填空题

1. 醛的官能团为＿＿＿＿＿＿＿＿＿，酮的官能团为＿＿＿＿＿＿＿＿。

2. 醛与托伦试剂的反应因有银镜生成，所以也称为＿＿＿＿＿反应。丙醛和苯甲醛可用＿＿＿＿＿＿＿＿试剂进行鉴别。

3. 在催化剂铂、钯的存在下，醛可以加氢还原成＿＿＿＿醇，酮加氢可还原成＿＿＿＿醇。

4. 甲醛又称为＿＿＿＿，其35%~40%的水溶液称作＿＿＿＿，常用作＿＿＿＿和＿＿＿＿。

5. 临床上检验糖尿病患者尿液中是否含丙酮的方法是：向尿液中滴加＿＿＿＿＿＿溶液和氢氧化钠溶液，如果显＿＿＿色，说明尿液中含有＿＿＿＿。

三、用系统命名法命名下列化合物

1. $CH_3CH_2\overset{\overset{\displaystyle O}{\|}}{C}CH(CH_3)_2$ 2. $(CH_3)_2CHCH_2CHO$ 3. $CH_3\overset{\overset{\displaystyle Cl}{|}}{C}HCH_2CHO$

4. 　　5.

四、用化学方法鉴别下列各组化合物

1. 丙醛和丙酮

2. 乙醛、乙醇和苯甲醛

五、完成下列反应方程式

1. $+NH_2OH \longrightarrow$

2. $\underset{\displaystyle CH_3CCH_2CH_3}{\overset{\displaystyle O}{\displaystyle \|}} +NaHSO_3 \longrightarrow$

3. $\underset{\displaystyle CH_3CCH_3}{\overset{\displaystyle O}{\displaystyle \|}} \xrightarrow{\ I_2,\ NaOH\ }$

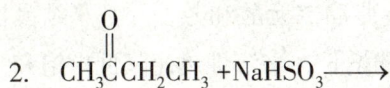

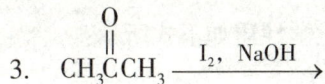

第四节　羧酸和取代羧酸

扫一扫，看课件

【学习目标】

1. 掌握羧酸、取代羧酸的结构和羧酸的化学性质。
2. 熟悉取代羧酸的性质、分类和命名。
3. 了解重要的羧酸和取代羧酸在医药上的用途。

案例导入

在我们生活当中，有些食物是大家熟知的，如醋、酸奶、苹果和柠檬等，这些食物都有共同的味道就是"酸味"。醋的酸味来源于乙酸，酸奶的酸味来源于乳酸，苹果的酸味来源于苹果酸，而柠檬的酸味来源于柠檬酸。

问题：1. 这些酸的化学结构是什么？

2. 它们属于哪类有机化合物？

3. 它们有哪些性质？

一、羧酸的结构和性质

羧酸广泛存在于自然界中，其中许多羧酸是动植物代谢中的重要物质。羧酸也是有机合成中极为重要的原料。

（一）羧酸的结构

在结构上，羧酸可以看作是烃分子中的氢原子被羧基取代后生成的化合物（甲酸除外）。羧酸的结构通式和官能团分别如下：

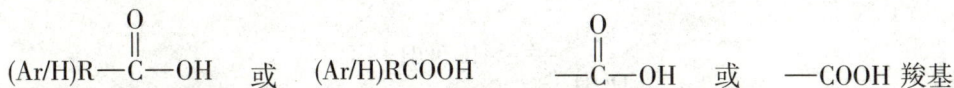

$(Ar/H)R\underset{\displaystyle }{\overset{\displaystyle O}{\displaystyle \underset{}{—C—}}}OH$　或　$(Ar/H)RCOOH$　　　$\underset{\displaystyle }{\overset{\displaystyle O}{\displaystyle \underset{}{—C—}}}OH$　或　$—COOH$ 羧基

（二）羧酸的性质

饱和一元羧酸中，1~3个C原子的羧酸有刺鼻酸味；4~9个C原子的羧酸有恶臭；10

77

个以上 C 原子的脂肪羧酸则是无味无臭的蜡状固体；脂肪二元酸和芳香酸都是结晶性固体。4 个以下 C 原子的羧酸可与水混溶，但随着碳链的增长，水溶性迅速降低。饱和一元羧酸的沸点通常随相对分子质量增大而升高，并高于相对分子质量相近的醇。

羧酸的化学性质主要由官能团羧基决定。羧酸主要的化学性质如下式所示：

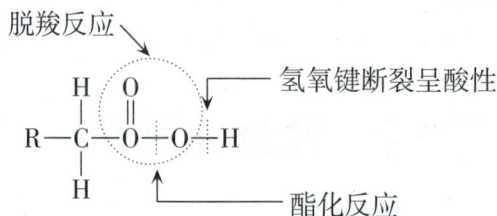

$$\text{脱羧反应} \quad \text{氢氧键断裂呈酸性} \quad \text{酯化反应}$$

1. **酸性**　饱和一元羧酸属于弱酸，其酸性强于碳酸和酚，它们的酸性由大到小的顺序为：饱和一元羧酸 > 碳酸 > 酚 > HCO_3^-。根据上面酸性排序，可知羧酸能与 Na_2CO_3 和 $NaHCO_3$ 反应，苯酚只能与 Na_2CO_3 反应，不能与 $NaHCO_3$ 反应，所以利用 $NaHCO_3$ 可以分离、鉴别羧酸和酚类化合物。羧酸能使紫色石蕊试剂变红色，苯酚不能。羧酸与 $NaOH$、$NaHCO_3$ 和 Na_2CO_3 反应的化学方程式如下：

$$RCOOH + NaOH \longrightarrow RCOONa + H_2O$$

$$RCOOH + NaHCO_3 \longrightarrow RCOONa + CO_2\uparrow + H_2O$$

$$2RCOOH + Na_2CO_3 \longrightarrow 2RCOONa + CO_2\uparrow + H_2O$$

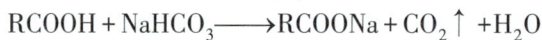

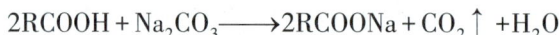

制药工业常把一些含羧基难溶于水的药物制成易溶于水的羧酸钠、钾或铵盐，以便配制水剂或注射液使用。如常用的青霉素 G 钾盐和钠盐，供临床注射用。

2. **酯化反应**　羧酸和醇在浓硫酸催化和加热条件下脱水生成酯的反应，称为酯化反应。在同样条件下，酯和水反应又可以生成羧酸和醇，称为酯的水解反应。因此，酯化反应是可逆反应。

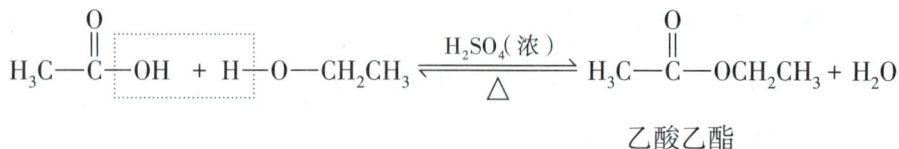

$$H_3C-\overset{O}{\overset{\|}{C}}-OH + H-O-CH_2CH_3 \underset{\triangle}{\overset{H_2SO_4(浓)}{\rightleftharpoons}} H_3C-\overset{O}{\overset{\|}{C}}-OCH_2CH_3 + H_2O$$

乙酸乙酯

3. **脱羧反应**　在加热条件下，羧酸分子脱去羧基生成 CO_2 的反应称为脱羧反应。饱和一元羧酸对热稳定，通常不易发生脱羧反应。二元羧酸对热比较敏感，易脱羧。例如，乙二酸晶体加热脱羧，生成甲酸，放出 CO_2。

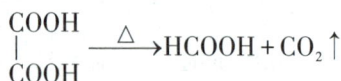

$$\begin{matrix} COOH \\ | \\ COOH \end{matrix} \overset{\triangle}{\longrightarrow} HCOOH + CO_2\uparrow$$

在生物体内，羧酸可在脱羧酶的作用下直接脱羧，是人体产生二氧化碳的主要代谢反应。脱羧反应是一类非常重要的生化反应。

二、取代羧酸的结构、分类和命名

羧酸分子中烃基上的氢原子被其他官能团取代后生成的化合物称为取代羧酸。下面主要介绍羟基酸和酮酸。

（一）羟基酸和酮酸的结构

羟基酸或酮酸是羧酸分子中烃基上的氢原子被羟基（或酮基）取代后生成的化合物，都是具有复合官能团的化合物。α-羟基酸和α-酮酸的结构通式分别为：

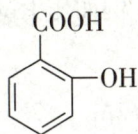　　　　　　　　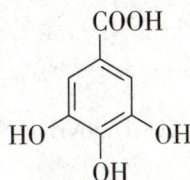

（二）羟基酸和酮酸的分类和命名

根据烃基的类别，羟基酸分为醇酸和酚酸。羟基与脂肪烃基直接相连的羟基酸称为醇酸；羟基与苯环直接相连的羟基酸称为酚酸。又可根据羧基与羟基或酮基的相对位置分为α-、β-、γ-等羟基酸或酮酸。α-酮酸和β-酮酸是较为重要的酮酸，是人体内糖、脂肪和蛋白质等代谢过程中产生的中间产物。

酚酸的命名是以芳酸为母体，酚羟基作取代基，并根据羟基在苯环上的位置给出相应的名称。例如：

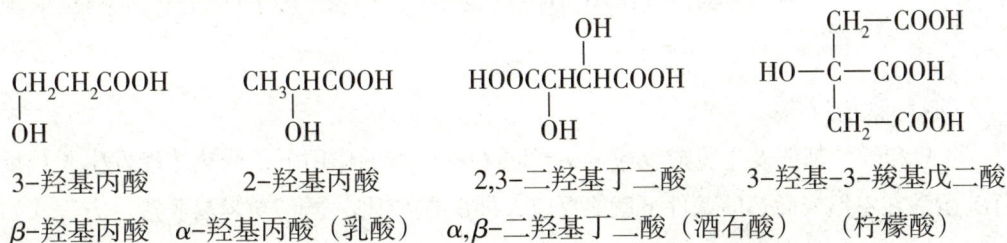

邻羟基苯甲酸（水杨酸）　　　　　　　3,4,5-三羟基苯甲酸（没食子酸）

醇酸、酮酸的命名都是以羧酸为母体，羟基或酮基作为取代基。醇酸是选择包含羧基和羟基连接的碳在内的最长碳链为主链；酮酸是选择包含羧基和酮基的最长碳链为主链，编号都是从羧基的碳原子开始，羟基或酮基的位次用阿拉伯数字或希腊字母表示。许多羟基酸来源于自然界，也可根据来源而用俗名。例如：

3-羟基丙酸　　　　2-羟基丙酸　　　　2,3-二羟基丁二酸　　　3-羟基-3-羧基戊二酸
β-羟基丙酸　　α-羟基丙酸（乳酸）　　α,β-二羟基丁二酸（酒石酸）　　（柠檬酸）

　　　　　　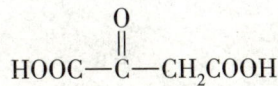

丙酮酸　　　　3-丁酮酸（β-丁酮酸）　　2-丁酮二酸（α-丁酮二酸）

三、取代羧酸的性质

醇酸一般为晶体或黏稠的液体，易溶于水，溶解度比相应的醇或羧酸大，大多数醇酸具有旋光性，酚酸为晶体，多以盐或酯的形式存在于植物中，微溶于水，溶解性随着羟基数目的增多而增大。羟基酸的熔点比相应的羧酸高。

（一）酸性

由于羟基的吸电子诱导效应，醇酸的酸性比相应的羧酸强，羟基数目越多，酸性越强；羟基越靠近羧基，其酸性越强。例如，下面三种酸的酸性强弱顺序为：

$$\underset{\underset{OH}{|}}{CH_3CHCOOH} \quad > \quad \underset{\underset{OH}{|}}{CH_2CH_2COOH} \quad > \quad CH_3CH_2COOH$$

又由于羰基（—CO—）吸电子能力强于羟基（—OH），酮酸的酸性强于相应的醇酸，更强于相应的羧酸。例如，下面三种酸的酸性强弱顺序为：

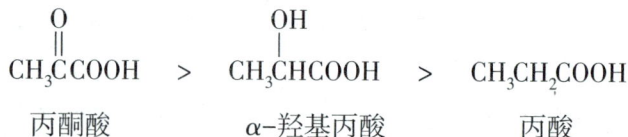

$$\underset{丙酮酸}{\overset{\overset{O}{||}}{CH_3CCOOH}} \quad > \quad \underset{\alpha\text{-羟基丙酸}}{\overset{\overset{OH}{|}}{CH_3CHCOOH}} \quad > \quad \underset{丙酸}{CH_3CH_2COOH}$$

（二）氧化反应

醇酸中的羟基比醇中羟基易被氧化，可被弱氧化剂氧化。例如托伦试剂不能与醇发生反应，但能把 α-羟基酸氧化为 α-酮酸。

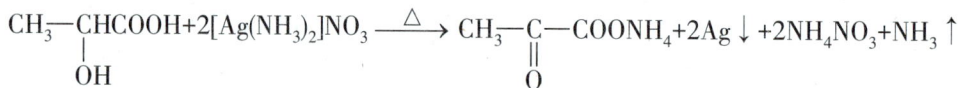

$$\underset{\underset{OH}{|}}{CH_3—CHCOOH} + 2[Ag(NH_3)_2]NO_3 \xrightarrow{\triangle} \underset{\underset{O}{||}}{CH_3—C—COONH_4} + 2Ag\downarrow + 2NH_4NO_3 + NH_3\uparrow$$

（三）还原反应

酮酸可以发生还原反应，加氢被还原成羟基酸，例如丙酮酸在镍的催化作用下和氢气反应生成乳酸。

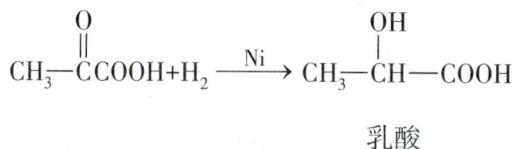

$$\underset{}{\overset{\overset{O}{||}}{CH_3—CCOOH}} + H_2 \xrightarrow{Ni} \underset{乳酸}{\overset{\overset{OH}{|}}{CH_3—CH—COOH}}$$

（四）脱羧反应

酮酸和酚酸都能发生脱羧反应。α-酮酸在稀硫酸的作用下，受热才能发生脱羧反应，而 β-酮酸在室温或微热的条件下就能反应，即 β-酮酸比 α-酮酸更容易脱羧。方程式如下：

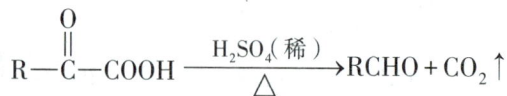

$$\overset{\overset{O}{||}}{R—C—COOH} \xrightarrow[\triangle]{H_2SO_4（稀）} RCHO + CO_2\uparrow$$

$$CH_3-\overset{\overset{\displaystyle O}{\|}}{C}-CH_2COOH \xrightarrow[\triangle]{H_2SO_4(稀)} CH_3-\overset{\overset{\displaystyle O}{\|}}{C}-CH_3+CO_2\uparrow$$

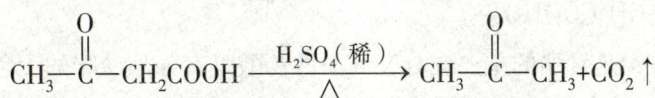

邻或对位的羟基酚酸，对热不稳定，当加热至熔点以上时，会发生脱羧反应，脱去羧基生成相应的酚。反应式如：

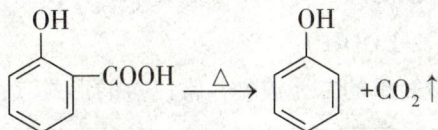

$$\text{邻羟基苯甲酸} \xrightarrow{\triangle} \text{苯酚} +CO_2\uparrow$$

知 识 链 接

复方 α-酮酸片

复方 α-酮酸片是一种复方制剂，含4种酮氨基酸钙、1种羟氨基酸钙和5种氨基酸。主要适用于肾病及慢性肾功能衰竭等疾病，如尿毒症等。慢性肾衰患者体内必需氨基酸减少，非必需氨基酸增多。补充必需氨基酸，可使肾衰患者即使在低蛋白饮食的情况下，也可增加体内蛋白质的合成，并可纠正患者必需氨基酸和非必需氨基酸的失衡，低蛋白饮食还可以减轻肾小球的高滤过，保护肾单位，减缓慢性肾功能衰竭。但是，氨基酸本身含氮，通过代谢会产生含氮废物，这些含氮废物通过肾脏排泄会加重病肾的负担；而 α-酮酸本身不含氮，它在体内经过酶的转氨基作用，结合一个氮合成相应的必需氨基酸，这样既可以补充必需氨基酸，又可以降低代谢物中的含氮量，减少体内氮毒素的蓄积，从而改善尿毒症症状。

四、重要的羧酸和取代羧酸

（一）甲酸（HCOOH）

甲酸俗名蚁酸，存在于蜂类、蚁类等昆虫的毒液中。甲酸是无色有刺激性气味的液体，易溶于水，具有较强的腐蚀性。被蚂蚁和蜂类蛰咬后皮肤红肿，就是由甲酸刺激引起的。甲酸具有杀菌能力，可以用作消毒剂或防腐剂。12.5 g/L的甲酸水溶液称为蚁精，可用于治疗风湿症。

甲酸既具有较强的酸性（比其他饱和一元羧酸酸性强），同时又具有醛的性质，能与托伦试剂、斐林试剂等弱氧化剂反应，也能被高锰酸钾等强氧化剂氧化。

（二）乙酸（CH_3COOH）

乙酸俗名醋酸，是食醋的主要成分，纯净的乙酸是有强烈酸味的无色液体，可与水混溶。纯乙酸在室温低于16℃时，结成冰状固体，故又称为冰醋酸。在医药上，乙酸的稀溶液（5~20 g/L）可用作消毒防腐剂，用于烫伤或灼伤感染的创面洗涤。乙酸还有消肿治癣（治疗脚气有较好的效果）、预防感冒等作用。

（三）乙二酸（$HOOC—COOH$）

乙二酸俗称草酸，是最简单的二元羧酸，常以盐的形式存在于草本植物中，乙二酸为无色结晶，易溶于水和乙醇，而不溶于乙醚。乙二酸的酸性不仅在二元羧酸和一元羧酸中最强，而且还具有还原性，容易被高锰酸钾等强氧化剂氧化，此外，草酸能与许多金属离子形成可溶性配合物，因此，利用草酸上述性质可以洗掉铁锈和蓝墨水的污迹。

知 识 链 接

菠菜豆腐汤不利于营养

菠菜中含有草酸，草酸为二元酸，具有较强的酸性。当菠菜和豆腐放在一起做汤时，草酸和豆腐中的 Ca^{2+} 会发生如下的化学反应：

$$H_2C_2O_4 + Ca^{2+} \longrightarrow CaC_2O_4\downarrow + 2H^+$$

生成的难溶性草酸钙聚沉在体内，不仅不利于钙的吸收，还会形成草酸钙结石，更严重的是当草酸钙过多时会聚沉在肾脏，从而导致肾衰竭。

（四）苯甲酸（⬡—COOH）

苯甲酸俗称安息香酸，为最简单的芳香酸。苯甲酸是无味的白色晶体，熔点121.7℃，微溶于冷水，易溶于热水、乙醇、乙醚中。

苯甲酸具有杀菌防腐作用，是常用的防腐剂，它的化学性质稳定，毒性较低，是比较安全的防腐剂。苯甲酸被人体吸收后，大部分在9~15小时之内，通过酶的催化与甘氨酸化合成马尿酸，剩余部分与葡萄糖醛酸化合形成葡萄糖苷酸而解毒，并全部进入肾脏，最后以尿液的形式排出体外。由于苯甲酸在常温下难溶于水，因此在食品中经常用到其钠盐，即苯甲酸钠。苯甲酸是一种广谱抗微生物试剂，对酵母菌等效果很好，对霉菌、真菌等也有一定作用，因此，苯甲酸可以用于治疗因真菌感染而引起癣类皮肤病。

（五）乳酸（$CH_3CHCOOH$）
OH

乳酸最初是从酸牛奶中得到的，故由此得名。乳酸是牛奶中含有的乳糖受微生物的作用分解而生成的。蔗糖发酵也能得到乳酸。人体在运动时，肌肉中乳酸含量增多，肌肉感觉"酸痛"，休息后，肌肉中的乳酸被转化或代谢，酸痛感消失。

在医药上，乳酸可作为消毒剂和外用防腐剂；乳酸钠纠正酸中毒，乳酸钙治疗因缺钙而引起的疾病，如佝偻病等。

（六）酒石酸（ HO—CH—COOH / HO—CH—COOH ）

酒石酸以游离状态，或以钾、钙盐形式存在于多种水果中。酒石酸氢钾由于难溶于乙醇，在葡萄汁酿酒的过程中，便逐渐以细小的结晶析出，古代将这种附着于酒桶上的沉淀叫做酒石，酒石酸的名称便由此而来的。自然界存在的酒石酸为右旋体。在食品工业中，酒石酸可用作酸味剂。酒石酸锑钾有抗血吸虫的作用。

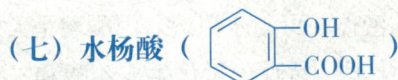

（七）水杨酸（ —OH / —COOH ）

水杨酸又名柳酸，存在于柳树、水杨树皮及其他植物中。水杨酸是白色针状结晶，微溶于水，易溶于沸水、乙醇和乙醚。水杨酸属酚酸，具有酚和羧酸的一般性质。遇三氯化铁试剂显紫红色，在空气中易氧化，水溶液显酸性，能成盐、成酯等。

水杨酸具有清热、解毒和杀菌作用，其酒精溶液可用于治疗因霉菌感染而引起的皮肤病。由于水杨酸对肠胃有刺激作用，不宜内服，常用水杨酸的衍生物（乙酰水杨酸即阿司匹林），用作解热镇痛和抗风湿药物。

知 识 链 接

解热镇痛药——阿司匹林

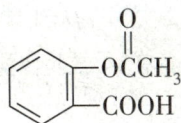

$$\begin{array}{c} O \\ \| \\ OCCH_3 \\ COOH \end{array}$$

阿司匹林化学名为乙酰水杨酸，具有解热、镇痛、抗血栓形成及抗风湿的作用，刺激性较小，是内服退热镇痛药。近年来，阿司匹林多用于治疗和预防心脑血管疾病，是典型老药新用的例子。从结构式中可以看出，阿司匹林分子中含有酯键，它在干燥空气中较稳定，在潮湿空气中易水解成水杨酸和醋酸，故应密闭贮藏于干燥处，避免吸潮。

（八）柠檬酸（枸橼酸）

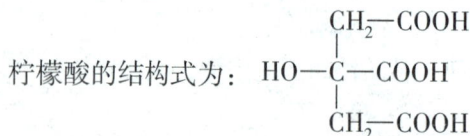

柠檬酸的结构式为：

$$\begin{array}{c} CH_2-COOH \\ | \\ HO-C-COOH \\ | \\ CH_2-COOH \end{array}$$

柠檬酸又称为枸橼酸，主要存在于柑橘果实中，尤以柠檬中含量最多。柠檬酸为无色透明结晶，易溶于水、乙醇和乙醚。有较强的酸味。在食品工业中用作糖果和饮料的调味剂。

在医药上，柠檬酸铁铵是常用补血药，用于治疗缺铁性贫血；柠檬酸钠有防止血液凝固的作用，常用作抗凝血剂；柠檬酸镁为温和的泻剂；柠檬酸钾为祛痰剂和利尿剂。

（九）丙酮酸和 β- 丁酮酸

丙酮酸是最简单的酮酸，为无色有刺激性臭味的液体，可与水混溶。丙酮酸是人体内糖、脂肪、蛋白质代谢的中间产物，在体内酶的催化下，易脱羧氧化生成乙酸和二氧化碳，也可被还原生成乳酸。

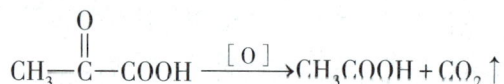

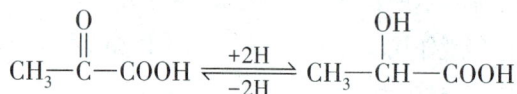

$$CH_3-\overset{\overset{\textstyle O}{\|}}{C}-COOH \xrightarrow{[O]} CH_3COOH + CO_2\uparrow$$

$$CH_3-\overset{\overset{\textstyle O}{\|}}{C}-COOH \underset{-2H}{\overset{+2H}{\rightleftharpoons}} CH_3-\overset{\overset{\textstyle OH}{|}}{C}H-COOH$$

β-丁酮酸又称为乙酰乙酸，为无色黏稠的液体，可与水和乙醇互溶。β-丁酮酸是生物体内脂肪代谢的中间产物，在体内经脱羧生成丙酮，在还原酶的作用下还原成β-羟基丁酸。

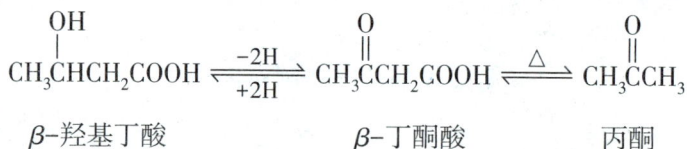

$$CH_3\overset{\overset{\textstyle OH}{|}}{C}HCH_2COOH \underset{+2H}{\overset{-2H}{\rightleftharpoons}} CH_3\overset{\overset{\textstyle O}{\|}}{C}CH_2COOH \overset{\triangle}{\rightleftharpoons} CH_3\overset{\overset{\textstyle O}{\|}}{C}CH_3$$

β-羟基丁酸　　　　　　β-丁酮酸　　　　　丙酮

β-丁酮酸、β-羟基丁酸、丙酮三者在医学上合称为酮体。酮体的3个成分在体内可以相互转化。

酮体是脂肪酸在人体内不能完全被氧化成二氧化碳和水的中间产物，在正常情况下能进一步分解，因此正常人体血液中只存在微量的酮体（一般低于10 mg/L）。但糖尿病患者因代谢发生障碍，血液和尿中的酮体含量就会增高。所以，糖尿病的诊断，在临床上除了检测血液和尿液中葡萄糖含量外，还要检测血液和尿液中酮体是否过高。如果血液中酮体增加，会使血液的酸性增强，导致酸中毒或昏迷。

复习思考

一、选择题

1. 下列物质中，酸性最强的是（　　　）

　　A. 甲酸　　　　　　　　　　　B. 碳酸

　　C. 乙酸　　　　　　　　　　　D. 苯酚

2. 可以用来区别甲酸和乙酸的物质是（　　　）

　　A. 石蕊试剂　　　　　　　　　B. 托伦试剂

　　C. Na_2CO_3　　　　　　　　　D. 金属钠

3. 下列物质中，俗名为蚁酸的是（　　　）

　　A. 乙二酸　　　　　　　　　　B. 乙酸

　　C. 甲酸　　　　　　　　　　　D. 乙醇

4. 既能发生银镜反应，又能发生酯化反应的物质是（　　　）

　　A. 乙醇　　　　　　　　　　　B. 甲酸

　　C. 乙酸　　　　　　　　　　　D. 丙酮

5. 有四种相同浓度的溶液：①蚁酸 ②醋酸 ③石碳酸（苯酚）④碳酸。它们的酸性由强到弱的顺序是（　　　）

　　A. ①②③④　　　　　　　　　B. ②①④③

　　C. ①②④③　　　　　　　　　D. ①③②④

6. 乙酸和乙醇在加热和浓硫酸的作用下反应，主要产物是（　　　）

$$
\text{A.}\quad \overset{\overset{\displaystyle O}{\|}}{CH_3CCH_3}\qquad\qquad\qquad \text{B.}\quad \overset{\overset{\displaystyle O}{\|}}{CH_3COCH_2CH_3}
$$

$$
\text{C.}\quad CH_3OCH_2CH_3\qquad\qquad \text{D.}\quad \overset{\overset{\displaystyle O}{\|}}{CH_3CCH_2CH_3}
$$

7. 下列物质中，属于羟基酸的是（　　　）

　　A. 草酸　　　　　　　　　　　B. 醋酸

　　C. 乳酸　　　　　　　　　　　D. 丁酸

8. 人在剧烈运动后，感到全身酸痛，是因为肌肉中（　　　）

　　A. 碳酸含量增高　　　　　　　B. 柠檬酸含量增高

　　C. 乳酸含量增高　　　　　　　D. 苹果酸含量增高

二、填空题

1. 羧酸的官能团是＿＿＿＿＿＿＿＿，最简单的羧酸是＿＿＿＿＿＿＿＿＿＿。

2. 羟基酸包括_____和_____。

3. 阿司匹林的化学名为_____，它是_____药。

4. 苯甲酸俗名_____，是最简单的_____，其钠盐常用作食品的_____剂。

5. _____、_____、_____三者在医学上合称为酮体。

三、命名下列化合物或写出结构式

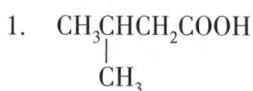

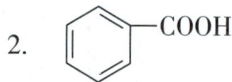

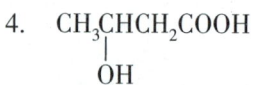

1. CH_3CHCH_2COOH
   $|$
   CH_3

2. ⬡—COOH

3. $COOH$
   $|$
   $COOH$

4. CH_3CHCH_2COOH
   $|$
   OH

5. CH_3CCH_2COOH
   $\|$
   O

6. 乳酸（α-羟基丙酸）

7. 水杨酸

8. 酒石酸

四、完成下列方程式

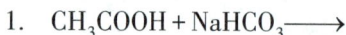

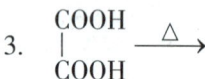

1. $CH_3COOH + NaHCO_3 \longrightarrow$

2. $CH_3COOH + CH_3CH_2OH \underset{\triangle}{\overset{H_2SO_4(浓)}{\rightleftharpoons}}$

3. $COOH$
   $|\overset{\triangle}{\longrightarrow}$
   $COOH$

4. $\overset{\displaystyle O}{\overset{\|}{CH_3CCH_2COOH}} \overset{\triangle}{\rightleftharpoons}$

五、用化学方法鉴别下列各组化合物

1. 甲醇、甲醛和甲酸

2. 丙醛、丙酮和丙酸

第五节 酯

扫一扫，看课件

【学习目标】

1. 掌握酯的结构、性质及鉴别。

2. 熟悉酯的命名。

3. 了解常见酯在医药上的用途。

案例导入

把苹果放进抽屉里一段时间，打开抽屉的时候就会闻到一阵阵苹果香味；走进花园里面闻到的花草香味；妈妈做饭的时候，会从厨房里飘出饭菜的香味。

问题：1. 产生这些香味的物质是何种有机化合物？
　　　2. 该物质的结构、性质如何？

一、结构和命名

酸（羧酸或无机含氧酸）与醇脱水后形成的一类有机化合物叫做酯。通常所说的酯都认为是羧酸酯，羧酸酯是羧酸分子中羟基被烃氧基取代所形成的化合物。酯的结构通式和官能团分别为：

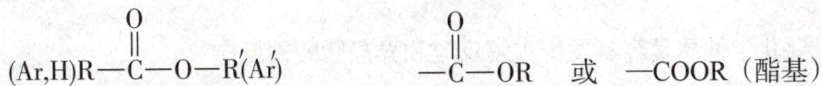

$$(Ar,H)R-\overset{O}{\overset{\|}{C}}-O-R'(Ar') \qquad -\overset{O}{\overset{\|}{C}}-OR \quad 或 \quad -COOR（酯基）$$

由结构可见，酯是由酰基和烃氧基组成的。

酯的命名是根据生成酯的羧酸和醇的名称来命名。把羧酸的名称写在前面，醇的名称写在后面，把醇字改为酯，称为"某酸某酯"。环状的酯称为内酯。例如：

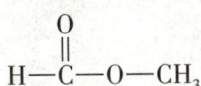
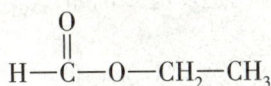
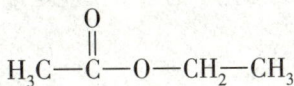

甲酸甲酯　　　　　　　甲酸乙酯　　　　　　　　乙酸乙酯

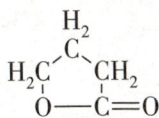
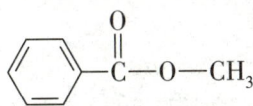
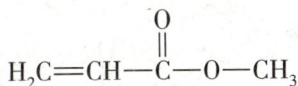

丁内酯　　　　　　苯甲酸甲酯　　　　　　　丙烯酸甲酯

二、性质

酯类一般密度比水小，难溶于水，易溶于乙醇和乙醚等有机溶剂。低级酯是易挥发并有芳香气味的中性无色液体，能溶解很多有机化合物，是良好的有机溶剂。高级饱和脂肪酸单酯常为无色无味的固体，高级脂肪酸与高级脂肪醇形成的酯为蜡状固体。酯分子间没有氢键缔合，所以其沸点和熔点要比相应的羧酸和醇都要低。

知 识 链 接

酯类物质在生活中的应用

乙酸乙酯存在于酒、食醋和某些水果中；乙酸异戊酯存在于香蕉、梨等水果中；苯甲酸甲酯存在于丁香油中。酯类化合物有很高的药用价值，比如治疗乙肝的阿德福韦酯，治疗冠心病的单硝酸异山梨酯，治疗水肿的螺内酯等。

低分子量的酯可用作有机溶剂，分子量较大的酯是良好的增塑剂。甲基丙烯酸甲酯是制造有机玻璃（聚甲基丙烯酸甲酯）的单体。聚酯树脂主要用于纤维和油漆工业，也可制成压塑粉。许多带有支链的醇形成的酯是优良的润滑油。酯还可用于香料、香精、化妆品、肥皂和药品等工业。

酯的重要化学性质是容易发生水解反应和异羟肟酸铁反应等。

（一）水解反应

酯与水在一定条件下反应生成羧酸和醇，此反应称为酯的水解反应。通常情况下酯的水解反应较慢，在酸、碱催化并加热条件下可以加速其反应速率。

在酸催化下的水解反应是酯化反应的逆反应。例如：

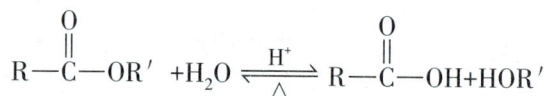

$$\underset{R-C-OR'}{\overset{\overset{\displaystyle O}{\parallel}}{}} + H_2O \underset{\triangle}{\overset{H^+}{\rightleftharpoons}} \underset{R-C-OH}{\overset{\overset{\displaystyle O}{\parallel}}{}} + HOR'$$

在碱过量的条件下，酯水解可生成羧酸盐和醇，为不可逆反应，是酯水解最常采用的方法。

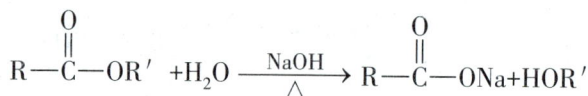

$$\underset{R-C-OR'}{\overset{\overset{\displaystyle O}{\parallel}}{}} + H_2O \underset{\triangle}{\overset{NaOH}{\longrightarrow}} \underset{R-C-ONa}{\overset{\overset{\displaystyle O}{\parallel}}{}} + HOR'$$

（二）异羟肟酸铁反应

酯与羟胺在碱性条件下反应，先生成异羟肟酸，异羟肟酸在酸性条件下再与三氯化铁反应生成紫红色或红色的异羟肟酸铁，此反应称为异羟肟酸铁反应，是鉴别酯类化合物最常用的一种方法。反应方程式如下：

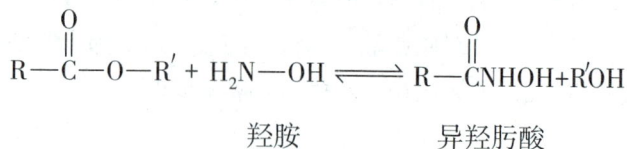

$$\underset{R-C-O-R'}{\overset{\overset{\displaystyle O}{\parallel}}{}} + H_2N-OH \rightleftharpoons \underset{R-CNHOH}{\overset{\overset{\displaystyle O}{\parallel}}{}} + R'OH$$

$$\qquad\qquad 羟胺 \qquad\qquad\qquad 异羟肟酸$$

$$3R—\overset{\overset{\displaystyle O}{\|}}{C}—NHOH+FeCl_3 \longrightarrow (R—\overset{\overset{\displaystyle O}{\|}}{C}—NHO)_3Fe+3HCl$$

异羟肟酸铁（紫红色或红色)

三、重要的酯类化合物

（一）乙酸乙酯

纯净的乙酸乙酯是无色透明具有特殊香味易挥发的液体，低毒性、易燃、有甜味。溶于水，能与氯仿、乙醇、丙酮和乙醚混溶。具有优异的溶解性和快干性，是一种非常重要的有机化工原料和极好的工业溶剂。其用途主要有：①作为工业溶剂，用于涂料、黏合剂、乙基纤维素、人造革、油毡着色剂、人造纤维等产品中；②作为黏合剂，用于印刷油墨、人造珍珠的生产；③作为提取剂，用于医药、有机酸等产品的生产；④作为香料原料，用于菠萝、香蕉、草莓等水果香精和威士忌、奶油等香料的主要原料。

（二）螺内酯

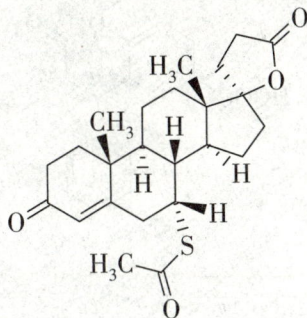

螺内酯又名螺旋内酯固醇或螺旋内酯甾酮，为白色结晶，有轻微硫醇臭。不溶于水，易溶于氯仿、苯、醋酸乙酯、乙醇。

螺内酯临床上用于治疗与醛固酮升高有关的顽固性水肿，如充血性水肿、肝硬化腹水、肾性水肿等，也用于特发性水肿的治疗。与噻嗪类利尿药合用，可增强利尿效应和预防低钾血症。此外，螺内酯为治疗高血压的辅助药物。

复习思考

一、选择题

1. 乙酸乙酯在KOH溶液中水解，得到的产物是（　　　）

    A. 乙酸   B. 甲醇

    C．乙醇   D．乙二酸

2. 阿司匹林的结构简式如图所示。1mol 阿司匹林跟足量的 NaOH 溶液充分反应消耗 NaOH 物质的量为（　　）

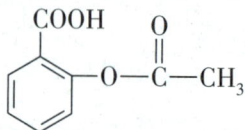

    A．1mol   B．2mol

    C．3mol   D．4mol

3. 炒菜时，加酒又加醋，可使菜变得香味十足，原因是（　　）

    A．有盐类物质生成   B．有酸类物质生成

    C．有醇类物质生成   D．有酯类物质生成

4. 化合物 X 是一种医药中间体，其结构简式如图所示。下列有关化合物 X 的说法正确的是（　　）

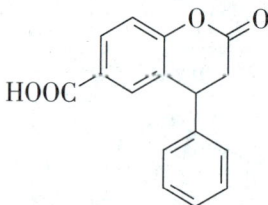

    A．属于芳香烃

    B．不能与饱和 Na_2CO_3 溶液反应

    C．在酸性条件下水解，水解产物只有一种

    D．1mol 化合物 X 最多能与 2mol NaOH 反应

5. 绿原酸（结构式如下图）是咖啡的热水提取液的成分之一。关于绿原酸的判断正确的是（　　）

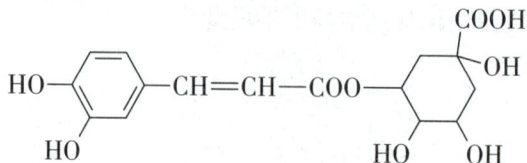

    A．分子中只含有羟基、羧基和酯基三种官能团

    B．1mol 绿原酸与足量的溴水反应，最多消耗 2.5mol Br_2

    C．1mol 绿原酸与足量 NaOH 溶液反应，最多消耗 4mol NaOH

    D．绿原酸水解产物均可以与 $FeCl_3$ 溶液发生显色反应

6. 有机物A的结构简式如图所示，对其正确的描述是（　　）

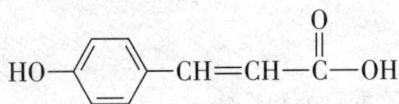

①可以使酸性高锰酸钾溶液褪色②可以和NaOH溶液反应③在一定条件下可以和乙酸发生反应④在一定条件下可以发生催化氧化反应⑤在一定条件下可以和新制备 Cu(OH)$_2$ 悬浊液反应

A. ①②③　　　　　　　　　　B. ①②③④

C. ①②③⑤　　　　　　　　　D. ①②③④⑤

7. 对下面三种有机物说法正确的是（　　）

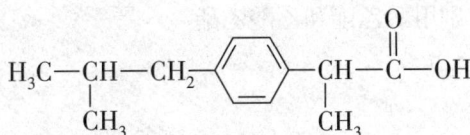

A. 三种有机物都能发生水解反应

B. 三种有机物都能与 FeCl$_3$ 发生显色反应

C. 三种物质中，其中有两种互为同分异构体

D. 三种物质与碳酸钠反应都能有气泡生成

8. 将 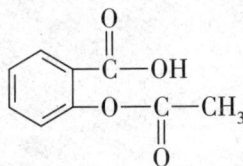 转变为 ![COONa OH] 的方法为（　　）

A. 与足量的 NaOH 溶液共热后，在通入 CO$_2$

B. 溶液加热，通入足量的 HCl

C. 与稀 H$_2$SO$_4$ 共热后，加入足量的 Na$_2$CO$_3$

D. 与稀 H$_2$SO$_4$ 共热后，加入足量的 NaOH

二、填空题

1. 由结构看，酯是由_____和_____组成的化合物。

2. 酯在酸性条件下发生水解反应，生成_____和_____，所以该反应是_____反应的逆反应。

3. _____反应是鉴别酯类化合物最常用的一种方法。

三、完成反应方程式

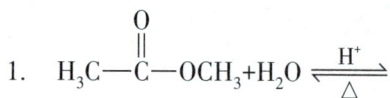

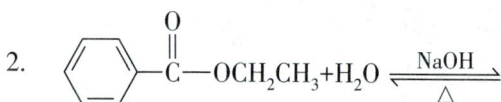

1. $\underset{}{H_3C}-\overset{\displaystyle O}{\overset{\|}{C}}-OCH_3+H_2O \underset{\triangle}{\overset{H^+}{\rightleftharpoons}}$

2. $\langle\rangle-\overset{\displaystyle O}{\overset{\|}{C}}-OCH_2CH_3+H_2O \underset{\triangle}{\overset{NaOH}{\rightleftharpoons}}$

四、鉴别

1. 用化学方法鉴别乙酸乙酯和乙酸

2. 用化学方法鉴别甲酸乙酯和乙酸乙酯

扫一扫，看课件

卤代烃

【学习目标】

1. 掌握卤代烃的性质和鉴别。
2. 熟悉卤代烃的结构特点。
3. 了解卤代烃在医学中的应用。

自然界存在的卤代烃较少，主要分布在海洋生物中。卤代烃的用途广泛，有些可以作为药物合成的中间体，有些作为常用溶剂，还有一些在医学上用作药物或人工器官材料。

案例导入

三氯甲烷（$CHCl_3$）俗称氯仿，是一种无色、有甜味的液体，氯仿是最早使用的全身麻醉药之一，但因其对心脏、肝脏的毒性较大，目前临床已不使用。

问题：1. 氯仿属于哪类有机化合物？

2. 该类化合物有何性质？

3. 如何鉴别该类化合物？

一、结构和命名

（一）结构

烃分子中的氢原子被卤素原子取代后所生成的化合物称为卤代烃，简称卤烃。其结构通式用（Ar）R—X表示，其中—X代表卤素原子，是卤代烃的官能团，常见的卤素原子是F、Cl、Br、I。

（二）命名

简单的卤代烃命名是根据卤素原子所连烃基名称命名，称为"卤某烃"。复杂的卤代烃命名是将卤素原子和苯环都作为取代基，其余部分命名原则遵循含有官能团的脂肪族化合物进行命名。例如：

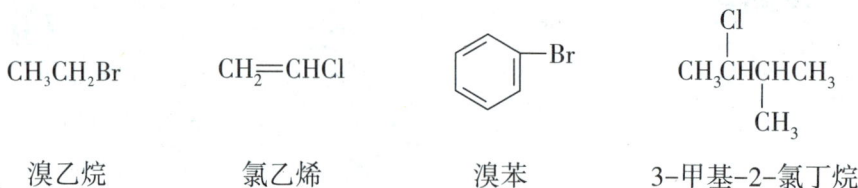

CH_3CH_2Br $CH_2{=}CHCl$ （溴苯结构）—Br $CH_3CHCHCH_3$（带 Cl 和 CH_3）

溴乙烷   氯乙烯   溴苯   3-甲基-2-氯丁烷

二、性质

常温常压下，卤代烃多数为液体，有毒，具有强烈的气味。难溶于水，易溶于乙醇、乙醚等有机溶剂。密度一般比水大（低级脂肪烃的一氟代物、一氯代物除外）。沸点一般随卤素原子序数增大或烃基碳原子数的增多而升高。

卤素原子是卤代烃的官能团，其电负性比碳原子大，所以 C—X 键具有比较强的极性，容易断裂，使卤代烃的活性增强，易发生取代反应、消除反应。

当烃基相同时，卤代烃的活性顺序为：R—I > R—Br > R—Cl。

（一）取代反应

卤代烃与碱（NaOH等）的水溶液共热，卤素原子被羟基取代生成醇类化合物。此反应又可称为卤代烃的水解反应。

$$CH_3CH_2X + NaOH \xrightarrow{\triangle} CH_3CH_2OH + NaX$$

利用卤代烃的水解反应可鉴别不同卤素原子的卤代烃。方法如下：卤代烃与碱（NaOH等）的水溶液共热一段时间后，加入硝酸至溶液显酸性，再加入硝酸银，若有白色沉淀出现则为氯代烃，若有浅黄色沉淀出现则为溴代烃，若有黄色沉淀出现则为碘代烃。

知 识 链 接

亲核取代反应

由于卤素原子的电负性比碳原子强，所以 C—X 键的共用电子对偏向卤素原子，使卤素原子带部分负电荷，碳原子带部分正电荷。带部分正电荷的碳原子容易受到带负电荷或含有未共用电子对的亲核试剂的进攻，使 C—X 键发生断裂，取代带负电荷的卤素原子，使卤素原子以负离子形式离去。常见的亲核试剂有 OH^-、OR^-、NH_3 等，通常用 Nu: 或 Nu^- 表示。我们把亲核试剂进攻带部分正电荷的碳原子而引起的取代反应，称为亲核取代反应，可以用通式表示为：

$$\overset{\delta^+}{\underset{}{C}}\overset{\delta^-}{\underset{}{—X}} +Nu^- \longrightarrow \overset{\delta^+}{\underset{}{C}}\overset{\delta^-}{\underset{}{—Nu}} +X^-$$

反应物　亲核试剂　产物　离去基团

（二）消去反应

卤代烃中C—X键的强极性通过诱导效应使 β-氢原子活性增大。当卤代烷在碱的醇溶液中加热，会消去一分子卤化氢而生成烯烃。这种从分子中脱去小分子（如水、卤化氢等），生成含不饱和键化合物的反应称消去反应（亦称消除反应）。

$$\underset{\underset{H}{\mid}}{CH_2}—\underset{\underset{X}{\mid}}{CH_2}+NaOH \xrightarrow[\triangle]{醇} CH_2{=\!=}CH_2\uparrow +H_2O+NaX$$

消去反应的条件：①在强碱的醇溶液中加热；②β-碳上必须有氢原子；③若分子结构中有两种或两种以上类型的 β-氢原子，可得到两种烯烃的混合物，但根据扎依采夫规则应消除含氢原子较少的 β-碳上的氢原子。例如2-溴丁烷发生消去反应时，主要产物为2-丁烯。

$$\underset{\underset{Br}{\mid}}{CH_3\overset{\beta}{C}H_2\overset{}{C}H}\overset{\beta}{C}H_3 +KOH \xrightarrow[\triangle]{C_2H_5OH} CH_3CH_2CH{=}CH_2 + CH_3CH{=}CHCH_3$$

$$19\% \qquad\qquad 81\%$$

三、重要的卤代烃

（一）氯仿和四氯化碳

氯仿是三氯甲烷的俗称，沸点61.7℃，相对密度1.433，不溶于水，是一种不燃性的有机溶剂。它可溶解许多高分子化合物，如有机玻璃、橡胶和油脂等。

四氯化碳（CCl_4）是一种无色液体，沸点76.8℃，相对密度1.595。四氯化碳本身不燃烧，其蒸汽比空气重，能将燃烧物与空气隔离而灭火，所以用作灭火剂，常用于油类和电器设备的灭火。四氯化碳也是良好的有机溶剂，但对肝脏有较强的损害作用。

（二）敌敌畏

敌敌畏为常用有机磷农药，其结构式为：

$$\underset{}{(CH_3O)_2}\overset{\overset{O}{\|}}{P}OCH{=}CHCl$$

敌敌畏在碱性条件下会水解成无杀虫效力的物质，因此，盛敌敌畏的器具可以用肥皂水洗涤而除去，敌敌畏中毒可以用肥皂水洗胃而解毒。

复习思考

一、选择题

1. 卤代烃 $CH_3CHBrCH_2CH_3$ 在强碱的醇溶液中加热发生消去反应，主要得到（　　）

　　A. $H_2C=CHCH_2CH_3$　　　　　　B. $CH_3CHOHCH_2CH_3$

　　C. $CH_3CH=CHCH_3$　　　　　　D. $CH_3CH_2CH_2CH_2OH$

2. 氯乙烷在碱性条件下水解得到的产物为（　　）

　　A. 乙酸　　　　　　　　　　　　B. 乙醇

　　C. 乙醇钠　　　　　　　　　　　D. 乙烯

3. CH_3CH_2Br 先和 NaOH 共热水解后，加 HNO_3 至酸性，再和 $AgNO_3$ 反应得到（　　）沉淀

　　A. 白色　　　　　　　　　　　　B. 浅黄色

　　C. 黄色　　　　　　　　　　　　D. 褐色

4. 误服用敌敌畏中毒，应当采取的措施是（　　）

　　A. 喝牛奶　　　　　　　　　　　B. 喝鸡蛋清

　　C. 用大量水洗胃　　　　　　　　D. 用肥皂水洗胃

二、填空题

1. 卤代烃都＿＿＿＿＿＿＿＿溶于水，＿＿＿＿＿＿＿＿溶于有机溶剂。卤代烃的相对分子质量比相应烃的相对分子质量＿＿＿＿＿＿＿＿，其密度一般随着烃基中碳原子数的增多而＿＿＿＿＿＿＿＿。

2. R—X 在强碱性条件下水解可以制备＿＿＿＿＿＿＿＿，如 $CH_3CH_2CH_2Br$ 在 NaOH 的水溶液中水解得到＿＿＿＿＿＿＿＿。

3. 氯乙烷在 NaOH 的醇溶液中加热发生消去反应得到＿＿＿＿＿＿＿＿。

4. ＿＿＿＿＿＿＿＿本身不燃烧，是常用的灭火剂。

三、写出下列各反应的主要产物

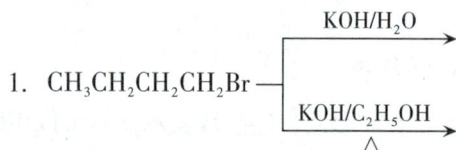

1. $CH_3CH_2CH_2CH_2Br$ —— $\xrightarrow{\text{KOH/H}_2\text{O}}$

　　　　　　　　　　　　　　$\xrightarrow[\triangle]{\text{KOH/C}_2\text{H}_5\text{OH}}$

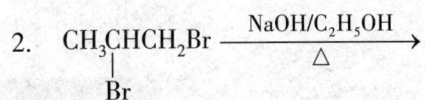

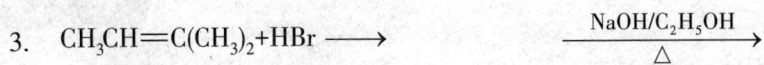

2. $CH_3CHCH_2Br \xrightarrow[\triangle]{NaOH/C_2H_5OH}$

       |
      Br

3. $CH_3CH{=}C(CH_3)_2+HBr \longrightarrow$ $\xrightarrow[\triangle]{NaOH/C_2H_5OH}$

四、简答题

1. 简单地总结卤代烃发生取代反应和消去反应的条件有何不同。

2. 某液态卤代烷 RX，如何检测该卤代烷含有哪种卤素原子？

第六章

胺、酰胺及重氮和偶氮化合物

胺、酰胺、重氮化合物和偶氮化合物在医药领域和化工行业中有着广泛的应用。比如酰胺的代表物——尿素，其在农业中可用作肥料、饲料；在有机合成工业中，主要用作合成脲醛树脂、尤纶、有机玻璃等的原料；在医药工业中，纯尿素可用作利尿剂，生产制药原料氨基甲酸乙酯，以及用于生产安眠药、镇静剂、麻醉剂、甜味剂等的原料；在石油业中用来制造化学络合物；尿素还可用于纺织品的人工防皱和麻纱处理的软化剂。有的偶氮化合物能牢固地吸附在纤维品上，耐洗耐晒，经久而不褪色，可以作为染料；有的偶氮化合物能随着溶液的 pH 改变而灵敏地变色，可以作为酸碱指示剂；有的偶氮化合物可以凝固蛋白质，能杀菌消毒而用于医药中；有的偶氮化合物能使细菌着色，作为染料用于组织切片的染色剂。苯胺是一种用途广泛的工业原料，可用于染料、医药、橡胶、塑料、香料等行业。

第一节 结构、分类及命名

扫一扫，看课件

【学习目标】

1. 掌握胺、酰胺的结构和胺的分类。
2. 熟悉重氮化合物和偶氮化合物的结构；胺和酰胺的命名。
3. 了解重氮化合物、偶氮化合物的命名。

案例导入

盐酸普鲁卡因是一种局部麻醉药，其结构式和结构特点如下：

$$H_2N-\text{〈〉}-COOCH_2CH_2N(CH_2CH_3)_2 \cdot HCl$$

结构中含有酯基（—COOR）、氨基（—NH₂）和叔氮原子，即为酯类化合物又为胺类化合物。

问题：1. 胺类化合物具有怎样的结构特点？
2. 如何对胺类化合物进行分类？

一、结构

（一）胺的结构

从结构上看，胺可以看作是氨分子的烃基衍生物，即氨分子中的氢原子被烃基取代而生成的化合物。例如：

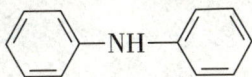

$$CH_3NH_2 \qquad NH \qquad (CH_3)_3N$$

甲胺　　　　　　　　二苯胺　　　　　　　　三甲胺

（二）酰胺的结构

从结构上看，酰胺可以看作是羧酸分子中羧基上的羟基被氨基（—NH₂）或烃氨基（—NHR、—NR₁R₂）取代后生成的化合物，也可以看作是氨或胺分子中氮原子上的氢原子被酰基取代后生成的化合物。其结构通式为：

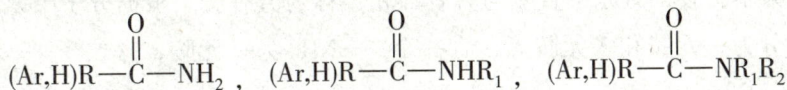

$$(Ar,H)R—\overset{\overset{O}{\|}}{C}—NH_2, \quad (Ar,H)R—\overset{\overset{O}{\|}}{C}—NHR_1, \quad (Ar,H)R—\overset{\overset{O}{\|}}{C}—NR_1R_2$$

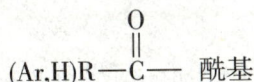

$$(Ar,H)R—\overset{\overset{O}{\|}}{C}— \quad 酰基$$

（三）重氮化合物和偶氮化合物的结构

重氮化合物的官能团 —N⁺≡N 为重氮基，当重氮基的一端与烃基相连，另一端与其他非碳或原子团相连时，称为重氮化合物。偶氮化合物的官能团 —N=N— 为偶氮基，当偶氮基的两边都分别与烃基相连时，称为偶氮化合物。例如：

 氯化重氮苯　　　　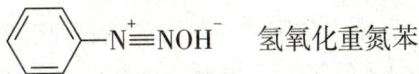 氢氧化重氮苯

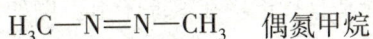 偶氮甲烷　　　　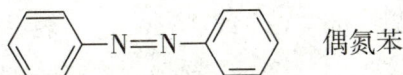 偶氮苯

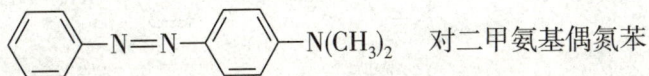 对二甲氨基偶氮苯

二、胺的分类

根据胺分子中与氮原子相连的烃基数目的不同，胺可分为伯胺、仲胺、叔胺。

1. 伯胺 氮原子与 1 个烃基相连，结构通式为 $R—NH_2$，官能团为氨基（ $—NH_2$ ）。

2. 仲胺 氮原子与 2 个烃基相连，结构通式为 R_1NHR_2，官能团为亚氨基（ $—NH—$ ）。

3. 叔胺 氮原子与 3 个烃基相连，结构通式为 $R_1—\overset{\displaystyle |}{\underset{\displaystyle R_3}{N}}—R_2$，官能团为次氨基（ $—\overset{|}{N}—$ ）。

例如：

$$CH_3NH_2, \quad \underset{}{\bigcirc}—NH_2, \quad \bigcirc—NH—\bigcirc,$$

$$CH_3NHCH_3, \quad (CH_3)_3N, \quad (CH_3)_2NC_2H_5$$

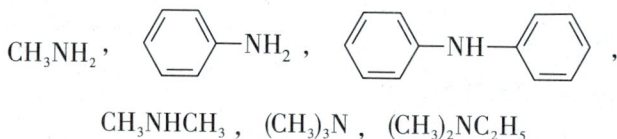

根据分子中氮原子所连烃基种类的不同，胺还可分为脂肪胺和芳香胺。氮原子与脂肪烃基相连称为脂肪胺；氮原子直接与芳香环相连称为芳香胺。根据分子中氨基的数目不同，胺又可分为一元胺和多元胺等，含一个 $—NH_2$ 为一元胺，含二个 $—NH_2$ 为二元胺。例如：

$$CH_3NH_2\ \text{一元脂肪胺} \quad \bigcirc—NH_2\ \text{一元芳香胺} \quad H_2NCH_2CH_2NH_2\ \text{二元脂肪胺}$$

三、命名

（一）胺的命名

简单胺的命名是以胺为母体，烃基作为取代基，称为"某胺"。当氮原子上所连烃基相同时，用中文数字"二""三"表示相同烃基的数目；若所连烃基不同，则按基团的次序规则由小到大写出。若芳香胺氮原子上连的是脂肪烃基，则以苯胺为母体，在脂肪烃基的前面冠以字母"*N-*"或"*N,N-*二"，表示该脂肪烃基直接连接在氮原子上。例如：

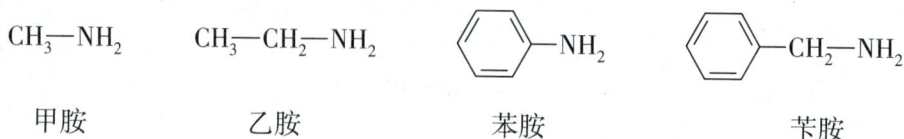

$$CH_3—NH_2 \qquad CH_3—CH_2—NH_2 \qquad \bigcirc—NH_2 \qquad \bigcirc—CH_2—NH_2$$

$$\text{甲胺} \qquad\qquad \text{乙胺} \qquad\qquad\quad \text{苯胺} \qquad\qquad\qquad\quad \text{苄胺}$$

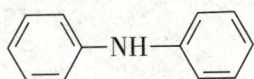

二苯胺　　　　　　　　　　二甲乙胺　　　　　　　　　乙丙胺

$(CH_3)_2NC_2H_5$　　　　　　　$CH_3CH_2NHCH_2CH_2CH_3$

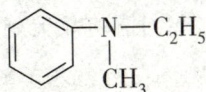

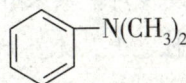

N-甲基-N-乙基苯胺　　　　　　　　　　　N,N-二甲基苯胺

复杂胺的命名采用系统命名法，以烃基作为母体，氨基作为取代基。例如：

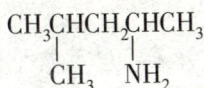

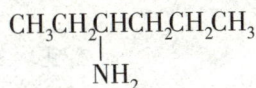

4-甲基-2-氨基戊烷　　　　　　3-氨基己烷　　　　　　　邻苯二胺

$H_2NCH_2CH_2NH_2$　　　　　　　　　　　$H_2N(CH_2)_4NH_2$

乙二胺　　　　　　　　　　　　　　　1,4-丁二胺

（二）酰胺的命名

酰胺的命名是根据分子中所含有的酰基的名称命名，称为某酰胺或某酰某胺。例如：

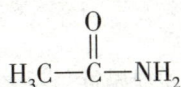

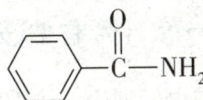

乙酰胺　　　　　　　　　　　　　　　苯甲酰胺

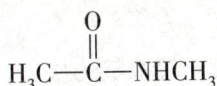

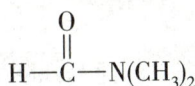

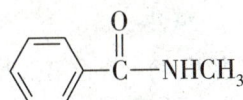

N-甲基乙酰胺　　　　　　　N,N-二甲基甲酰胺　　　　　N-甲基苯甲酰胺

（乙酰甲胺）　　　　　　　（甲酰二甲胺）　　　　　　（苯甲酰甲胺）

第二节　性　质

扫一扫，看课件

【学习目标】

1. 掌握胺和酰胺的性质；芳香第一胺和酰胺的鉴别方法。

2. 熟悉重氮盐的性质。

3. 了解酰化反应的意义。

案例导入

现在用的感冒药中很多都添加了能解热镇痛的药物——对乙酰氨基酚。1875年，研究人员发现对氨基苯酚有很强的解热功效，但对胃有较大刺激作用，对中枢神经系统毒性也大，无药用价值。后来研究发现，在对氨基苯酚中引入酰基，通过酰化反应制得的对乙酰氨基酚不仅提高了药效，也降低了药物的毒副作用。

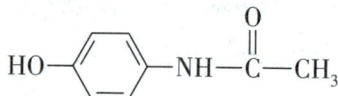

对氨基苯酚　　　　　　　　对乙酰氨基酚（或对羟基乙酰苯胺）

问题：1. 对乙酰氨基酚和对氨基苯酚二者在性质上有什么不同？
　　　2. 如何鉴别对乙酰氨基酚？

甲胺、二甲胺、三甲胺等在常温下是气体，其他6个以下碳原子的脂肪胺是液体，能溶于水。高级脂肪胺是无臭固体，不溶于水。芳香胺是高沸点的无色液体或低熔点的固体，毒性很大，无论接触皮肤或吸入蒸气都会引起中毒现象。

一、芳香第一胺（芳香伯胺）的化学性质

根据酸碱质子或电子理论：接受质子或给出电子的物质显碱性，反之显酸性。芳香第一胺及其他胺与氨结构相似，氮原子上都含有孤对电子，易接受质子或给出电子而显碱性。

（一）弱碱性

1. 成盐反应　芳香第一胺显弱碱性，只能与强酸反应生成比较稳定的盐。

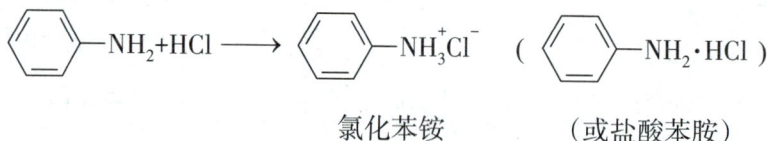

氯化苯铵　　　　　（或盐酸苯胺）

胺与酸形成的盐一般都是有一定熔点的结晶性固体，易溶于水而不溶于非极性溶剂，其水溶液呈酸性。在该盐溶液中加入强碱，弱碱胺又能游离出来。利用这一性质可鉴别、分离和提纯胺。

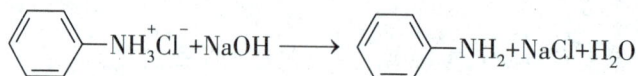

2. 碱性强弱　决定胺碱性强弱因素主要受电子效应和空间效应的影响。胺的碱性强弱可用 pK_b（或 pK_a）来表示，pK_b 越小（或 pK_a 越大），碱性越强。$pK_b = 14 - pK_a$。

（1）脂肪胺 伯胺氮原子上连有一个烷基，烷基是给电子基团，使氮原子周围电子云密度增大（即给电子诱导效应），接受质子或给出电子能力要比氨气强，故伯胺碱性强于氨气。同理，仲胺氮原子上有两个烷基，电子云密度增高更多，接受质子或给出电子能力更强，故仲胺的碱性比伯胺的碱性强。叔胺氮原子上连有三个烷基，除了给电子诱导效应外，三个烷基占据的空间位置还产生空间位阻作用，使氮原子不易接受质子或给出电子，故叔胺碱性比仲胺要弱。

（2）芳香胺 氮原子上的孤对电子与苯环存在 p-π 共轭体系，p电子云向苯环移动，使氮原子上的电子云密度降低，同时苯环的空间位阻也使氮原子接受质子或给出电子能力降低，电子效应和空间效应协同作用使其碱性比脂肪胺弱，而且氮原子上连接的苯环越多，碱性越弱。

总之，各类胺的碱性强弱顺序大致为：

脂肪仲胺>脂肪伯胺>脂肪叔胺>氨>N,N-二甲基苯胺>N-甲基苯胺>苯胺>二苯胺>三苯胺

（二）氧化反应

芳香第一胺性质活泼，易被氧化生成黄、红或棕色的复杂产物，其中含有醌类、偶氮化合物等。当pH值增大、温度升高、日光照射或露置空气中均可加速其氧化。因此，药物结构中若含有芳香第一胺应该妥善保存，防止其被氧化。在有机合成中，为了防止芳香第一胺被氧化，常利用酰化反应将氨基保护起来。例如将对氨基苯酚上的氨基进行乙酰化反应即制成对乙酰氨基酚（又名扑热息痛）。

（三）芳醛或芳酮缩合反应

芳香第一胺先与醛或酮发生加成反应，再发生脱水，生成含有碳氮双键通常称为席夫碱的化合物，该类化合物绝大多数为黄色。由于某些席夫碱具有特殊的生理活性，近年来越来越引起医药界的重视。例如：

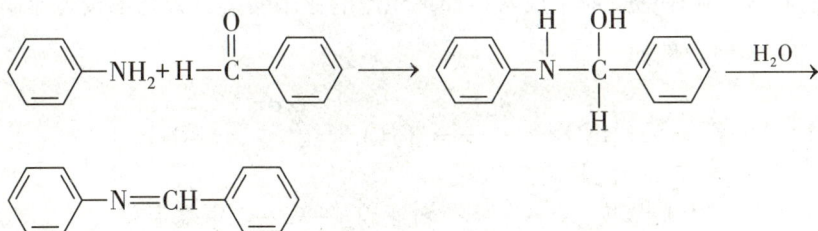

该方法常用来鉴别分子结构中具有芳香第一胺或潜在芳香第一胺的药物。

（四）取代反应

氨基是很强的邻、对位定位基，在邻、对位上容易发生取代反应。芳香第一胺（如苯胺）在水溶液中与溴水的反应很灵敏，可溴化生成2,4,6-三溴苯胺的白色沉淀，与苯酚相似，此反应可用于苯胺的定性鉴别和定量分析。

$$\text{苯胺} + 3Br_2 \longrightarrow \text{2,4,6-三溴苯胺} \downarrow + 3HBr$$

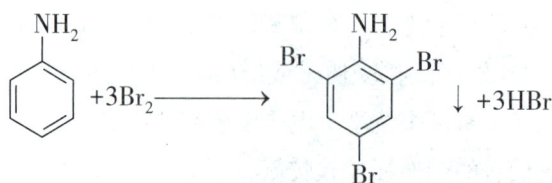

2,4,6-三溴苯胺（白色）

（五）重氮化-偶合反应

芳香第一胺可发生重氮化-偶合反应。例如苯胺在盐酸溶液中，低温条件下，可直接与亚硝酸钠进行重氮化反应，生成的重氮盐再与碱性 β-萘酚偶合，生成猩红色的偶氮化合物。该方法常用来鉴别分子结构中具有芳香第一胺或潜在芳香第一胺的药物。

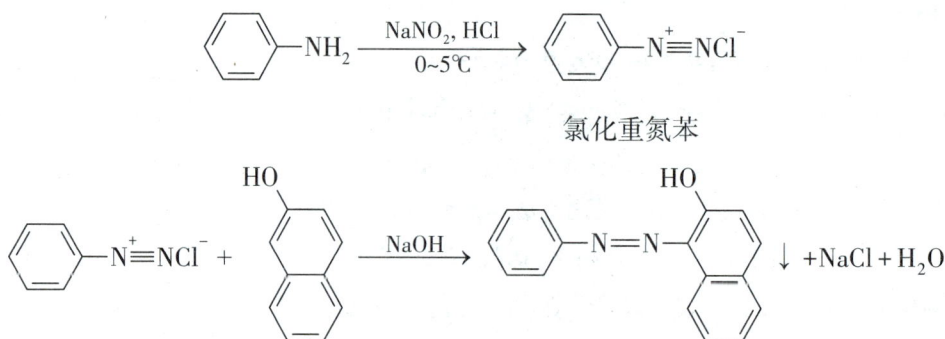

$$\text{苯胺} - NH_2 \xrightarrow[\text{0~5℃}]{NaNO_2, HCl} \text{苯} - \overset{+}{N} \equiv N\ Cl^-$$

氯化重氮苯

$$\text{苯} - \overset{+}{N} \equiv N\ Cl^- + \text{萘酚} \xrightarrow{NaOH} \text{偶氮化合物} \downarrow + NaCl + H_2O$$

猩红色沉淀

不同的胺与亚硝酸反应，各有不同的反应产物和现象，可用来鉴别伯胺、仲胺和叔胺。脂肪伯胺与亚硝酸反应生成的重氮盐不稳定，在低温（0~5℃）下立刻分解；芳香伯胺重氮盐较稳定，在室温时才能分解。此反应可用于伯胺的定量测定。脂肪或芳香仲胺与亚硝酸反应，仲胺氮上氢原子被亚硝基（—NO）取代生成黄色油状液体或固体 $(R)_2N—NO$。脂肪叔胺与亚硝酸反应生成水溶性不稳定的亚硝酸盐；芳香叔胺与亚硝酸反应生成对亚硝基芳香叔胺。例如：

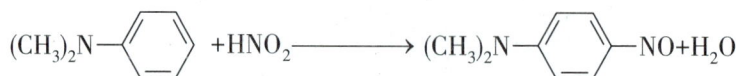

$$(CH_3)_2N\text{—}\text{苯} + HNO_2 \longrightarrow (CH_3)_2N\text{—}\text{苯}\text{—}NO + H_2O$$

N,N-二甲基苯胺　　　　　　　对亚硝基-N,N-二甲基苯胺

对亚硝基芳香叔胺在碱性溶液中呈翠绿色，在酸性溶液中互变成醌式盐而呈橘红色。例如：

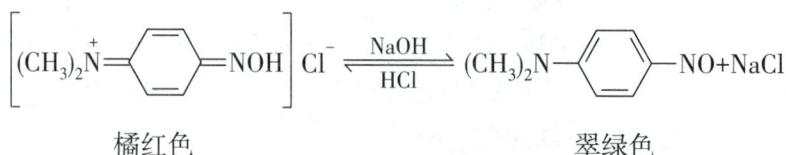

$$\left[(CH_3)_2\overset{+}{N}\text{=}\text{苯}\text{=}NOH\right] Cl^- \underset{HCl}{\overset{NaOH}{\rightleftharpoons}} (CH_3)_2N\text{—}\text{苯}\text{—}NO + NaCl$$

橘红色　　　　　　　　　　　　翠绿色

亚硝基胺是强致癌物质，食品添加剂亚硝酸钠在体内可转化为亚硝酸胺。因此，国家标准对亚硝酸钠进行了严格的限量规定，以保障人们的身体健康。

（六）酰化和磺酰化反应

1. 酰化反应　芳香伯胺能跟酰卤（RCOX）或酸酐（$R_1COOOCR_2$）反应，氮原子上的氢原子被酰基取代，生成酰胺，此反应称为酰化反应。提供酰基的试剂称为酰化剂。其他伯胺、仲胺氮原子上都有氢原子，都能被酰基取代，发生酰化反应；叔胺氮原子上无氢原子，不能发生酰化反应。例如：

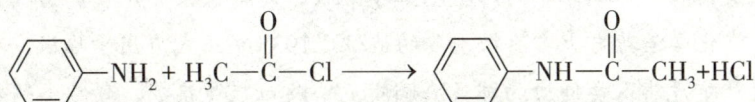

N–苯基乙酰胺或乙酰苯胺（退热冰）

大多数胺是液体，经酰化后生成的酰胺是具有一定熔点的固体，而且比较稳定，在强酸或强碱的水溶液中加热易水解生成原来的胺。因此，酰化反应常用于胺类的分离、提纯、鉴别以及用来保护芳环上活泼的氨基，使其在反应过程中免遭破坏。

2. 磺酰化反应　与酰化反应相似，芳香伯胺及其他伯胺、仲胺氮原子上的氢原子也可以被磺酰基（RSO_2—）取代，生成磺酰胺，此反应称为磺酰化反应，又称为兴斯堡反应。苯磺酰氯是常用的磺酰化试剂，反应需要在碱性条件中进行。其中，伯胺生成的苯磺酰胺的氮原子上还有一个氢原子，受苯磺酰基的强吸电子诱导效应的影响显示弱酸性，与碱成盐而溶解。仲胺生成的苯磺酰胺分子中氮原子上已无氢原子，故产物苯磺酰胺不能溶于碱性溶液而析出。叔胺不能发生磺酰化反应。因此常利用苯磺酰氯来鉴别、分离三种胺。过程叙述如下：往三种胺的混合物中加入苯磺酰氯和碱液，与苯磺酰氯不反应的叔胺，通过蒸馏法分离出来；将蒸馏后的溶液过滤，滤出物是仲胺苯磺酰胺，与酸共热水解得仲胺；滤液经酸化析出沉淀物是伯胺苯磺酰胺，再与酸共热水解得伯胺。

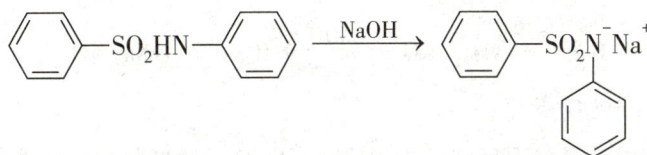

难溶于水　　　　　　　　　　　　易溶于水

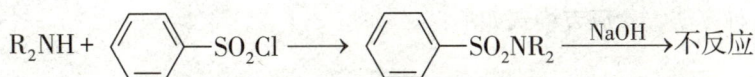

难溶于水

磺胺类药物

$$H_2N-\langle \text{苯环} \rangle-SO_2NH_2$$

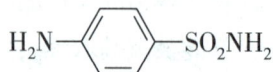

磺胺类药物的基本结构为对氨基苯磺酰胺，简称磺胺，是一类由人工合成的抗菌药，在化学治疗史上占有很重要的地位。1935年正式应用于临床，有效地控制了当时严重危害人类健康的肺炎、脑膜炎、败血症等疾病。磺胺类药物在抗生素药物出现后其重要性虽有所降低，但因其具有较广的抗菌谱，而且疗效确切、使用简便、价格便宜、可长期保存、口服吸收迅速等优点，特别是许多长效高效磺胺类药及增效剂等的出现，为磺胺类药物的临床应用开辟了新的广阔前景。目前位置仍是仅次于抗生素类药物。常见的磺胺类药物有磺胺嘧啶、磺胺甲噁唑、磺胺异噁唑和甲氧苄啶等。

二、酰胺的化学性质

(一) 中性

酰胺分子中存在 p-π 共轭体系，p 电子云向 π 键转移，氮原子上电子云密度降低，接受质子或给出电子的能力减弱，使酰胺化合物近似于中性，不能使石蕊变色。

(二) 水解反应

酰胺在酸、碱或酶的作用下可发生水解反应，在酸性条件下水解生成羧酸和铵盐；在碱性条件下水解生成羧酸盐和氨（或胺），加热可加快水解反应速率。

$$R-\overset{O}{\overset{\|}{C}}-NH_2+H_2O \xrightarrow[\triangle]{H^+} R-\overset{O}{\overset{\|}{C}}-OH+NH_4^+$$

$$R-\overset{O}{\overset{\|}{C}}-NH_2+H_2O \xrightarrow[\triangle]{NaOH} R-\overset{O}{\overset{\|}{C}}-ONa+NH_3\uparrow$$

(三) 异羟肟酸铁反应

酰胺与羟胺在碱性条件下反应，先生成异羟肟酸，异羟肟酸在酸性条件下再与三氯化铁反应生成紫红色或红色的异羟肟酸铁，此反应称为异羟肟酸铁反应，是鉴别酰胺类化合物最常用的一种方法。反应方程式如下：

$$\underset{\text{羟胺}}{R-\overset{\overset{\displaystyle O}{\|}}{C}-NH_2+H_2N-OH} \xrightarrow{\triangle} \underset{\text{异羟肟酸}}{R-\overset{\overset{\displaystyle O}{\|}}{C}-NHOH+NH_3}$$

$$3R-\overset{\overset{\displaystyle O}{\|}}{C}-NHOH+FeCl_3 \xrightarrow{\triangle} \underset{\text{异羟肟酸铁（紫红色或红色）}}{(R-\overset{\overset{\displaystyle O}{\|}}{C}-NHO)_3Fe+3HCl}$$

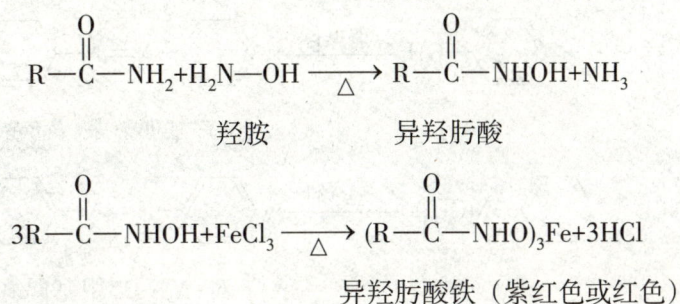

三、重氮盐的性质

纯净的重氮盐是白色固体，溶于水，不溶于有机溶剂。干燥的重氮盐很不稳定，在空气中颜色迅速变深，受热或震动会引起爆炸，但重氮盐的水溶液在低温下较稳定，适宜在反应液中不经分离而尽快使用。重氮盐的化学性质很活泼，可发生许多反应，主要的反应是放氮反应和不放氮反应。

（一）放氮反应

重氮盐分子中的重氮基在不同条件下可被卤素、氰基、羟基、氢原子等取代，同时放出氮气，称为放氮反应。该反应可以把一些本来难以引入芳环的基团很容易地连接到芳环上，合成了许多有用的有机化合物。例如：

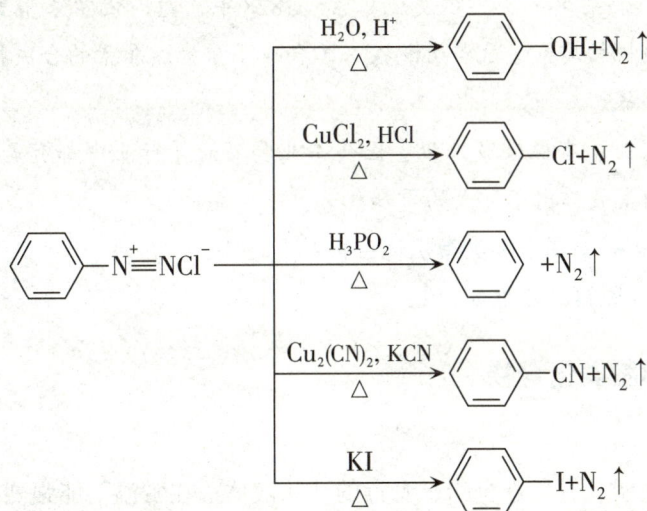

（二）不放氮反应

重氮盐在低温下与酚或芳胺作用，生成有颜色的偶氮化合物，该反应没有氮气放出，称为不放氮反应，又称为偶合反应，偶合反应是制造偶氮染料的重要反应。偶合的位置一般发生在羟基或氨基的对位上。偶合的条件有所不同，如果是和酚类偶合，在弱碱性介质中进行较适宜；如果是和芳胺偶合，则在中性或弱酸性介质中进行较适宜。例如：

$$\text{（苯环）}-\overset{+}{N}\equiv NCl^- + \text{（苯环）}-OH \xrightarrow{\text{弱碱性}} \text{（苯环）}-N=N-\text{（苯环）}-OH+HCl$$

对-羟基偶氮苯（橘黄色）

$$\text{（苯环）}-\overset{+}{N}\equiv NCl^- + \text{（苯环）}-N(CH_3)_2 \xrightarrow{\text{弱酸性}} \text{（苯环）}-N=N-\text{（苯环）}-N(CH_3)_2+HCl$$

对-N,N-二甲基偶氮苯（黄色）

第三节 重要的胺、酰胺和偶氮化合物

扫一扫，看课件

【学习目标】

1. 熟悉尿素的结构和性质。
2. 了解常见胺、酰胺和偶氮化合物在医药上的用途。

案例导入

1773年，伊莱尔·罗埃尔发现尿素。1828年，德国化学家弗里德里希·维勒首次使用无机物质氰酸氨与硫酸铵人工合成了尿素。尿素的合成揭开了人工合成有机物的序幕。

尿素在农业、有机合成工业、医药工业和石油等行业中都有着广泛的应用，对国民经济的发展作出了巨大的贡献。

问题：1. 尿素属于哪类有机化合物？
2. 尿素稳定性如何？

一、重要的胺类化合物

（一）苯胺

苯胺为无色透明、有特殊臭味、有毒的油状液体；在常温下能强烈挥发；微溶于水，易溶于有机溶剂。能透过皮肤或吸入苯胺蒸汽而使人慢慢中毒，而且多是中毒一段时间后才有所察觉，给治疗带来一定的难度。苯胺是一种用途广泛的工业原料，可用于染料、医药、橡胶、塑料、香料等行业，使用和运输时一定要注意安全。苯胺可由硝基苯还原制得。

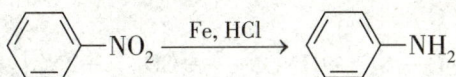

$$\text{《}\text{NO}_2 \xrightarrow{\text{Fe, HCl}} \text{《}\text{NH}_2$$

（二）萘胺

萘胺有 α-萘胺（ ）和 β-萘胺（ ）两种同分异构体，

熔点分别是50℃和120℃，是染料工业的原料。

β-萘胺是致癌物质，它的致癌性是由于进入体内生成的代谢产物2-氨基-1-萘酚能引发肉瘤、膀胱癌和肝癌。α-萘胺的致癌性比β-萘胺弱，两者的潜伏期为16~28年。

二、重要的酰胺化合物——尿素

尿素简称脲，又称碳酰二胺，是碳酸的二酰胺。尿素是蛋白质在人或哺乳动物体内分解代谢的最终产物，成人每天从尿中排泄25～30g尿素。尿素为白色结晶，熔点132℃，易溶于水和乙醇，难溶于乙醚。尿素具有酰胺的一般性质，但因分子中两个氨基同时连在同一羰基碳上而具有特殊的性质。

1. 弱碱性　酰胺为近中性化合物，尿素虽属酰胺类化合物，因其分子中由于含有两个氨基，所以尿素具有弱碱性，其水溶液不能使石蕊试纸变色，能与强酸作用生成盐。例如在尿素的水溶液中加入浓硝酸，则析出硝酸脲的白色沉淀。利用此性质可从尿液中分离尿素。

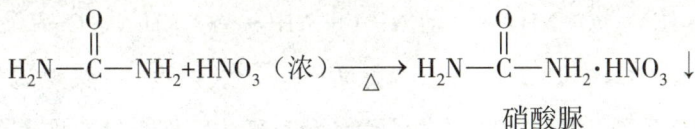

$$H_2N\!-\!\overset{\overset{\textstyle O}{\|}}{C}\!-\!NH_2 + HNO_3（浓）\xrightarrow{\triangle} H_2N\!-\!\overset{\overset{\textstyle O}{\|}}{C}\!-\!NH_2 \cdot HNO_3 \downarrow$$
硝酸脲

2. 水解反应　尿素在酸、碱催化剂或尿素酶的存在下均可发生水解反应，在酸、碱催化剂作用下，反应方程式分别为：

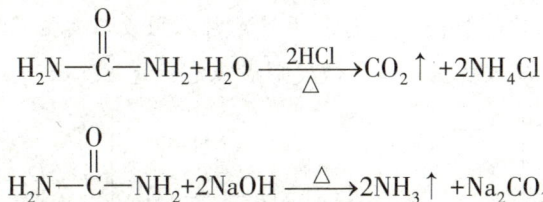

$$H_2N\!-\!\overset{\overset{\textstyle O}{\|}}{C}\!-\!NH_2 + H_2O \xrightarrow[\triangle]{2HCl} CO_2\uparrow + 2NH_4Cl$$

$$H_2N\!-\!\overset{\overset{\textstyle O}{\|}}{C}\!-\!NH_2 + 2NaOH \xrightarrow{\triangle} 2NH_3\uparrow + Na_2CO_3$$

3. 与亚硝酸反应　尿素分子中含有两个氨基，与伯胺一样可与亚硝酸反应，放出氮气，并生成碳酸。通过测定放出氮气的体积来定量地测定尿素的含量，这是测定尿素含量常用的方法之一。利用这个反应还可以破坏和除去亚硝酸。

$$H_2N-\overset{\overset{\displaystyle O}{\|}}{C}-NH_2+2HNO_2 \longrightarrow CO_2\uparrow + 2N_2\uparrow +2H_2O$$

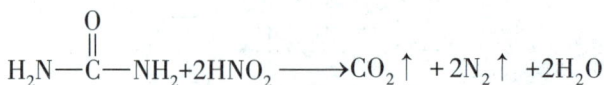

4. 缩二脲反应 将尿素加热至150～160℃，两分子尿素失去一分子氨气，缩合生成缩二脲，其反应式如下：

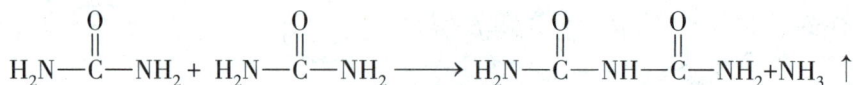

$$H_2N-\overset{\overset{\displaystyle O}{\|}}{C}-NH_2 + H_2N-\overset{\overset{\displaystyle O}{\|}}{C}-NH_2 \longrightarrow H_2N-\overset{\overset{\displaystyle O}{\|}}{C}-NH-\overset{\overset{\displaystyle O}{\|}}{C}-NH_2+NH_3\uparrow$$

缩二脲为无色结晶，熔点190℃，难溶于水，易溶于碱溶液。在缩二脲的碱性溶液中加入少量硫酸铜溶液，即呈紫色或紫红色，这个颜色反应称为缩二脲反应。不仅缩二脲能发生此反应，凡分子中含有两个或两个以上肽键（ $-\overset{\overset{\displaystyle O}{\|}}{C}-\overset{\overset{\displaystyle H}{|}}{N}-$ ）结构的化合物（如多肽和蛋白质）都能发生缩二脲反应。

知 识 链 接

胍

胍可以看成脲分子中的氧原子被亚氨基取代后生成的化合物，又称为亚氨基脲。胍分子中去掉氨基上的一个氢原子后剩下的基团称为胍基；去掉一个氨基后剩下的基团称为脒基。

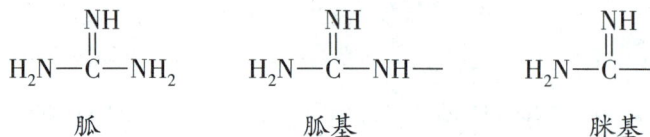

$$\underset{\text{胍}}{H_2N-\overset{\overset{\displaystyle NH}{\|}}{C}-NH_2} \qquad \underset{\text{胍基}}{H_2N-\overset{\overset{\displaystyle NH}{\|}}{C}-NH-} \qquad \underset{\text{脒基}}{H_2N-\overset{\overset{\displaystyle NH}{\|}}{C}-}$$

胍为无色结晶，熔点50℃，易溶于水和乙醇。胍极易接受质子，是有机强碱，其碱性（ $pK_b=0.52$ ）与氢氧化钠相当，能与酸作用生成稳定的盐，因此，含有胍基或脒基的胍类药物通常制成盐类贮存和使用。比如用于治疗高血压的硫酸胍乙啶（常在其他降压药治疗疗效不满意时采用或与其他药物合用），胍乙啶中存在一个胍基，碱性较强，能与硫酸形成稳定的盐，其结构式如下：

$$\left[\underset{}{\bigcirc}N-CH_2CH_2NH-\overset{\overset{\displaystyle NH}{\|}}{C}-NH_2 \right]_2 \cdot H_2SO_4$$

硫酸胍乙啶

三、重要的偶氮化合物——甲基橙

甲基橙为橙红色固体，是由对氨基苯磺酸经重氮化后与 N,N-二甲基苯胺偶合而成，显碱性，其结构式为：

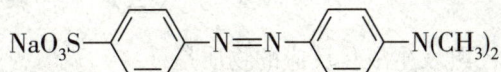

$$NaO_3S-\!\!\!\bigcirc\!\!\!-N=N-\!\!\!\bigcirc\!\!\!-N(CH_3)_2$$

甲基橙能随着溶液的pH值改变而灵敏地变色，故可用作酸碱指示剂。其pH值的变色范围为3.1（红）~4.4（黄）。变色反应为：

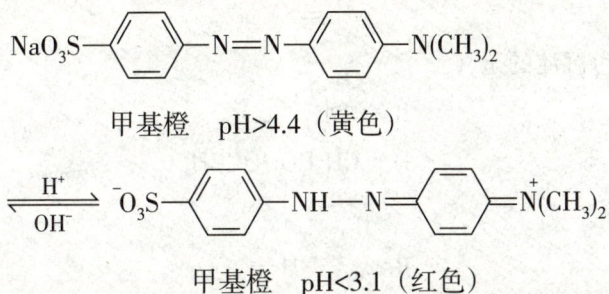

$$NaO_3S-\!\!\!\bigcirc\!\!\!-N=N-\!\!\!\bigcirc\!\!\!-N(CH_3)_2$$

甲基橙　pH>4.4（黄色）

$$\xrightleftharpoons[OH^-]{H^+} \ ^-O_3S-\!\!\!\bigcirc\!\!\!-NH-N=\!\!\!\bigcirc\!\!\!=N^+(CH_3)_2$$

甲基橙　pH<3.1（红色）

甲基橙之所以呈现颜色，是因为偶氮化合物中的偶氮基是重要的生色基团，能吸收一定波长的可见光而使其成为有色的固体偶氮染料。尽管偶氮染料染色的物品耐洗耐晒，经久而不褪色，但有些偶氮染料有致癌作用，如曾用于人造奶油着色的奶油黄能诱发肝癌；作为指示剂的甲基红可引起膀胱癌和乳腺肿瘤。有些偶氮化合物虽不致癌，但毒性与硝基化合物和芳香胺相近，为了保护人类健康，世界各国已经先后强制性规定，禁止在消费品中使用含偶氮化合物的着色剂。

复习思考

一、选择题

1. 与溴水不反应的物质是（　　）

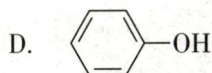

 A.　HC≡CH   B.　$\bigcirc\!\!\!-NH_2$

 C.　$CH_3CH_2OCH_2CH_3$ D.　$\bigcirc\!\!\!-OH$

2. 下列物质属于芳香伯胺的是（　　）

A. —NH_2

B. $(C_2H_5)_2NH$

C. $(C_2H_5)_3N$

D. —$NH—CH_3$

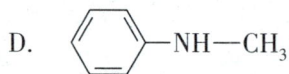

3. 不能与乙酰氯或乙酐发生酰化反应的物质是（　　　）

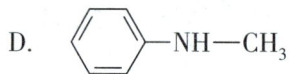

A. CH_3NH_2

B. $C_2H_5NHCH_3$

C. $(C_2H_5)_3N$

D. —$NH—CH_3$

4. 能与苯胺反应生成白色沉淀的是（　　　）

A. 硝酸

B. 溴水

C. CH_3COCl

D. $CH_3COOOCCH_3$

5. 官能团是氨基的是（　　　）

A. —NH_2

B. —NH—

C. —N—

D. —$N \equiv N$

6. 在空气中容易发生氧化反应的物质是（　　　）

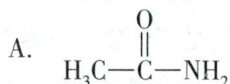

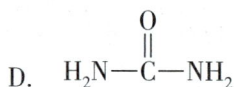

A. $H_3C—\overset{\overset{\textstyle O}{\|}}{C}—NH_2$

B. —NH_2

C. CH_3NH_2

D. $H_2N—\overset{\overset{\textstyle O}{\|}}{C}—NH_2$

7. 在一定条件下不能发生水解反应的物质是（　　　）

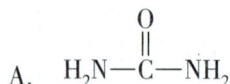

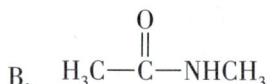

A. $H_2N—\overset{\overset{\textstyle O}{\|}}{C}—NH_2$

B. $H_3C—\overset{\overset{\textstyle O}{\|}}{C}—NHCH_3$

C. $CH_3COOCH_2CH_3$

D. —NH_2

8. 对于苯胺的叙述不正确的是（　　　）

A. 有剧毒

B. 可发生取代反应

C. 与氢氧化钠成盐

D. 可发生氧化反应

9. 可以鉴别伯胺、仲胺、叔胺的物质是（　　　）

A. $FeCl_3$

B. 苯磺酰氯

C. 卢卡斯试剂

D. 盐酸

10. 下列不属于芳香第一胺性质的是（　　　）

    A. 水解反应   B. 氧化反应

    C. 重氮化–偶合反应   D. 与醛或酮的缩合反应

11. 下列胺中，碱性最强的是（　　　）

    A. $(C_2H_5)_2NH$ B. $(C_6H_5)_3N$

    C. $(C_6H_5)_2NH$ D. $(C_2H_5)_3N$

12. 重氮盐与酚发生偶合反应，需要提供的介质是（　　　）

    A. 强酸性   B. 弱碱性

    C. 中性   D. 弱酸性

13. 既显碱性又能发生酰化反应的是（　　　）

    A. $C_2H_5NHCH_3$ B. $H_3C-\overset{\overset{\displaystyle O}{\|}}{C}-NH_2$

    C. $(C_2H_5)_3N$ D. $(CH_3)_2NCH_2CH_3$

14. 不能与盐酸发生成盐反应的是（　　　）

    A. $H_2N-\overset{\overset{\displaystyle NH}{\|}}{C}-NH_2$ B. 乙酸乙酯

    C. 乙胺   D. $H_2N-\overset{\overset{\displaystyle O}{\|}}{C}-NH_2$

15. 尿素在$NaOH$溶液中水解可得到（　　　）

    A. NH_3 B. NH_4Cl

    C. CO_2 D. $NaHCO_3$

16. 下列物质中属于重氮化合物的是（　　　）

    A.

    B.

    C.

    D. $H_3C-N=N-CH_3$

17. 下列物质中近似显中性的是（　　　）

A. $H_2N-\overset{\overset{\displaystyle O}{\|}}{C}-NH_2$

B. $H_2N-\overset{\overset{\displaystyle NH}{\|}}{C}-NH_2$

C. ⬡—NH_2

D. ⬡—$\overset{\overset{\displaystyle O}{\|}}{C}-NH_2$

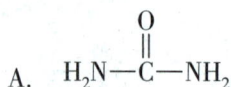

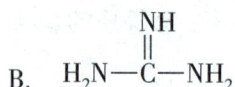

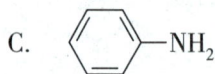

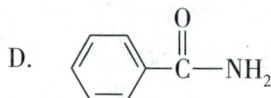

18. 通式 $RCONH_2$ 的有机化合物属于（　　）类

    A. 重氮化合物

    B. 胺

    C. 酰胺

    D. 偶氮化合物

二、填空题

1. 酰胺分子中虽有氨基，但在水溶液中不显_____，而近于_____。

2. 凡分子中含有_____结构的物质均可发生缩二脲反应。缩二脲反应的鉴别试剂是在碱性溶液中加入少量_____，反应呈现的颜色为_____。

3. 鉴别芳香第一胺的化学反应主要有_____、_____、_____。苯胺水溶液与溴水反应，可溴化生成_____；苯胺在低温条件下与_____试剂和_____试剂进行重氮化反应，生成的重氮盐再与_____偶合，生成_____色的偶氮化合物；芳香第一胺与醛或酮发生缩合反应，生成_____颜色的席夫碱。

4. 伯胺和仲胺都能与乙酰氯或乙酸酐作用生成_____，由于叔胺的氮原子上没有氢原子，不能发生_____反应。

5. 在有机合成中，为了防止芳香第一胺被氧化，常利用_____将氨基保护起来。

6. 指出下列胺各属于伯、仲、叔胺的哪一种?

$CH_3CH_2NHCH_2CH_3$ _____，　$(CH_3)_3N$ _____，

$C_2H_5NH_2$ _____，　　⬡—$NH-CH_3$ _____。

三、完成方程式

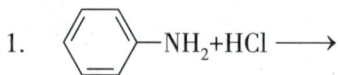

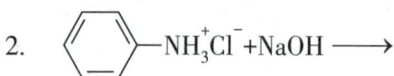

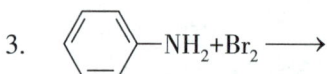

1. ⬡—$NH_2+HCl\longrightarrow$

2. ⬡—$NH_3^+Cl^- +NaOH\longrightarrow$

3. ⬡—$NH_2+Br_2\longrightarrow$

4. 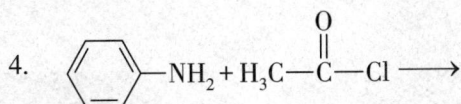 NH$_2$ + H$_3$C—C(=O)—Cl $\longrightarrow$

5. 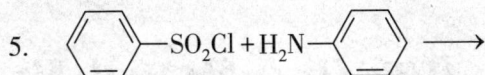 SO$_2$Cl + H$_2$N— 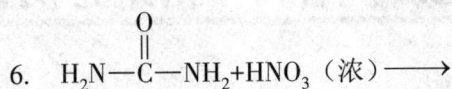 $\longrightarrow$

6. H$_2$N—C(=O)—NH$_2$ + HNO$_3$（浓）$\longrightarrow$

7. HO— 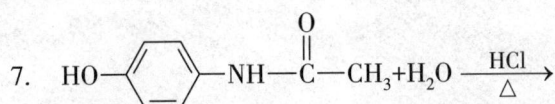 —NH—C(=O)—CH$_3$ + H$_2$O $\xrightarrow[\triangle]{HCl}$

四、鉴别题

现有三个未贴标签的试剂瓶，里面分别装有乙胺、二乙胺和三乙胺，请用苯磺酰氯鉴别这三种胺。

五、简答题

1. 医药上常利用原料药——对氨基酚制成解热镇痛药对乙酰氨基酚，请你解释利用胺的哪个性质？反应方程式？

2. 解热镇痛药对乙酰氨基酚的结构如下，请你试着说出它都有哪些化学性质？稳定性如何？如何鉴别（加鉴别试剂并说出现象即可)?

HO— 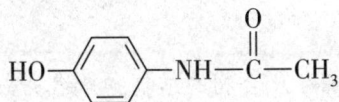 —NH—C(=O)—CH$_3$

第七章

杂环化合物和生物碱

杂环化合物种类繁多、数量庞大。据统计，在已发现的成千上万种有机化合物中，杂环化合物约占总数的65%以上。杂环化合物广泛存在于自然界中，多数在动植物体内起着重要的生理作用，例如血红素、叶绿素和羟基喜树碱（抗肿瘤药）、黄连素（抗菌药）等许多药物都是杂环化合物。生物碱多是天然药物的有效成分，通常具有显著的生理活性，绝大多数是含氮的杂环化合物。

第一节　杂环化合物

【学习目标】

1. 掌握常见五元和六元杂环化合物的结构和命名。
2. 熟悉简单杂环化合物的性质。
3. 了解一些常见杂环化合物在医药上的应用。

案例导入

头孢菌素C是由Newton和Abraham于1953年继青霉素之后，在自然界中发现的第二种类型的β-内酰胺类抗生素。头孢菌素C抗菌活性低，受半合成青霉素启示，通过结构改造获得了很多更有效的半合成头孢菌素，如头孢噻吩和头孢噻啶，因此头孢菌素C是目前各种半合成头孢菌素的起始原料之一。头孢菌素C、头孢噻吩、头孢噻啶的结构式如下：

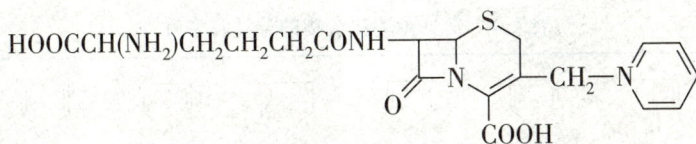

头孢菌素C

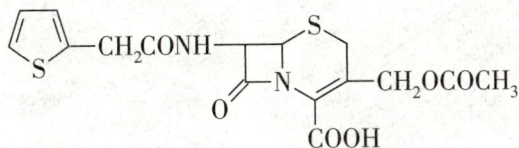

头孢噻吩（先锋霉素Ⅰ）

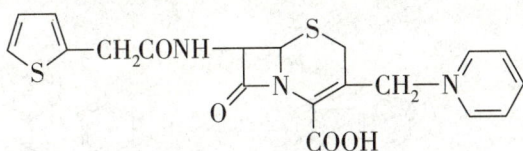

头孢噻啶（先锋霉素Ⅱ）

问题： 1. 合成头孢噻吩和头孢噻啶，是向头孢菌素C分子中引入了哪种结构？该结构属于哪种化合物？

2. 引入该结构的目的是什么？

一、分类和命名

环状有机化合物中，构成环的原子除碳原子外，还含有其他非碳原子的化合物称为杂环化合物。环中的非碳原子称为杂原子，常见的杂原子有O、S、N等，其中以N居多。例如：

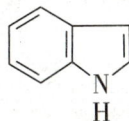

吡咯　　　　　　呋喃　　　　　　噻吩　　　　　　吲哚

上述杂环化合物与苯环一样，都含有p-π共轭体系，环系比较稳定，通常称为芳香杂环化合物。

根据环的数目，杂环化合物可分为单杂环和稠杂环两大类。单杂环根据环的大小又可分为五元杂环和六元杂环；稠杂环可分为苯稠杂环（苯环与单杂环稠合）和稠杂环（2个单杂环稠合）。

杂环化合物的命名一般有音译法和系统命名法，现广泛应用的是音译法，即根据IUPAC推荐的通用名，将英文名称译成同音汉字，并加上"口"字旁。

常见杂环化合物的分类和名称见表7-1。

117

表7-1 常见杂环化合物的分类和名称

单杂环	五元杂环						
	呋喃	吡咯	噻吩	吡唑	咪唑	噻唑	噁唑
	六元杂环						
	吡啶	吡喃	嘧啶	吡嗪	哒嗪		
稠杂环	吲哚		喹啉		异喹啉		
	嘌呤		吩噻嗪				

二、性质

（一）酸碱性

含氮化合物的碱性强弱主要取决于氮原子上的孤对电子与 H^+ 的结合能力。

吡咯分子中，p-π 共轭效应较强，使氮原子上的孤对电子向环上的 π 键方向转移，导致氮原子上的电子云密度显著降低，N—H 键极性增加，易解离出 H^+，使吡咯呈现弱酸性，可以和干燥的氢氧化钾固体共热生成盐。

吡啶分子中，p-π 共轭效应较弱，氮原子上的孤对电子不发生转移，电子云密度较大，易与 H^+ 结合，使吡啶显碱性，能与酸反应生成盐。吡啶的碱性比苯胺强，但比脂肪胺和氨弱得多。

（二）稳定性

吡咯对氧化剂非常敏感，在空气中就能被氧化，颜色迅速加深，环被破坏。吡啶对酸、碱和氧化剂都相当稳定，当环上有烃基时，氧化剂只能氧化烃基。例如，吡啶的烃基衍生物在强氧化剂作用下只发生侧链氧化，生成吡啶甲酸。

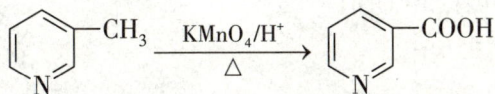

$$\text{（3-甲基吡啶）} \xrightarrow[\triangle]{KMnO_4/H^+} \text{（吡啶-3-甲酸）}$$

（三）显色反应

呋喃、噻吩、吡咯遇到酸浸润过的松木片，能够显示出不同的颜色，称为松木片反应。其中呋喃显深绿色，吡咯显鲜红色，噻吩显蓝色。

三、重要的杂环化合物

（一）噻吩及其衍生物

噻吩是一种无色、有恶臭、能催泪的液体，主要存在于煤焦油分馏出的粗苯中。在浓硫酸存在下，噻吩与靛红一起加热显蓝色，可以用于检验噻吩的存在。

噻吩衍生物中很多是重要的药物。头孢噻吩和头孢噻啶的分子中都含有噻吩环，属于半合成头孢菌素类抗生素，引入的噻吩环增强了药物的抗菌能力，抗菌效果都优于天然头孢菌素 C。

（二）吡啶及其衍生物

吡啶是无色液体，有特殊的臭味，可与水、乙醇等以任意比例混溶，本身也是良好的溶剂。

吡啶的衍生物在自然界和药物中分布广泛，如维生素 PP、维持蛋白质正常代谢的必需维生素——维生素 B_6、抗结核药异烟肼（雷米封）等。

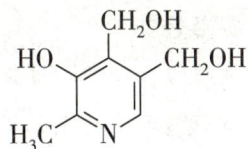

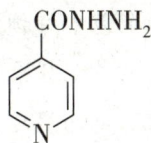

维生素 B_6　　　　　异烟肼（雷米封）

维生素 PP 存在于肉类、乳汁、花生等食物中。维生素 PP 能促进新陈代谢，降低血液中胆固醇的含量，常用于治疗癞皮病、口腔疾病及血管硬化等症。

（三）吲哚及其衍生物

纯净的吲哚是无色片状晶体，有弱酸性，松木片反应呈红色，在空气中易被氧化变色。吲哚稀溶液有香味，可用于制造茉莉型香精。蛋白质腐败时产生吲哚和 β-甲基吲哚，是粪便中臭气的主要成分。

吲哚的衍生物具有重要的生理功能，有的是临床广泛应用的药物。例如，色氨酸是人体必需的氨基酸之一；β-吲哚乙酸是天然植物激素，低浓度时能刺激植物生长；抗炎药吲哚美辛（消炎痛）和抗高血压药利血平等，都含有吲哚母体。

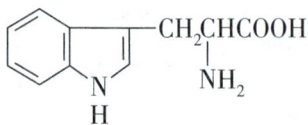

色氨酸

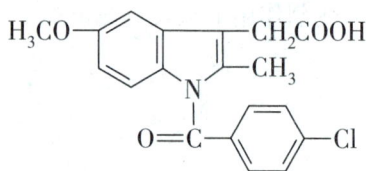

吲哚美辛（消炎痛）

知 识 链 接

抗精神失常药——吩噻嗪类药物

精神分裂症的病因是由于脑内多巴胺神经系统功能亢进，使脑部多巴胺过量，或者是由于多巴胺受体超敏所致。而吩噻嗪类药物能够阻断多巴胺受体，在保持意识清醒的情况下控制幻觉及妄想等症状，主要用于治疗Ⅰ型精神分裂症，属于抗精神失常药。

吩噻嗪类药物的基本结构式如下，以硫氮杂蒽作为母核，将R和R′用不同的基团取代，得到一系列抗精神失常的药物，临床上常用本类药物的盐酸盐。

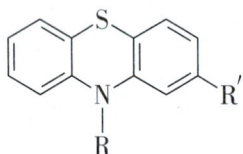

吩噻嗪类药物的基本结构式

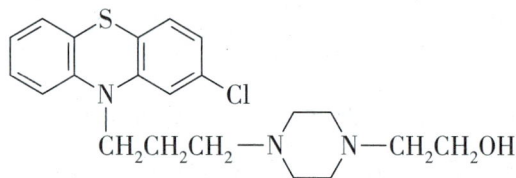

奋乃静

硫氮杂蒽母核中的S原子具有还原性，易被硫酸、硝酸、过氧化氢、三氯化铁等氧化剂氧化，从而显现不同的颜色。随着取代基和氧化剂的不同，产物呈现不同颜色，国内外药典中利用这个性质对吩噻嗪类药物及制剂进行鉴别。本类药物见光易氧化变色，会加速药物氧化变质，故应避光保存。常用的吩噻嗪类药物有盐酸异丙嗪、盐酸氯丙嗪、奋乃静等。

第二节　生物碱

【学习目标】

1. 掌握生物碱的概念和性质。

2. 了解一些常见的生物碱在医药上的应用。

案例导入

有机磷中毒是体内的乙酰胆碱过度积聚导致。阿托品可对抗蓄积过多的乙酰胆碱，缓解临床症状，是治疗有机磷中毒的特效解毒剂。临床使用阿托品时，根据轻、中、重三种病情，采用皮下、肌内注射或静脉滴注的方式，选用不同的剂量，按规定的间隔时间持续给药。待症状明显缓解时，可酌情减少药量或延长用药间隔时间。

问题：1. 阿托品是哪类有机物？
　　　2. 临床上为什么使用阿托品的硫酸盐（硫酸阿托品）？

目前我国在生物碱的提取、合成方面取得了巨大成就，通过结构改造，开发出疗效更好、结构简单并且可以大量生产的新型药物。例如，从对吗啡和可卡因结构与疗效研究的基础上分别开发合成了镇痛药——杜冷丁，局部麻醉药——普鲁卡因和利多卡因等。对生物碱的研究，加快了天然药物现代化的步伐，同时也促进了有机合成药物的发展。

一、概述

生物碱又称植物碱，是一类存在于生物体内具有碱性和明显生理活性的多为氮杂环的有机化合物。生物碱多以盐的形式存在，少数碱性极弱的生物碱以游离态、酯、苷的形式存在。大多数生物碱有毒，适量能治疗疾病，量过大时则引起中毒甚至死亡，使用时必须注意剂量。

生物碱的命名主要根据其来源，也有少数采用英文译音来命名，如尼古丁（nicotine）。

生物碱主要按母核结构类型进行分类，如吡啶类生物碱、吲哚类生物碱、莨菪烷类生物碱、异喹啉类生物碱等。

二、性质

（一）性状

生物碱大多为无色和白色固体，有苦味，只有少数例外，如小檗红碱为红色，烟碱为液体，甜菜碱有甜味等。大多数生物碱具有旋光性，一般来说，左旋体具有显著的生理活性。游离的生物碱一般不溶或难溶于水，能溶于有机溶剂，如氯仿、乙醚、苯等。

（二）碱性

大多数生物碱有碱性，能与酸反应生成生物碱盐。生物碱盐遇到强碱时又重新生成生物碱，利用此性质可提取和精制生物碱。

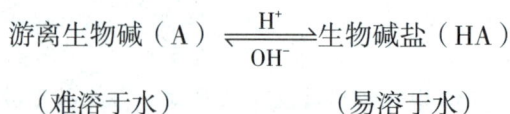

$$游离生物碱（A）\underset{OH^-}{\overset{H^+}{\rightleftharpoons}}生物碱盐（HA）$$

（难溶于水）　　　　　（易溶于水）

由于游离的生物碱难溶于水，故临床上通常将生物碱药物制成溶于水的盐类，如盐酸麻黄碱、硫酸阿托品等。

（三）沉淀反应

在酸性水溶液中，大多数生物碱能与一些特殊试剂生成具有特征颜色的沉淀，发生沉淀反应，这些试剂被称为生物碱沉淀试剂。生物碱沉淀试剂通常包括重金属盐类、分子量较大的复盐以及特殊的无机酸或有机酸溶液。常见的生物碱沉淀试剂及沉淀反应现象见表7-2。

表7-2　常见的生物碱沉淀试剂及沉淀反应现象

生物碱沉淀试剂	沉淀颜色	生物碱沉淀试剂	沉淀颜色
碘化铋钾试剂	红棕色	硅钨酸试剂	淡黄或灰白色
碘化汞钾试剂	白色或黄白色	苦味酸试剂	黄色
碘-碘化钾试剂	棕褐色	硫氰酸铬铵试剂	紫红色

根据生成沉淀的颜色可初步判断生物碱的存在。

（四）显色反应

生物碱与某些试剂反应显现不同的颜色，这些试剂称为生物碱显色剂，常用的生物碱显色剂及显色反应现象见表7-3。

表7-3　常见的生物碱显色剂及显色反应现象

生物碱显色剂	生物碱及反应现象
钒酸铵-浓硫酸溶液	阿托品显红色；奎宁显淡橙色；可待因显蓝色；士的宁显蓝紫色到红色；吗啡显棕色
钼酸铵或钼酸钠-浓硫酸溶液	乌头碱显黄棕色；小檗碱显棕绿色；可待因显暗绿色至淡黄色
甲醛-浓硫酸溶液	可待因显蓝色；吗啡显紫红色
浓硫酸溶液	小檗碱显绿色；乌头碱显紫色
浓硝酸溶液	秋水仙碱显蓝色；小檗碱显棕红色

显色剂纯度越高，显色越明显。显色反应能够用于某些生物碱的初步鉴别。

三、几种重要的生物碱

（一）烟碱

烟碱又名尼古丁，存在于烟草中，是吡啶类生物碱。烟碱为无色油状液体，置于空气中逐渐变棕色，易溶于水、乙醇、氯仿等。

烟碱毒性很强，少量能兴奋中枢神经系统，血压升高，呼吸增强；大量则抑制中枢神经系统，出现恶心、呕吐、头痛等症状，使心脏停搏以致死亡。

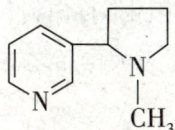

烟碱

香烟中除了含有烟碱等有毒物质，吸烟时的烟雾中，还产生了新的有毒物质，可引起支气管炎、肺炎甚至肺癌等疾病，所以吸烟有害健康。

（二）小檗碱

小檗碱又名黄连素，主要存在于黄连、黄柏和三棵针等植物中，也可人工合成。小檗碱属于季铵型生物碱，在生物碱中显强碱性。小檗碱为黄色晶体，味极苦，能溶于热水和热乙醇，难溶于苯、乙醚和氯仿。小檗碱具有抗菌、消炎作用，临床上使用的是其盐酸盐，例如，用盐酸小檗碱治疗细菌性痢疾和肠胃炎等疾病。

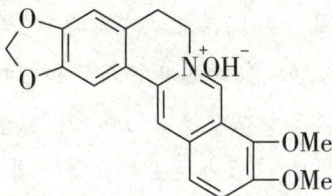

（三）麻黄碱

麻黄碱又称麻黄素，存在于中药麻黄中。麻黄碱为无色晶体，味苦，易溶于水、乙醇和氯仿中。

麻黄碱为拟肾上腺素药，有兴奋交感神经、升高血压、扩张支气管等作用。临床上用麻黄碱的盐酸盐，治疗止咳、过敏反应、低血压症和防治支气管哮喘等。

运动员服用麻黄碱后可明显提高兴奋程度，处于不知疲倦的状态，从而超水平发挥，是国际奥委会严格禁止的兴奋剂之一。

（四）吗啡、可待因、海洛因

吗啡主要存在于罂粟科植物鸦片中，它是鸦片中含量最多的一种生物碱。吗啡是白色针状结晶，味苦，有毒，微溶于水，遇光易变质。吗啡是强效镇痛药，对中枢神经有极强的麻痹作用，是医药上的局部麻醉剂，也用于癌症患者的晚期止痛。本品连续使用1周以上可成瘾，需慎用。

可待因是吗啡的甲基衍生物。可待因的镇痛作用比吗啡弱，成瘾性较吗啡差，但也不能滥用，临床用于治疗严重干咳。

海洛因是吗啡的乙酰化产物。海洛因俗称白粉，是白色晶体，有苦味，其毒性相当于吗啡的2~3倍，吸食后极易上瘾，位于三大毒品之首，被称为世界毒品之王。

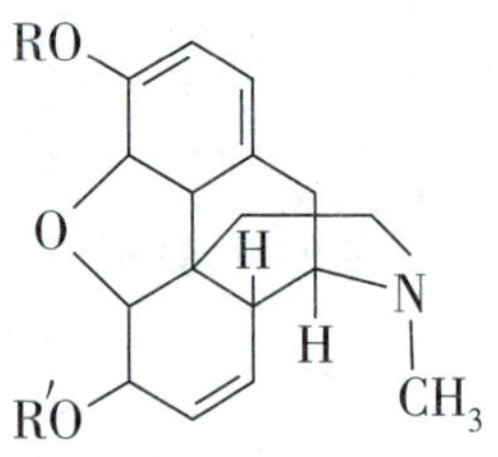

	R	R′
吗啡	—H	—H
可待因	—CH$_3$	—H
海洛因	$-\overset{O}{\underset{}{C}}-CH_3$	$-\overset{O}{\underset{}{C}}-CH_3$

知 识 链 接

远离毒品，关爱未来

毒品是指鸦片、海洛因、去氧麻黄碱（冰毒）、吗啡、大麻、可卡因以及国家规定管制的其他能够使人形成瘾癖的麻醉药品和精神药品。

吸食毒品会对人的身心产生难以挽回的伤害。吸食毒品后，吸毒者表现为不同程度的精神亢奋、幻视幻听、暴力攻击倾向等，甚至危害他人和自己的生命。人一旦吸毒成瘾后，不但难以摆脱对毒品的依赖，还会因为使用不洁注射器而被感染各种传染病，如艾滋病、肝炎等。吸毒者对于毒品毫无底线的获取，使得吸毒者成为毒品的奴隶，并为此失去工作、生活的兴趣与能力。

青少年正处于生理、心理发育期，好奇心强，自控力差，易受同伴影响，加之不法分子常用些引诱、胁迫等手段，使得青少年成为易受毒品侵害的人群。青少年要抑制自己的好奇，抵抗住毒品的诱惑，永远不要去碰触，才会拥有美好的未来。

复习思考

一、选择题

1. 下列化合物中，属于杂环化合物的是（　　）

A. 　　　　　　B.

C. 　　　　　　D.

2. 下列化合物中，属于稠杂环化合物的是（　　　）

    A. 嘌呤　　　　　　　　　　B. 吡咯

    C. 噻吩　　　　　　　　　　D. 吡喃

3. 下列化合物中，松木片反应显蓝色的是（　　　）

    A. 呋喃　　　　　　　　　　B. 吡咯

    C. 吡啶　　　　　　　　　　D. 噻吩

4. 异烟肼（ N—CONHNH$_2$ ）是高效、低毒的抗结核药，其结构中的杂环母体是（　　　）

    A. 呋喃　　　　　　　　　　B. 噻吩

    C. 吡啶　　　　　　　　　　D. 吡咯

5. 下列化合物碱性由强到弱的顺序是（　　　）

    A. 吡啶、苯胺、氨　　　　　B. 氨、苯胺、吡啶

    C. 苯胺、吡啶、氨　　　　　D. 氨、吡啶、苯胺

6. 关于生物碱的叙述不正确的是（　　　）

    A. 存在于生物体内，具有明显的生理活性

    B. 分子中一定含有氮杂环

    C. 一般有碱性，多能与酸作用生成生物碱盐

    D. 大多数生物碱能发生沉淀反应和显色反应

二、填空题

1. 杂环化合物是指构成环的原子除碳原子外，还含有＿＿＿＿＿＿＿＿的化合物。环中的非碳原子称为＿＿＿＿＿＿＿，常见的杂原子有＿＿＿＿、＿＿＿＿、＿＿＿＿等。

2. 生物碱沉淀试剂主要有＿＿＿＿＿＿、＿＿＿＿＿＿、＿＿＿＿＿＿、＿＿＿＿＿＿、＿＿＿＿＿＿和＿＿＿＿＿＿，生物碱显色试剂主要有＿＿＿＿＿、＿＿＿＿＿、＿＿＿＿＿、＿＿＿＿＿和＿＿＿＿＿。

3. 生物碱又称＿＿＿＿＿＿，是一类存在于生物体内，具有＿＿＿＿＿＿和明显＿＿＿＿＿＿的多为＿＿＿＿＿＿的有机化合物。

4. 游离生物碱难溶于水，故临床上通常将生物碱药物制成_____，如盐酸小檗碱、硫酸阿托品等。

5. 检识生物碱可选用_____试剂，如碘化铋钾试剂；或_____试剂，如钒酸铵—浓硫酸溶液。

三、请说出下列物质中所含杂环化合物的名称

1.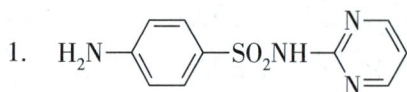

　　　磺胺嘧啶

2.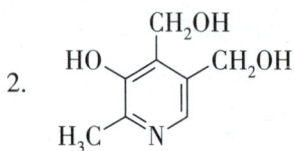

　　　维生素 B_6

3.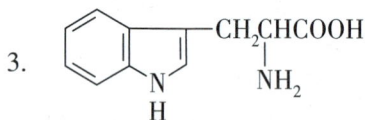

　　　色氨酸

4.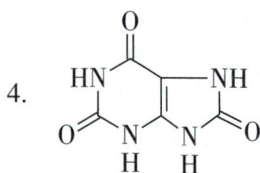

　　　尿酸

5.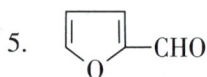

　　　糠醛

第八章

脂 类

扫一扫，看课件

酸和醇在一定条件下反应生成酯和水，酯类中由甘油和高级脂肪酸及其他物质所生成的化合物称为脂类。脂类包括油脂和类脂，油脂广泛存在于生物体内，具有重要的生理功能。类脂是构成人体组织细胞的重要成分，是组成细胞膜和原生质的成分，尤其是在神经组织细胞内含量丰富，对生长发育非常必要。

第一节 油 脂

【学习目标】

掌握油酯的分类、组成、结构及性质。

案例导入

地沟油，泛指在生活中存在的各类劣质油，是一种质量极差、极不卫生的非食用油，虽然其主要成分仍然是三酰甘油，但却比真正的食用油多了许多致病、致癌的毒性物质。所以，地沟油是严禁用于食用油领域的。

问题：三酰甘油的结构是怎样的？

一、组成与结构

油脂是油和脂肪的总称。通常把来源于植物，常温下呈液态的油脂称为油，如花生油、豆油、芝麻油等。把来源于动物体内，常温下呈固态的油脂称为脂肪，简称为脂，如猪脂、牛脂、羊脂等。

自然界的油脂分子是1分子甘油和3分子高级脂肪酸脱水形成的，称为甘油三酯或三酰甘油，俗称油脂。结构通式和示意图如下：

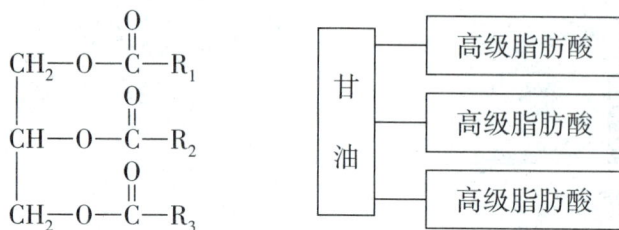

式中 R_1、R_2、R_3 代表饱和烃基或不饱和烃基，它们可以相同、也可以不相同，如果 R_1、R_2、R_3 相同，成为单三酰甘油；如果不同，称为混三酰甘油。自然界中存在的油脂大多为各种三酰甘油的混合物。

组成油脂的脂肪酸有饱和高级脂肪酸和不饱和高级脂肪酸，绝大多数是直链的含偶数碳原子（一般在 12～20 个 C 原子之间），尤以 16～18 个 C 原子的脂肪酸最为常见。含不饱和脂肪酸较多的油脂，常温下为液体，含不饱和脂肪酸较少的油脂，常温下为半固体或固体。

表8-1　常见油脂中所含的重要的高级脂肪酸

类别	名称	系统命名	结构简式
饱和脂肪酸	软脂酸	十六碳酸	$C_{15}H_{31}COOH$
	硬脂酸	十八碳酸	$C_{17}H_{35}COOH$
不饱和脂肪酸	油酸	9－十八碳烯酸	$C_{17}H_{33}COOH$
	亚油酸	9,12－十八碳二烯酸	$C_{17}H_{31}COOH$
	亚麻酸	9,12,15－十八碳三烯酸	$C_{17}H_{29}COOH$
	花生四烯酸	5,8,11,14－二十碳四烯酸	$C_{19}H_{31}COOH$

知 识 链 接

营养必需脂肪酸

油脂是人体的营养成分之一。多数脂肪酸可在人体内合成，只有亚油酸、α－亚麻酸等含双键较多的不饱和脂肪酸，在人体中不能合成，但又是必不可少的营养物质，必须从食物中摄取，故称为营养必需脂肪酸。富含亚油酸和亚麻酸的食物主要有大豆油、棉籽油、鱼油，以及芝麻油和坚果等。

另外，花生四烯酸，EPA（二十碳四烯酸）和 DHA（二十二碳六烯酸），它们虽然可以由亚油酸和 α－亚麻酸在人体内合成，但数量不能完全满足生命活动需求，也都是营养必需脂肪酸。

二、性质

纯净的油脂是无色、无味、无臭的。但一般油脂常因溶有维生素和色素而显不同的颜色和气味，而且没有固定的熔点和沸点。油脂密度一般在 $0.9\sim0.95\text{g/cm}^3$，难溶于水，易溶于汽油、乙醚、氯仿等有机溶剂。

（一）水解反应

在酸、碱或酶等催化剂的作用下，油脂均可发生水解反应。1分子油脂完全水解的产物是1分子甘油和3分子高级脂肪酸。

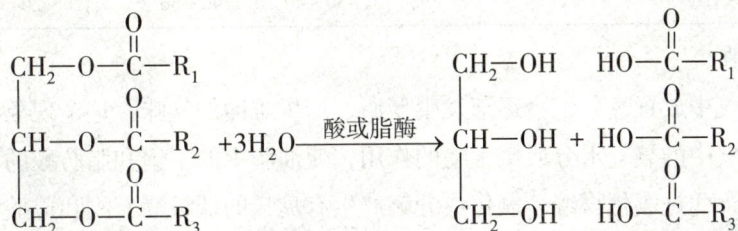

$$
\begin{array}{c}
CH_2-O-\overset{O}{\overset{\|}{C}}-R_1 \\
CH-O-\overset{O}{\overset{\|}{C}}-R_2 \\
CH_2-O-\overset{O}{\overset{\|}{C}}-R_3
\end{array}
+3H_2O
\xrightarrow{\text{酸或脂酶}}
\begin{array}{c}
CH_2-OH \\
CH-OH \\
CH_2-OH
\end{array}
+
\begin{array}{c}
HO-\overset{O}{\overset{\|}{C}}-R_1 \\
HO-\overset{O}{\overset{\|}{C}}-R_2 \\
HO-\overset{O}{\overset{\|}{C}}-R_3
\end{array}
$$

若在碱性溶液中水解，生成甘油和高级脂肪酸盐，高级脂肪酸盐被称为肥皂，所以油脂在碱性溶液中发生的水解反应又称为皂化反应。

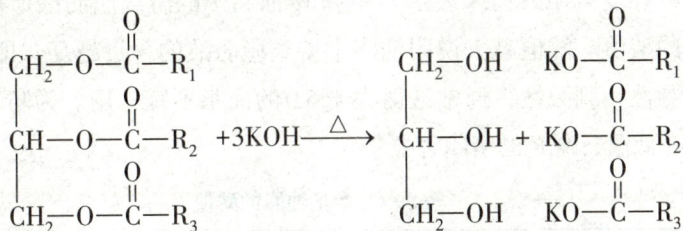

$$
\begin{array}{c}
CH_2-O-\overset{O}{\overset{\|}{C}}-R_1 \\
CH-O-\overset{O}{\overset{\|}{C}}-R_2 \\
CH_2-O-\overset{O}{\overset{\|}{C}}-R_3
\end{array}
+3KOH
\xrightarrow{\triangle}
\begin{array}{c}
CH_2-OH \\
CH-OH \\
CH_2-OH
\end{array}
+
\begin{array}{c}
KO-\overset{O}{\overset{\|}{C}}-R_1 \\
KO-\overset{O}{\overset{\|}{C}}-R_2 \\
KO-\overset{O}{\overset{\|}{C}}-R_3
\end{array}
$$

油脂在不完全水解时，生成脂肪酸、甘油二酯和甘油一酯。

油脂水解后生成的甘油、脂肪酸、甘油一酯和甘油二酯在体内均可被吸收利用。

知识链接

肥　皂

由高级脂肪酸钠盐组成的肥皂，称为钠肥皂，这是常用的普通肥皂。由高级脂肪酸钾盐组成的肥皂，称为钾肥皂，它就是医药上常用的软皂。由于软肥皂对人体皮肤、黏膜刺激性小，医药上常用作灌肠剂或乳化剂。

（二）加成反应

1. 加氢　组成液态油的高级脂肪酸分子中含有碳碳双键，通过催化加氢，可使液态油变成固态的脂肪，这一过程称为油脂的氢化，又称为油脂的硬化。氢化后得到的固态油脂称为硬化油。硬化油不易被空气氧化变质，便于贮存和运输，可作为制造肥皂的原料。

2. 加碘　油脂中不饱和脂肪酸的碳碳双键与碘的加成反应常用来测定油脂的不饱和程度。工业上把每100g油脂吸收碘的最大质量称为油脂的碘值。碘值越大，油脂的不饱和程度越高。碘值也是衡量食用油脂质量的一个标准。

表8-2　常见油脂中脂肪酸的碘值（g）

名称	大豆油	棉籽油	花生油	牛油	猪油	亚麻油	茶油
碘值	124～136	103～115	93～98	30～40	46～66	170～204	92～109

（三）酸败

油脂在空气中放置过久，会逐渐发生变质，产生难闻的气味，这个现象称为酸败。酸败的实质是空气中的氧、水分或微生物的作用，使油脂中的不饱和脂肪酸的双键部分被氧化成过氧化物，此过氧化物继续氧化或分解产生有臭味的低级醛、酮和羧酸等化合物。此外，光、热、潮气或霉菌都可以加速油脂的酸败，伴随着油脂的酸败，油脂的水解程度会加大，游离脂肪酸的含量会增加。

油脂的酸败程度可用酸值来表示。中和1g油脂中的游离脂肪酸所需氢氧化钾的毫克数，称为油脂的酸值。酸值越大说明油脂中游离脂肪酸的含量越高，即酸败程度较严重，酸败的油脂有毒性和刺激性，通常酸值大于6.0的油脂不宜食用。为防止油脂的酸败，必须将油脂保存在低温、避光的密闭容器中。

表8-3　常见油脂的酸值

名称	蓖麻油	棉籽油	猪油	亚麻油	茶油
酸值	0.12～0.8	0.6～0.9	1.56	1～3.5	2.4

（四）乳化

油脂难溶于水，又比水轻。若将水和油混合后用力振荡，油脂以小油滴分散于水中形成不稳定的乳浊液，放置后，小油滴互相碰撞聚集成大油滴，很快分成油和水两层。要得到比较稳定的乳浊液，必须加入适量的乳化剂，如洗涤剂、肥皂或胆汁酸盐等。乳化剂之所以能使乳浊液稳定，是因为乳化剂分子中含有亲水基和亲油基两部分。如肥皂中的亲油基是烃基—R，亲水基是—COONa。在溶液中，乳化剂的亲水基伸向水中，亲油基伸向油中，使油滴的表面形成一层乳化剂分子的保护膜，防止了小油滴相互碰撞而合并，从而形成比较稳定的乳浊液。这种利用乳化剂使油脂形成比较稳定的乳浊液的作用，称为油脂的乳化。

第二节　类　脂

案例导入

正常人血液中胆固醇的含量为 2.82～5.95mmol/L，当摄入过多或代谢异常时，胆固醇可从血液中沉淀出来，引起结石或动脉硬化。在胆汁液中，若有胆固醇沉积，则形成胆结石。

　　问题：1. 胆固醇属于哪一类物质？

　　　　　2. 胆固醇的结构式怎样的？

在生物体的组织中，除了含有油脂外，还含有许多性质类似于油脂的化合物通常称为类脂。重要的类脂有磷脂和固醇，它们在生物的生命活动中起重要的作用。

一、磷脂的组成和结构

磷脂是一类含有磷酸基团的类脂化合物。广泛分布于动植物组织中，是构成细胞膜的重要成分。磷脂主要存在于大脑、骨髓、神经组织及心、肝、肾等器官中，植物种子及胚芽中也有较高含量。机体中主要含有两大类磷脂，由甘油构成的磷脂称为甘油磷脂；由神经鞘氨醇构成的磷脂，称为鞘磷脂。

常见的磷脂属于甘油磷脂，其结构、性质与油脂相似，磷脂水解后的产物为甘油、脂肪酸、磷酸和含氮的有机碱共四种物质。其通式为：

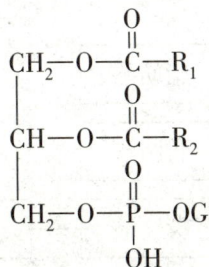

$$
\begin{array}{l}
CH_2-O-\overset{\displaystyle O}{\overset{\|}{C}}-R_1 \\[4pt]
CH-O-\overset{\displaystyle O}{\overset{\|}{C}}-R_2 \\[4pt]
CH_2-O-\overset{\displaystyle O}{\overset{\|}{P}}-OG \\[4pt]
\qquad\qquad\ \ OH
\end{array}
$$

其中 G 代表含 N 的有机碱分子。根据 G 的成分不同，磷脂可分为卵磷脂、脑磷脂等。

二、固醇的结构

固醇又称甾醇，广泛存在于动植物体的组织中。其独特的生物学性质对机体的生理作用有十分重要的意义。

固醇分子中含有环戊烷多氢菲结构，固醇的基本骨架如下：

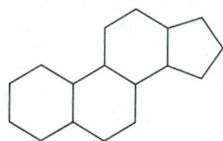

环戊烷多氢菲   固醇的基本结构

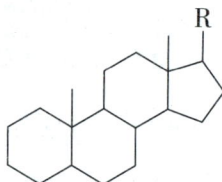

三、重要的磷脂

（一）卵磷脂

卵磷脂是分布最广的一种磷脂，因蛋黄中含量较多，故称卵磷脂。结构示意图为：

甘油 —— 脂肪酸
甘油 —— 脂肪酸
甘油 —— 磷酸 —— 胆碱

卵磷脂

纯的卵磷脂为白色蜡状物，有较强的吸水性，在空气中氧化变为黄色或棕色。卵磷脂不溶于水和丙酮，易溶于乙醇、乙醚及氯仿。

（二）脑磷脂

脑磷脂主要存在于动物的脑组织中，它的构造和性质均与卵磷脂相似。脑磷脂不稳定，易被氧化成棕黑色，不溶于乙醇和丙酮，易溶于乙醚。故利用乙醇可将卵磷脂与脑磷脂分离。

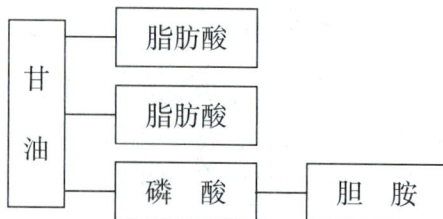

甘油 —— 脂肪酸
甘油 —— 脂肪酸
甘油 —— 磷酸 —— 胆胺

脑磷脂

（三）胆固醇

胆固醇最初是从胆结石中发现的一种固体醇，因而称为胆固醇，广泛存在于动物及人体的组织细胞中，胆固醇为无色或略带黄色的蜡状固体，不溶于水，易溶于有机溶剂。把胆固醇溶于氯仿中，再加入乙酐和浓硫酸，颜色由浅红色变蓝紫色，最后变成绿色。绿色的深浅与胆固醇的含量成正比，这是临床上常用的测定胆固醇含量的方法。

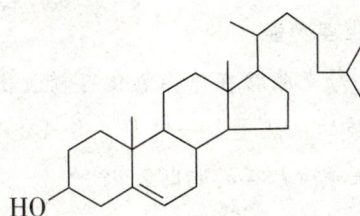

胆固醇

（四）7－脱氢胆固醇

7－脱氢胆固醇是一种动物胆固醇，胆固醇存在于动物的肝脏、小肠与皮肤黏膜和皮肤等处，可脱氢生成7－脱氢胆固醇，储存于皮下。当受到紫外线照射时，可发生开环反应转变为维生素 D_3。因此，适当晒太阳是获得维生素 D_3 的最简单方法。

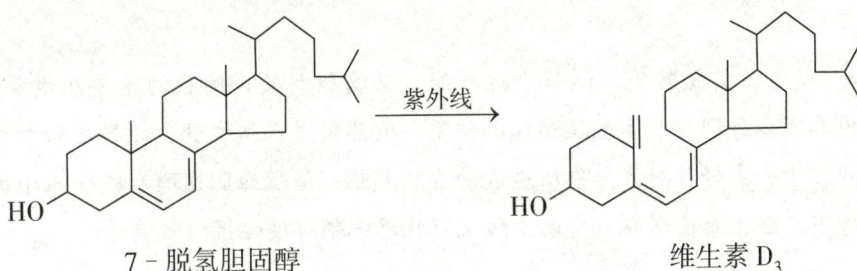

7－脱氢胆固醇　　　　　　　　　维生素 D_3

（五）麦角固醇

麦角固醇是一种植物固醇，存在于麦角、酵母和一些植物中。现在多从酵母中提取，经紫外线照射，开环而形成维生素 D_2。所以它是合成维生素 D_2 的重要原料。

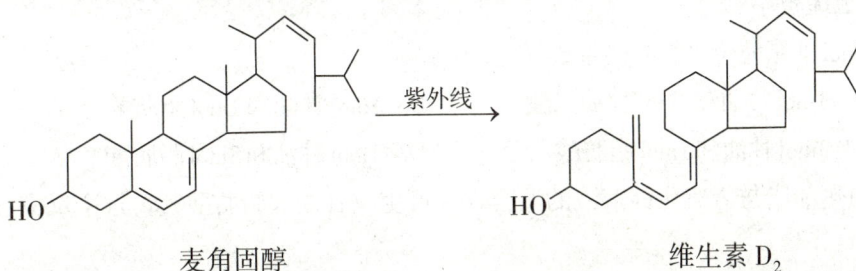

麦角固醇　　　　　　　　　维生素 D_2

维生素 D_2 与 D_3 均属于D族维生素，具有抗佝偻病的作用。为了防止小孩得佝偻病，应该经常晒太阳，亦可食用富含维生素D的食品，如鱼肝油、牛奶及蛋黄等。

知 识 链 接

脂类的生理功能

脂类以各种形式存在于人体的各种组织中，是构成人体组织细胞重要成分之一，在人体内具有重要的生理功能。

1. 供给和贮存热能。每克脂肪在体内氧化可释放出约38.9 kJ的热量，比等质量的碳水化合物或蛋白质的供热量大一倍多。当人处于饥饿状态时或手术后禁食期有50%～85%的能量来源于贮存的脂肪氧化。

2. 构成身体组织。脂肪是构成人体细胞的主要成分，如类脂中的磷脂、糖脂和胆固醇是组成人体细胞膜的类脂层的基本原料。

3. 维持体温、保护脏器。脂肪是热的不良导体，分布在皮下的脂肪具有减少体内热量过度散失和防止外界辐射热侵入的作用，对维持人的正常体温和御寒起着重要作用。分布在器官、关节和神经组织等周围的脂肪组织，既对重要脏器起固定支持和保护作用，又犹如软垫起到使内脏免受外力撞击、防止震动和摩擦损伤。

4. 供给必需脂肪酸、调节生理功能。必需脂肪酸是细胞的重要组成物质，在体内具有多种调节人体生理功能的作用，它能促进人体发育；维持皮肤和毛细血管的健康；减轻放射线照射所造成的皮肤损伤；降低血胆固醇和减少血小板黏附性作用，防止血栓形成，有助于防止冠状动脉粥样硬化性心脏病等。

复习思考

一、选择题

1. 1mol油脂完全水解后能生成（　　）

    A. 1mol甘油和1mol甘油二酯   B. 1mol甘油和1mol脂肪酸

    C. 3mol甘油和1mol脂肪酸   D. 1mol甘油和3mol脂肪酸

2. 加热油脂与氢氧化钾溶液的混合物，可生成甘油和脂肪酸钾，这个反应称为油脂的（　　）

    A. 酯化   B. 乳化

    C. 氢化   D. 皂化

3. 医药上常用软皂的成分是（　　）

   A．高级脂肪酸盐　　　　　　　B．高级脂肪酸钠盐

   C．高级脂肪酸钾盐　　　　　　D．高级脂肪酸钾、钠盐

4．既能发生皂化反应，又能发生氢化反应的物质是（　　　）

   A．乙酸乙酯　　　　　　　　　B．甘油三软脂酸酯

   C．硬脂酸　　　　　　　　　　D．甘油三油酸酯

5．人体内不能合成，必须由食物供给的脂肪酸是（　　　）

   A．油酸　　　　　　　　　　　B．亚油酸

   C．硬脂酸　　　　　　　　　　D．乙酸

二、填空题

1．通常把来源于_____，常温下呈_____的油脂称为油，来源于_____，常温下呈_____的油脂称为脂肪。

2．医药上常用软皂的成分是_____。

3．油脂碘值的大小可以用来判断油脂的_____。

4．把胆固醇溶于_____中，再加入乙酐和浓硫酸，颜色由_____变_____，最后变成_____。该颜色的深浅与胆固醇的含量成正比，这是临床上常用的测定胆固醇含量的方法。

三、写出下列反应方程式

1．由硬脂酸甘油酯制软肥皂

2．三油酸甘油酯的氢化反应

四、名词解释

1．皂化反应　　　2．碘值　　　3．酸败

第九章

糖 类

糖类和我们的日常生活关系密切，它是构成动植物体的重要成分，如动物乳汁中的乳糖、肌肉和肝脏中的糖原、植物体中的果糖、蔗糖、淀粉、纤维素等。糖类除了供给人体能量外还有许多生理功能，在人类生命活动中起着非常重要的作用。

从化学结构上看，糖类是指多羟基醛或多羟基酮以及它们的脱水缩合物。按照化学组成把糖类叫作碳水化合物并不恰当。糖类根据其能否水解及水解产物的情况分为单糖、低聚糖、多糖三类。

第一节 单 糖

扫一扫，看课件

【学习目标】

1. 掌握葡萄糖和果糖的结构和性质。
2. 熟悉常见的其他单糖的结构和性质。
3. 了解常见单糖在医药上的用途。

案例导入

学生小张很挑食，在学校时，她经常不吃早饭，常常快中午时出现头晕、心慌、注意力不集中、四肢无力等症状，终于有一天在课堂上晕倒了，班里几个同学立即把她送到校医院，医生诊断为低血糖，给她输了葡萄糖溶液。

问题：1. 葡萄糖是怎样的一种糖？
      2. 葡萄糖的结构和性质如何？

　　单糖是指不能水解的多羟基醛或多羟基酮。重要的单糖有葡萄糖、果糖、核糖和脱氧核糖等。

一、葡萄糖和果糖的结构

（一）开链结构式

　　葡萄糖是己醛糖，果糖是己酮糖。二者分子式均为 $C_6H_{12}O_6$，互为同分异构体。它们的开链结构式如下：

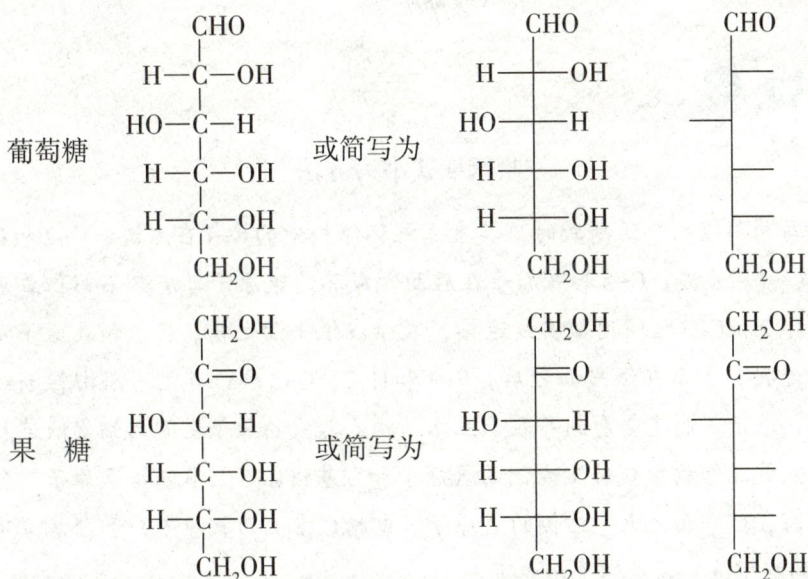

葡萄糖　　　　　　　或简写为

果　糖　　　　　　　或简写为

（二）哈沃斯式结构

　　1. 葡萄糖的哈沃斯式　葡萄糖醛基一般与第 5 位碳上的羟基发生反应生成环状半缩醛结构。C1 上新形成的半缩醛羟基（又称苷羟基）和氢原子在空间的排列不同而有两种构型，苷羟基和 C5 上的羟基在同侧的叫 α-型葡萄糖，异侧的叫 β-型葡萄糖。这两种葡萄糖的环状结构在水溶液中可以通过开链结构相互转变，形成一个平衡体系。

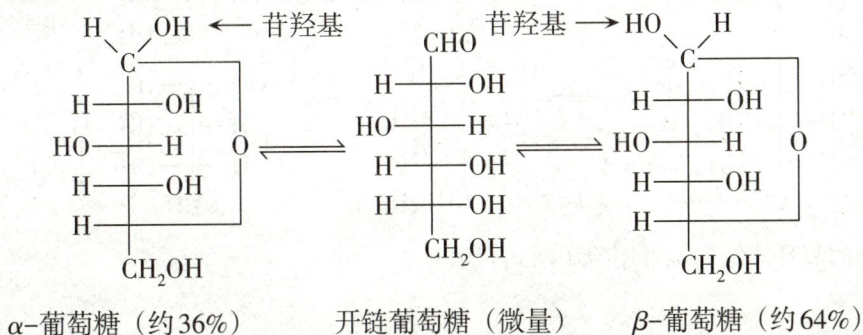

α-葡萄糖（约36%）　　　开链葡萄糖（微量）　　　β-葡萄糖（约64%）

在葡萄糖环状结构中，C1 和 C5 通过较长的氧桥相连显然是不合理的，碳原子也不能直线排列。为了更接近真实地表示葡萄糖分子的氧环式结构，英国学者哈沃斯把葡萄糖直立的环状式改写成平面六边形的结构，即葡萄糖的哈沃斯式。

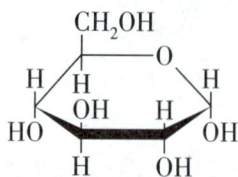

α-葡萄糖

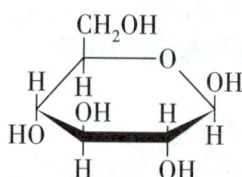

β-葡萄糖

知 识 链 接

哈沃斯式书写方法

　　书写葡萄糖的哈沃斯式时，其直立氧环结构中的C-1在右边，C-2和C-3在前面，C-4在左边，C-5和氧原子在后面，成环的碳原子可省略不写但氧原子要写出；C-2和C-3之间用粗实线连接，表示在纸平面之前，C-5和氧原子之间用细实线连接，表示在纸平面之后，C-1和C-2、C-3和C-4之间用由粗渐细的实线连接，表示不能完全看到并表示立体结构，其他的原子之间用细实线连接。然后把直立氧环结构中碳链上左侧的氢原子和羟基（C-5上不包括氢原子，包括羟甲基）写在环平面之上，右侧的氢原子（包括C-5上的氢原子）和羟基（不包括C-5上的羟甲基）写在环平面之下。

　　2. 果糖的哈沃斯式　果糖开链结构中的C-5或C-6上的羟基可与羰基形成环状半缩酮结构，因而果糖的C-2上也有 α-和 β-两种构型，它们在水溶液中也可以通过开链结构互相转变，并处于平衡状态。其环状结构及其互变可表示为：

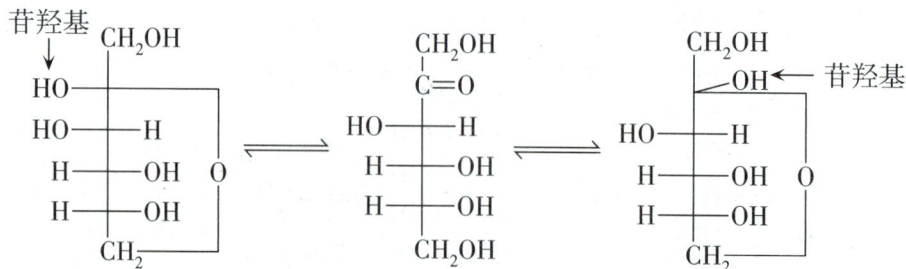

果糖的氧环式结构也可用哈沃斯式表示。

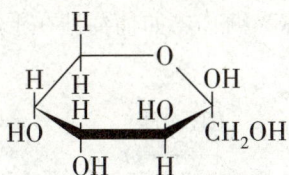
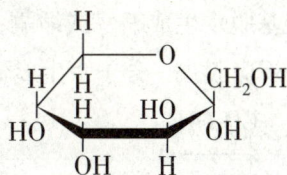

β-果糖　　　　　　　　　　　　α-果糖

果糖以游离状态存在时，以六元环的形式存在为主（约80%），以结合状态存在（如蔗糖中）时，则以五元环形式存在。

二、单糖的性质

单糖都是结晶，有甜味，易溶于水，难溶于乙醚等有机溶剂。单糖的化学性质主要有：

（一）氧化反应

1. 与托伦试剂或班氏试剂等弱氧化剂的反应　单糖是还原性糖，可与托伦试剂、班氏试剂（由硫酸铜、碳酸钠和柠檬酸钠配制成的蓝色溶液）等弱氧化剂发生反应，分别生成银及砖红色沉淀。此反应可用于还原性糖和非还原性糖的鉴别。

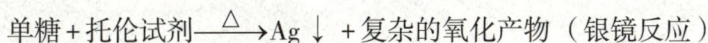

在临床上，可用班氏试剂来检验糖尿病患者尿液中的葡萄糖，根据产生的氧化亚铜沉淀的颜色深浅以及沉淀量的多少来判断尿液中葡萄糖的含量，从而帮助诊断疾病。

2. 与溴水氧化剂的反应　在醛糖中加入溴水，稍加热后，能将醛糖中的醛基氧化成羧基，溴水的红棕色褪去。而酮糖与溴水无作用，故可用该方法来鉴别醛糖和酮糖。

知 识 链 接

葡萄糖醛酸

葡萄糖在肝脏内酶的作用下，葡萄糖分子末端上的羟甲基能被氧化成羧基，生成葡萄糖醛酸。葡萄糖醛酸是很好的解毒剂，在肝中与有毒物质，如醇、酚等结合成无毒化合物由尿排出体外。葡萄糖醛酸的商品名为"肝泰乐"，是临床上常用的保肝药。

（二）成苷反应

单糖环状结构中的苷羟基（半缩醛羟基）比分子中的其他羟基活泼，容易和另一分子醇或酚中的羟基脱水生成缩醛或缩酮，这种化合物称为糖苷。如葡萄糖在干燥HCl的催化下，能和甲醇反应脱去一分子水生成葡萄糖甲苷。

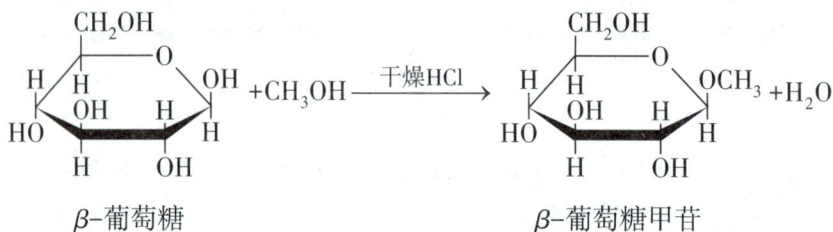

β-葡萄糖　　　　　　　　　　　　　　β-葡萄糖甲苷

糖苷的组成包括糖和非糖两个部分，其中糖的部分称为糖苷基，非糖部分称为配糖基，如葡萄糖甲苷中的甲基就是最简单的配糖基。糖苷基和配糖基之间结合的键称为糖苷键（或苷键）。大多数天然苷类化合物的糖苷基和配糖基之间是由氧原子连接的，所以称为氧苷键。

糖苷分子中没有苷羟基，不再具有还原性，其在水溶液中不能转变为开链结构。糖苷键在碱性条件下稳定，但在酸或酶的作用下很易水解，生成原来的糖和非糖部分。

糖苷广泛分布于自然界中，很多具有生物活性，是许多中草药的有效成分之一。如水杨苷具有镇痛作用，毛地黄毒苷具有强心作用。

知 识 链 接

为什么水杨苷具有镇痛作用？

由葡萄糖和邻–羟基苯甲醇形成的水杨苷，在人体内可水解生成葡萄糖和邻–羟基苯甲醇，邻–羟基苯甲醇被氧化成水杨酸而发挥解热镇痛作用。

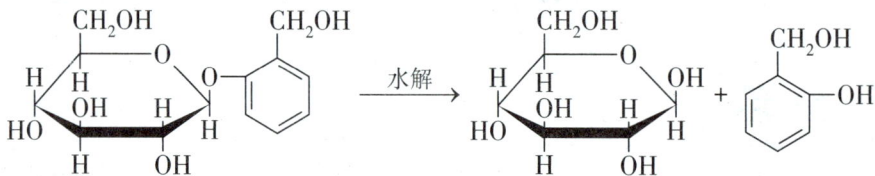

（三）成酯反应

单糖分子中的羟基能和酸作用生成酯。如人体内的葡萄糖在酶的作用下，可以和磷酸作用生成1-磷酸葡萄糖酯、6-磷酸葡萄糖酯或1,6-二磷酸葡萄糖酯。它们是糖代谢的中间产物，在生命过程中具有重要作用。其化学反应式为：

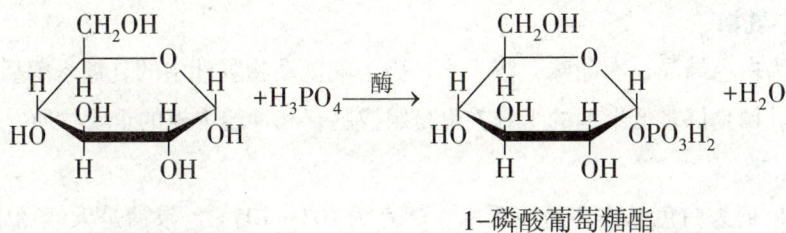

1-磷酸葡萄糖酯

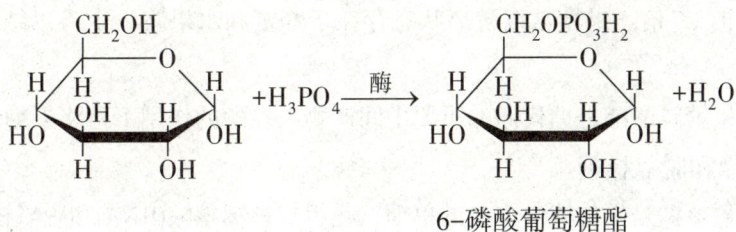

6-磷酸葡萄糖酯

糖在代谢中首先要经过磷酸酯化，然后才能进行一系列化学反应，因此，糖的成酯反应是糖代谢的重要中间步骤。

（四）颜色反应

1. 莫立许（Molish）反应　在糖的水溶液中加入 α-萘酚的酒精溶液，然后沿管壁慢慢加入浓硫酸，不要振摇，密度较大的浓硫酸会沉到管底，在浓硫酸与糖溶液的交界面很快出现紫色环，这个反应称为莫立许反应。所有的糖都能发生此反应，而且反应很灵敏，常用于糖类物质的鉴定。

2. 塞利凡诺夫（Seliwanoff）反应　塞利凡诺夫试剂是间苯二酚的盐酸溶液。在游离的酮糖（如果糖）或结合状态的酮糖（如蔗糖）溶液中，加入塞利凡诺夫试剂，加热，很快出现鲜红色，此反应称为塞利凡诺夫反应。在同样条件下，醛糖缓慢出现淡红色，因而，可以用此反应鉴别醛糖和酮糖。

三、重要的单糖

（一）葡萄糖

葡萄糖为无色或白色晶体，易溶于水，有甜味，葡萄糖的甜度约为蔗糖的60%，熔点为146℃。人体血液中的葡萄糖叫做血糖。正常人血糖浓度维持恒定，其含量为3.9~6.1mmol/L。糖尿病患者不仅血糖浓度高，而且尿液中也含有葡萄糖（糖尿现象），血糖和尿糖浓度是随病情的轻重而不同。血糖浓度过低，也会引起低血糖病。

葡萄糖注射液在临床上用于治疗水肿等疾病，并有强心利尿作用。葡萄糖还是一种重要的营养物质，体弱患者、血糖过低的患者可利用静脉注射葡萄糖溶液的方式来迅速补充营养。葡萄糖和氯化钠配成的葡萄糖氯化钠注射液，在人体失水、失血时用作补充液。在工业上，葡萄糖可作为合成维生素C和制造葡萄糖酸钙等药物的原料。

（二）半乳糖

半乳糖为白色结晶，有甜味，溶于水，因为哺乳动物乳汁中的乳糖水解后可得半乳糖而得名。半乳糖是许多低聚糖的组分，也是组成脑苷和神经中枢的重要物质。

（三）果糖

纯净的果糖为白色晶体，易溶于水，熔点为103～105℃。果糖是天然糖中最甜的糖，甜度约为蔗糖的1.7倍。果糖常以游离状态存在于蜂蜜和水果浆汁中。以结合状态存在于蔗糖中。

人体内，果糖磷酸酯是糖代谢的重要中间产物，在酶的作用下可将果糖转变为丙糖。

（四）核糖和脱氧核糖

核糖和脱氧核糖是生物体内重要的单糖，是组成核糖核酸(RNA)和脱氧核糖核酸(DNA)的重要成分之一。核糖核酸参与蛋白质和酶的生物合成过程，脱氧核糖核酸存在于绝大多数活的细胞中，是遗传密码的主要物质。

第二节　双糖和多糖

扫一扫，看课件

【学习目标】

1. 熟悉常见的双糖和多糖的结构和性质。
2. 了解常见双糖、多糖在医药上的用途。

案例导入

生活中，我们都吃过白糖、红糖、冰糖，它们的外观不一样，但它们的主要成分是相同的。一般的大米和糯米的主要成分都是淀粉，有的人喜欢吃糯米食品，因为它们黏糯可口。

问题：1. 这三种糖的主要成分是什么？该种成分有何性质？

2. 这两种米中的淀粉有什么不同？它们中的淀粉有何性质？

低聚糖也称寡糖，是指水解后生成2～10个单糖分子的糖类。低聚糖又可分为双糖、三糖等。双糖从结构上可以看作是由两个相同或不相同的单糖分子间的羟基脱去一分子水形成的缩合物，或指水解后生成2个单糖分子的糖类。自然界存在的双糖可分为还原性双糖和非还原性双糖。常见的双糖中，麦芽糖和乳糖是还原性双糖，蔗糖是非还原性双糖。

多糖是指水解后生成十个以上单糖分子的糖类。多糖的相对分子质量很大，属天然高分子化合物。重要的多糖有淀粉、糖原和纤维素等。

一、结构

（一）双糖的结构

结构上，蔗糖分子可看作是一分子 α-葡萄糖 C-1 上的苷羟基与另一分子 β-果糖 C-2 上的苷羟基之间脱去一分子水后通过 α-1,2-苷键结合而成的双糖。麦芽糖分子可看作是一分子 α-葡萄糖 C-1 上的苷羟基与另一分子葡萄糖 C-4 上的羟基之间脱去一分子水后通过 α-1,4-苷键连接而成的双糖。乳糖分子可看作一分子 β-半乳糖 C-1 上的苷羟基与另一分子葡萄糖 C-4 上的羟基之间脱去一分子水后通过 β-1,4-苷键连接而成的双糖。它们的结构式分别为：

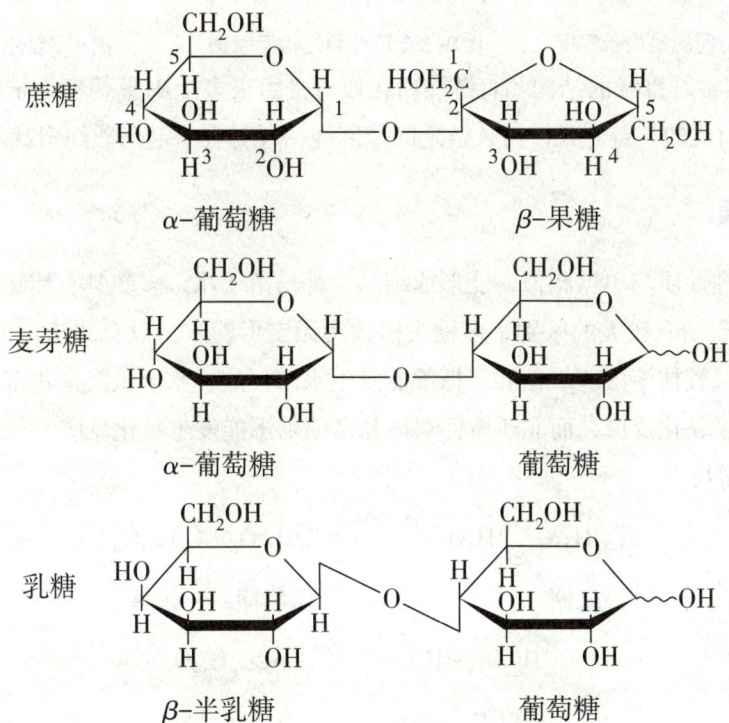

（二）多糖的结构

1. **淀粉** 根据结构不同，淀粉可分为直链淀粉和支链淀粉。天然淀粉主要由直链淀粉和支链淀粉组成。

直链淀粉在淀粉中约占20%。直链淀粉是由许多 α-葡萄糖通过 α-1,4-苷键结合成的直链高分子化合物。直链淀粉的形状并不是伸展状态的直链，而是有规律地卷曲成螺旋状。如以小圈表示葡萄糖单元，则直链淀粉的结构见图9-1。

支链淀粉在淀粉中的含量约占80%。支链淀粉是由 α-葡萄糖通过 α-1,4-苷键连接成主链，每隔20~25个葡萄糖单位便分出一个支链，支链上还有分支，分支处为 α-1,6-苷键，因此，支链淀粉比直链淀粉的结构复杂，分子形状呈分支状。其结构见图9-2。

2. **糖原** 糖原的结构单元是 α-葡萄糖，其结构与支链淀粉相似，葡萄糖结构单元之间，除以 α-1,4-苷键结合外，还以 α-1,6-=苷键结合，但分支比支链淀粉更多更复杂，且分支较短，相对分子质量更大。糖原分子的分支状结构见图9-3。

图9-1直链淀粉的结构示意图　　图9-2支链淀粉结构示意图　　图9-3糖原结构示意图

3. **纤维素** 纤维素的结构和直链淀粉相似，是由很多个 β-葡萄糖分子间脱水，以 β-1,4-苷键结合而成的长链。长链与长链之间像麻绳一样拧在一起而成绳索状。

二、性质

双糖的物理性质与单糖相似，能形成结晶，都易溶于水，多数具有甜味。多糖的物理性质和单糖、双糖有较大的区别，多糖大多数为无定形粉末，没有甜味，大多不溶于水，少数能与水形成胶体溶液。双糖和多糖都能发生水解反应，水解最终产物都为单糖。还原性双糖还能发生氧化反应，而非还原性双糖和多糖则不能发生氧化反应

（一）水解反应

$$C_{12}H_{22}O_{11} + H_2O \xrightarrow{\text{H}^+\text{或酶}} C_6H_{12}O_6 + C_6H_{12}O_6$$

蔗糖　　　　　　　　　　葡萄糖　　果糖

$$C_{12}H_{22}O_{11} + H_2O \xrightarrow{\text{H}^+\text{或酶}} 2C_6H_{12}O_6$$

麦芽糖　　　　　　　　　葡萄糖

$$C_{12}H_{22}O_{11} + H_2O \xrightarrow{\text{H}^+\text{或酶}} C_6H_{12}O_6 + C_6H_{12}O_6$$

乳糖　　　　　　　　　　半乳糖　　葡萄糖

$$(C_6H_{10}O_5)_n \xrightarrow{\text{水解}} (C_6H_{10}O_5)_m \xrightarrow{\text{水解}} C_{12}H_{22}O_{11} \xrightarrow{\text{水解}} C_6H_{12}O_6$$

淀粉　　　　　　糊精　　　　　麦芽糖　　　　葡萄糖

（二）氧化反应

麦芽糖和乳糖等还原性双糖能与班氏试剂和托伦试剂作用，多糖和蔗糖等非还原性双

糖不能与班氏试剂和托伦试剂反应。

（三）淀粉和糖原与碘的显色反应

直链淀粉与碘作用呈蓝色，加热蓝色消失，冷却后又重新变蓝。这个反应很灵敏，常作为直链淀粉的定性鉴别反应。支链淀粉与碘作用显紫色。天然淀粉都是直链淀粉和支链淀粉的混合物，所以，天然淀粉与碘作用，显蓝紫色。

糖原水溶液遇碘显紫红色。

三、重要的双糖和多糖

（一）蔗糖

蔗糖主要存在于甘蔗和甜菜中，其他各种植物的果实中几乎都含有蔗糖。我们日常食用的白糖、冰糖、红糖的主要成分都是蔗糖。

纯净的蔗糖是白色晶体，易溶于水，难溶于乙醇，不溶于亲脂性有机溶剂。甜度仅次于果糖。医药上常用作矫味剂和配制糖浆。由蔗糖加热生成的褐色焦糖，在饮料和食品中用作着色剂。

蔗糖的水解过程称为转化，水解后的混合物称为转化糖。蜂蜜中就含有大量的转化糖。

（二）麦芽糖

麦芽糖存在麦芽中，自然界里游离存在的麦芽糖不多，一般多由淀粉水解制得。麦芽糖是白色晶体，易溶于水，有甜味，但甜度不如蔗糖。麦芽糖是饴糖的主要成分，可用作糖果，也可用作细菌的培养基。

（三）乳糖

乳糖存在于哺乳动物的乳汁中，人乳中含6%~7%，牛奶中含4%~6%。乳糖是奶酪工业的副产品。乳糖是白色晶体，微溶于水，其甜味不大。在医药上常用作赋形剂和填充剂。

🔵 知 识 链 接

乳糖不耐受症

乳糖具有较强的生理功能。正常情况下，进入消化道的乳糖会在乳糖酶的催化下水解生成葡萄糖和半乳糖，从而被小肠吸收利用。因先天性乳糖酶缺乏或者其他原因导致乳糖酶活性降低，乳糖不能被水解成葡萄糖和半乳糖，由于人类的肠道不能直接吸收乳糖，未被消化的乳糖会被肠道内的细菌发酵生成乳酸、二氧化碳等，于是出现腹胀、腹泻、腹痛等一系列症状，称为乳糖不耐受症。

（四）淀粉

淀粉主要存在于植物的种子、块茎等部位，谷类中含量较多，是人类获取糖类的主要来源。淀粉是白色无定形粉末。直链淀粉能溶于热水，又叫可溶性淀粉或糖淀粉。支链淀粉不溶于水，与热水作用则膨胀成糊状，又称为不溶性淀粉或胶淀粉。

一般的大米中含有较多的直链淀粉，糯米中含有较多的支链淀粉。淀粉水解的最初产物是糊精，有黏性，这也是淀粉遇热水成糊状后可作黏合剂的缘故。

淀粉也是酿酒、制醋、制造葡萄糖的原料，在制药上常被用作赋形剂。

（五）糖原

糖原为无定形粉末，不溶于冷水，溶于热水。糖原又称肝糖或动物淀粉，是人和动物体内储存的一种多糖，是葡萄糖在体内缩合而成的一种多糖。主要存在于肝脏及肌肉中，分别称为肝糖原和肌糖原。

食物中的淀粉经消化水解成葡萄糖，吸收后，一部分转变成糖原储存于肝脏和肌肉中。当血液中的葡萄糖含量增高时，肝脏就把多余的葡萄糖变成糖原储存起来；当血液中的葡萄糖含量降低时，肝糖原就分解为葡萄糖，进入血液以维持血糖浓度，因此，糖原在人体新陈代谢中对维持血糖浓度起着重要的作用。

知 识 链 接

糖原的分解

糖原分解为葡萄糖的过程，称为糖原的分解。肝糖原分解过程如下：

1. 糖原在磷酸化酶和脱支酶等的作用下，生成1-磷酸葡萄糖酯。
2. 在变位酶等的作用下，1-磷酸葡萄糖酯转化为6-磷酸葡萄糖酯。
3. 6-磷酸葡萄糖酯水解为葡萄糖。

人体肌肉组织中无水解6-磷酸葡萄糖酯需要的葡萄糖-6-磷酸酶，所以，只有肝糖原经上述过程可转化为血糖。肌糖原只能间接补充血糖。

（六）纤维素

纤维素为白色、无臭、无味的物质，不溶于水。纤维素分布很广，存在于植物体内，是构成植物细胞壁的基础物质。棉花中的纤维素含量为92%~95%，木材中的纤维素含量约为50%，蔬菜中也含有丰富的纤维素。

　　在牛、马、羊等食草动物胃肠里有纤维素水解酶，能将纤维素水解成葡萄糖，所以，纤维素可被食草动物消化吸收。由于人体内的淀粉酶只能水解 α-1,4-苷键，而不能水解 β-1,4-苷键，所以，人体不能消化纤维素，纤维素不能作为人的营养物质，但在人体消化过程中，食物中的纤维素能促使肠蠕动，具有通便、排除有害物质等作用。所以，纤维素在人类食物中是不可缺少的，人们多吃新鲜水果、蔬菜以保持食物中适量的纤维素对人体健康是有益的。

　　纤维素的用途很广，不仅可用来制造各种纺织品和纸张，还可用于制造人造丝、火棉胶、微晶纤维素等。在医药上常用作脱脂棉、纱布等。

知 识 链 接

右旋糖酐

　　右旋糖酐是一种人工合成的葡萄糖聚合物，平均相对分子质量为4万的右旋糖酐称为右旋糖酐40，有降低血液黏稠度、改善微循环等作用。平均相对分子质量为7万的右旋糖酐称为右旋糖酐70，可以提高血浆的胶体渗透压，可作为血浆的代用品，用于大量失血后补充血液容量。

复习思考

一、选择题

1. 单糖的开链式结构转变为氧环式结构的变化属于（　　）

    A. 成酯反应　　　　　　　　　　B. 成苷反应

    C. 缩合反应　　　　　　　　　　D. 半缩醛反应

2. 下列说法正确的是（　　）

    A. 糖类都有甜味　　　　　　　　B. 糖类都能水解

    C. 糖类都符合通式 $C_n(H_2O)_m$　　D. 糖类都含有 C、H、O 三种元素

3. 鉴别葡萄糖和果糖的试剂是（　　）

    A. 托伦试剂　　　　　　　　　　B. 班氏试剂

    C. 碘水　　　　　　　　　　　　D. 溴水

4. 下列哪种物质不属于糖类（　　）

    A. 脂肪　　　　　　　　　　　　B. 葡萄糖

    C. 纤维素　　　　　　　　　　　D. 乳糖

5. 能发生银镜反应的物质是（　　　）

    A. 蔗糖　　　　　　　　　　　　B. 麦芽糖

    C. 糖原　　　　　　　　　　　　D. 淀粉

6. 既能发生水解又能发生银镜反应的是（　　　）

    A. 葡萄糖　　　　　　　　　　　B. 麦芽糖

    C. 淀粉　　　　　　　　　　　　D. 蔗糖

7. 血糖通常是指血液中的（　　　）

    A. 果糖　　　　　　　　　　　　B. 淀粉

    C. 糖原　　　　　　　　　　　　D. 葡萄糖

8. 下列糖中，人体内消化酶不能消化的是（　　　）

    A. 蔗糖　　　　　　　　　　　　B. 糖原

    C. 纤维素　　　　　　　　　　　D. 淀粉

9. 麦芽糖水解的产物是（　　　）

    A. 葡萄糖和果糖　　　　　　　　B. 果糖

    C. 葡萄糖　　　　　　　　　　　D. 半乳糖和果糖

10. 下列各组物质互为同分异构体的是（　　　）

    A. 葡萄糖和果糖　　　　　　　　B. 核糖和脱氧核糖

    C. 果糖和蔗糖　　　　　　　　　D. 淀粉和糖原

11. 单糖不具备的性质是（　　　）

    A. 银镜反应　　　　　　　　　　B. 水解反应

    C. 成酯反应　　　　　　　　　　D. 成苷反应

12. 淀粉水解的最终产物是（　　　）

    A. 葡萄糖　　　　　　　　　　　B. 麦芽糖

    C. 蔗糖　　　　　　　　　　　　D. 果糖

13. 可直接用班氏试剂和碘试剂鉴别的一组是（　　　）

    A. 蔗糖、乳糖、麦芽糖　　　　　B. 蔗糖、淀粉、纤维素

    C. 蔗糖、淀粉、果糖　　　　　　D. 淀粉、果糖、葡萄糖

14. 下列说法正确的是（　　　）

    A. 只有醛糖具有还原性

    B. 糖都有甜味

    C. 双糖和多糖水解的产物都是葡萄糖

    D. 多糖都是高分子化合物

15. 下列物质中属于糖类的是（　　　）

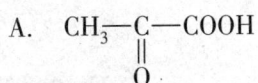

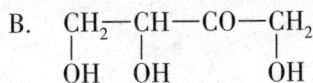

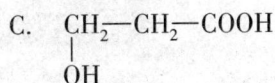

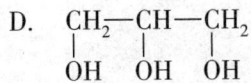

A. $CH_3-\overset{\underset{\|}{O}}{C}-COOH$

B. $\underset{\underset{OH}{|}}{CH_2}-\underset{\underset{OH}{|}}{CH}-CO-\underset{\underset{OH}{|}}{CH_2}$

C. $\underset{\underset{OH}{|}}{CH_2}-CH_2-COOH$

D. $\underset{\underset{OH}{|}}{CH_2}-\underset{\underset{OH}{|}}{CH}-\underset{\underset{OH}{|}}{CH_2}$

二、填空题

1. 根据水解情况，糖类可分为_____、_____、_____。

2. 血液中的葡萄糖称为_____，临床上可用_____试剂来检查尿中的葡萄糖。

3. 从化学结构看，糖类化合物可看作是_____或_____和它们的脱水缩合物。

4. 糖苷是由_____和_____两部分组成。分别称为_____和_____。

5. 糖在人体内代谢中，首先经过_____酯化，而葡萄糖的酯化产物可有_____、_____、_____等。

6. 淀粉 $\xrightarrow{水解}$ _____ $\xrightarrow{水解}$ _____ $\xrightarrow{水解}$ _____。

三、名词解释

1. 还原性糖　　2. 非还原性糖　　3. 醛糖　　4. 酮糖

四、简答题

1. 为什么把葡萄糖的六元环状结构称为吡喃葡萄糖？为什么把五元环状的果糖称为呋喃果糖？

2. 糖原与支链淀粉结构上有什么不同？

五、鉴别下列各组物质

1. 葡萄糖和果糖

2. 麦芽糖和蔗糖

3. 葡萄糖和蔗糖

4. 蔗糖、麦芽糖和淀粉

第十章

氨基酸和蛋白质

蛋白质是一切生命的物质基础，是构成细胞的基本有机物，是生命活动的主要承担者，没有蛋白质就没有生命。它是与生命及与各种形式的生命活动紧密联系在一起的物质，如机体的运动、消化、生长、遗传和繁殖等都是与蛋白质密切相关的。而氨基酸是蛋白质的基本组成单位，因此，要研究蛋白质的组成、结构和性质，首先要认识氨基酸。

第一节　氨基酸

扫一扫，看课件

【学习目标】

1. 掌握氨基酸的结构和性质。
2. 熟悉氨基酸的分类和常用氨基酸的命名。
3. 了解重要的氨基酸在医学上的应用。

案例导入

复方氨基酸注射液是一种透明、无色或微黄色的澄清液体，可用于由大面积烧伤、创伤及严重感染等引起的消化系统功能障碍及免疫功能低下的病人的营养支持。可提供人体18种必需和非必需氨基酸，其中含有酪氨酸和胱氨酸，用以满足机体合成蛋白质的需要，改善体内氮平衡。

问题：1. 什么是必需氨基酸？人体必需氨基酸有几种？
　　　2. 氨基酸和蛋白质的关系是什么？
　　　3. 氨基酸有什么性质？如何鉴别？

目前，自然界中发现的氨基酸约有300余种，但构成人体蛋白质的氨基酸只有20种（包括8种必需氨基酸）。

一、结构、分类和命名

氨基酸是分子中既含有氨基又含有羧基的化合物，或是羧酸分子中烃基上的氢原子被氨基取代而形成的化合物。α-氨基酸的结构通式为：

$$\underset{\underset{\text{NH}_2}{|}}{\text{RCHCOOH}}$$

氨基酸有三种分类方式：

1. 根据分子中烃基的不同，可分为脂肪族氨基酸、芳香族氨基酸和杂环氨基酸。

2. 根据分子中所含氨基与羧基相对数目的不同，可分为酸性氨基酸、碱性氨基酸和中性氨基酸。氨基数目小于羧基数目时，为酸性氨基酸；氨基数目大于羧基数目时，为碱性氨基酸；氨基数目等于羧基数目时，为中性氨基酸。

3. 根据分子中氨基和羧基相对位置的不同，可分为α-氨基酸、β-氨基酸、γ-氨基酸等。

氨基酸的命名常有俗名法和系统命名法。系统命名法以羧酸为母体，氨基作为取代基，称为"氨基某酸"，氨基的位置，习惯用希腊字母α、β、γ等来表示。例如：

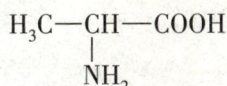

$$\underset{\underset{\text{NH}_2}{|}}{\text{H}_3\text{C—CH—COOH}} \qquad\qquad \underset{\underset{\text{NH}_2}{|}}{\text{HOOC—(CH}_2)_2\text{—CH—COOH}}$$

$$\alpha\text{-氨基丙酸（丙氨酸）} \qquad\qquad \alpha\text{-氨基戊二酸（谷氨酸）}$$

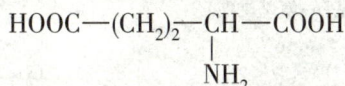

俗名法是根据氨基酸的来源和性质而采用的。如天冬氨酸因最初从天门冬植物中发现而得名，甘氨酸因具有甜味而得名。

表10-1 常见氨基酸的分类、名称、结构、代号和等电点

分类	名称	结构	中文	字母代号	等电点
酸性氨基酸	天冬氨酸 （α-氨基丁二酸）	$\underset{\underset{\text{NH}_2}{\|}}{\text{HOOCCH}_2\text{CHCOOH}}$	天	D	2.77
	谷氨酸 （α-氨基戊二酸）	$\underset{\underset{\text{NH}_2}{\|}}{\text{HOOC(CH}_2)_2\text{CHCOOH}}$	谷	E	3.22

分类	名称	结构	中文	字母代号	等电点
碱性氨基酸	*赖氨酸	$H_2NCH_2(CH_2)_3\overset{\displaystyle |}{\underset{\displaystyle NH_2}{C}}HCOOH$	赖	K	9.74
	组氨酸	咪唑环-$CH_2\overset{|}{\underset{NH_2}{C}}HCOOH$	组	H	7.59
	精氨酸	$NH_2-\overset{|}{\underset{NH}{C}}NH(CH_2)_3\overset{|}{\underset{NH_2}{C}}HCOOH$	精	R	10.96
中性氨基酸	甘氨酸（α-氨基乙酸）	$CH_2\underset{NH_2}{COOH}$	甘	G	5.97
	丙氨酸（α-氨基丙酸）	$CH_3\overset{|}{\underset{NH_2}{C}}HCOOH$	丙	A	6.00
	*缬氨酸（β-甲基-α-氨基丁酸）	$(CH_3)_2CH\overset{|}{\underset{NH_2}{C}}HCOOH$	缬	V	5.96
	*亮氨酸（γ-甲基-α-氨基戊酸）	$(CH_3)_2CHCH_2\overset{|}{\underset{NH_2}{C}}HCOOH$	亮	L	6.02
	*异亮氨酸（β-甲基-α-氨基戊酸）	$CH_3CH_2\overset{|}{\underset{CH_3}{C}}H-\overset{|}{\underset{NH_2}{C}}HCOOH$	异亮	I	5.98
	*苏氨酸（α-氨基-β-羟基丁酸）	$CH_3\overset{|}{\underset{OH}{C}}H-\overset{|}{\underset{NH_2}{C}}HCOOH$	苏	T	5.60
	*蛋氨酸	$CH_3S(CH_2)_2\overset{|}{\underset{NH_2}{C}}HCOOH$	蛋	M	5.74
	*色氨酸	吲哚环-$CH_2\overset{|}{\underset{NH_2}{C}}HCOOH$	色	W	5.89
	*苯丙氨酸（α-氨基-β-苯基丙酸）	苯环-$CH_2\overset{|}{\underset{NH_2}{C}}HCOOH$	苯	F	5.48

上表10-1中标有*号的为必需氨基酸，它是人体内不能合成，而营养上又不可缺少，必须从食物中获取的氨基酸。

二、性质

天然α-氨基酸都是无色晶体，熔点较高，一般在200～300℃之间，熔融时易脱羧分

解放出 CO_2。一般能溶于水而难溶于乙醇、乙醚、苯等有机溶剂，都能溶于强酸或强碱中，各种 α-氨基酸的钠盐、钙盐都溶于水。

（一）两性电离和等电点

1. 两性电离　氨基酸溶于水时既能进行酸式电离又能进行碱式电离，而使氨基酸显两性。其中—COOH 显酸性，—NH_2 显碱性。

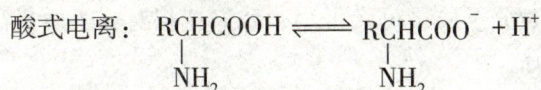

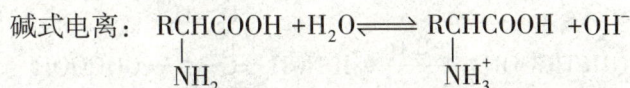

酸式电离：
$$\underset{NH_2}{RCHCOOH} \rightleftharpoons \underset{NH_2}{RCHCOO^-} + H^+$$

碱式电离：
$$\underset{NH_2}{RCHCOOH} + H_2O \rightleftharpoons \underset{NH_3^+}{RCHCOOH} + OH^-$$

若氨基酸分子中的氨基和羧基同时电离，形成两性离子，我们把这种两性离子也称为内盐。

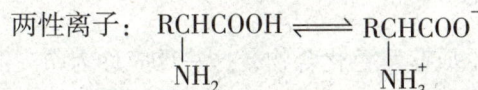

两性离子：
$$\underset{NH_2}{RCHCOOH} \rightleftharpoons \underset{NH_3^+}{RCHCOO^-}$$

2. 等电点　一般情况下，氨基与羧基电离的程度并不相等，纯净氨基酸的水溶液不是中性。当氨基酸的酸式电离与碱式电离程度相等，氨基酸以两性离子存在时溶液的 pH 称为氨基酸的等电点，用 pI 表示。

氨基酸在不同水溶液中电离情况如下：

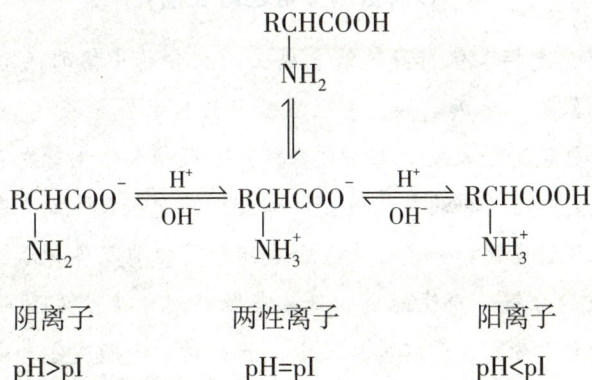

$$\underset{NH_2}{RCHCOOH}$$
$$\Updownarrow$$
$$\underset{NH_2}{RCHCOO^-} \underset{OH^-}{\overset{H^+}{\rightleftharpoons}} \underset{NH_3^+}{RCHCOO^-} \underset{OH^-}{\overset{H^+}{\rightleftharpoons}} \underset{NH_3^+}{RCHCOOH}$$

阴离子	两性离子	阳离子
pH>pI	pH=pI	pH<pI

氨基酸分子带电荷情况随水溶液的酸碱度变化而变化，当溶液的 pH>pI 时，氨基酸主要以阴离子形式存在；pH<pI 时，氨基酸主要以阳离子形式存在；pH=pI 时，氨基酸主要以两性离子形式存在，其净电荷为零。

由于各种氨基酸的组成和结构不同，氨基和羧基的电离程度也不同，因此不同的氨基酸具有不同的等电点。

氨基酸的等电点是氨基酸的特征常数，当氨基酸处于等电点状态时，溶解度最低易于析出，利用此性质可进一步分离、提纯氨基酸。

（二）成肽反应

适当条件下，在两个α-氨基酸分子（相同或不同）之间发生脱水缩合，生成具有肽键（—CONH—）结构化合物的反应，称为成肽反应。生成物称为肽。由两个氨基酸脱水缩合而成的肽叫二肽，二肽可以再与α-氨基酸分子脱水缩合生成三肽，由多个氨基酸分子间脱水缩合生成的肽叫多肽。多肽相对分子质量可大可小，我们把相对分子质量高于10000并有一定空间结构的多肽称为蛋白质。

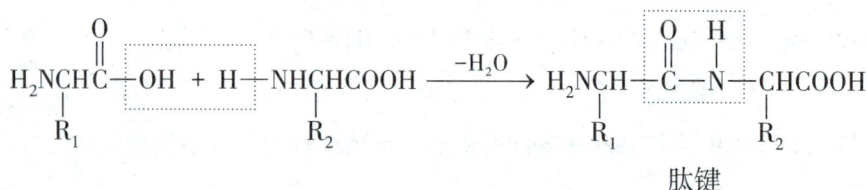

$$H_2NCHC{\overset{O}{\|}}{-}OH + H{-}NHCHCOOH \xrightarrow{-H_2O} H_2NCH{-}C{\overset{O}{\|}}{-}N{\overset{H}{|}}{-}CHCOOH$$
$$\underset{R_1}{} \qquad \underset{R_2}{} \qquad\qquad \underset{R_1}{} \qquad \underset{R_2}{}$$

肽键

（三）茚三酮反应

α-氨基酸与茚三酮的水溶液共热时，能生成蓝紫色化合物，这一反应称为茚三酮反应。这个反应非常灵敏，可用于α-氨基酸的定性、定量分析。

知 识 链 接

必需氨基酸可延缓衰老

必需氨基酸，是指人体自身不能合成必须从食物中摄取的氨基酸。共有八种：赖氨酸、色氨酸、苯丙氨酸、甲硫氨酸（又叫做蛋氨酸）、苏氨酸、异亮氨酸、亮氨酸、缬氨酸。如果缺少上述氨基酸，可影响人体生长发育和健康。在生物体内作为合成蛋白质原料的氨基酸主要有20种（包括8种必需氨基酸）。

蛋白质在人体的变化：一是合成，合成组织蛋白质及各种活性物质；二是分解，组织蛋白质的分解、产生能量、产生废物。对于生长发育期的婴儿及青少年，蛋白质合成大于分解，使其身体逐渐成长；对于一般成年人来说，合成等于分解，因而体重相对稳定；对于老年人来说，代谢分解大于合成，身体内的蛋白质逐渐被消耗，往往呈负氮平衡。因此，随着人们年龄的增长，为了延缓衰老，所供给的蛋白质质量至关重要。一般来说，饮品及食品中富含必需氨基酸才有利于机体合成蛋白质。根据研究报告，老年人与中青年人给予相同营养条件，老年人血浆氨基酸含量较低，特别支链氨基酸（缬、亮、异亮氨酸）显示不足。高浓度支链氨基酸有提供合成蛋白质的作用，当补给支链氨基酸时，能通过产生三磷酸腺苷（ATP）供能源，降低蛋白质分解作用，并通过促进胰岛素分泌量加强蛋白质的合成。现国外已将支链氨基酸临床用于维持氮平衡，促进蛋白质合成。

三、重要的氨基酸

（一）赖氨酸

赖氨酸是人体必需氨基酸之一，能促进人体发育、增强免疫功能，并有提高中枢神经组织功能的作用。赖氨酸为碱性必需氨基酸。由于谷类食物中的赖氨酸含量甚低，且在加工过程中易被破坏而缺乏，故称为第一限制性氨基酸。

缺乏赖氨酸会有疲劳，虚弱，恶心，呕吐，头晕，没有食欲，发育迟缓，贫血等症状。在医药上，赖氨酸可作为利尿的辅助药物，治疗因血中氯化物减少而引起的铅中毒。它还可与蛋氨酸合用以抑制重症高血压病。

（二）苯丙氨酸

属于芳香族氨基酸。苯丙氨酸是神经传导过程中所必需的氨基酸，被大脑用来制造肾上腺素和多巴胺，可提高身体的灵敏度和活力。其在体内大部分经苯丙氨酸羟化酶催化作用形成酪氨酸，并与酪氨酸一起合成重要的神经递质和激素，参与机体糖代谢和脂肪代谢。经研究发现，苯丙氨酸可作为抗癌药物的载体将药物分子直接导入癌瘤区，其效果是其他氨基酸的3~5倍。

（三）甘氨酸

甘氨酸是人体非必需的一种氨基酸。甘氨酸具有甜味，能缓和酸、碱味，还可掩盖苦味，所以可作为矫味剂应用于饮料和酒中。甘氨酸还可直接治疗各种肌肉麻痹症，并在人体内起到解毒作用，例如它可与防腐剂苯甲酸作用生成马尿酸后排出体外。人体不宜摄入太多甘氨酸，不然会影响对其他氨基酸的吸收，导致营养失衡而影响健康。所以，以甘氨酸为主要原料生产的含乳饮料，会影响青少年及儿童的正常生长发育。

第二节　蛋白质

扫一扫，看课件

【学习目标】

1. 掌握蛋白质的化学性质。
2. 熟悉蛋白质的组成。
3. 了解蛋白质的结构；重要蛋白质在医学上的应用。

案例导入

2008年，中国奶制品污染事件是一起食品安全问题。事故起因是发现很多食用某集团生产奶粉的婴儿患有肾结石，随后在其奶粉中发现化工原料——三聚氰胺。

三聚氰胺是一种低毒的化工原料，分子式是 $C_6H_6N_6$，分子中含氮量高达66.6%。动物实验证明，三聚氰胺对动物体的泌尿系统有影响。婴幼儿长期饮用含三聚氰胺的奶粉，会出现头大、嘴小、浮肿、低烧、肾结石，乃至肾衰竭症状。

问题：1. 在奶粉中为什么要添加三聚氰胺？

2. 蛋白质有哪些性质？

3. 如何鉴别蛋白质？

蛋白质是组成一切细胞和组织的重要成分，约占人体干重的45%，如输送氧气的血红蛋白，具有催化和调节功能的各种酶，调节体内物质代谢和生理活性的激素，能起免疫作用的抗体及致病的病毒、细菌等都是蛋白质。

一、组成

蛋白质是由许多α-氨基酸通过肽键相连形成的高分子化合物，相对分子质量由一万到几百万，有的甚至可达到几千万。

蛋白质的组成元素主要有C、H、O、N，有些蛋白质还有P、Fe、Mg、Zn等。大多数蛋白质的含氮量很接近，平均约为16%。即在任何生物样品中，1g氮相当于6.25g蛋白质，因此6.25称为蛋白质系数。只要测定生物样品中的含氮量，就可计算出其中蛋白质的大致含量。

样品中蛋白质的百分含量＝每克样品含氮的克数×6.25×100%。

知 识 链 接

三聚氰胺——蛋白精

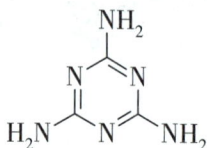

食品工业中常常需要检查蛋白质含量，但是直接测蛋白质含量的技术比较复杂，成本也比较高，不适合大范围推广，所以常常使用一种叫作"凯氏定氮法（Kjeldahl method）"进行测量，通过测定食品中氮原子的含量来间接推算蛋白质的含量。也就是说，食品中氮原子含量越高，蛋白质含量就越高。由于三聚氰胺分子中含氮量高达66.6%，常被不法商人用作食品添加剂，以提升食品检测中的蛋白质含量指标，因此，三聚氰胺也被人称为"蛋白精"。

二、结构

蛋白质种类繁多，结构极其复杂。通常把蛋白质的结构分为一级结构和空间结构。一级结构是指蛋白质分子中氨基酸之间的排列顺序，也称初级结构，肽键是一级结构的主要化学键。蛋白质的空间结构包括二级结构、三级结构和四级结构。蛋白质分子一般不是全部以松散的线状存在，而是部分卷曲盘旋成螺旋状，蛋白质分子的这种螺旋结构称为二级结构。在二级结构基础上进一步卷曲、折叠形成更复杂的三级结构。两条以上的多肽链以螺旋状卷曲、折叠形成比三级结构复杂得多的四级结构。蛋白质的空间结构是其生物活性的基础，空间结构发生改变，其功能活性也随之改变。

三、性质

（一）两性电离和等电点

蛋白质与氨基酸相似，也具有两性电离和等电点。在一定pH值溶液中，当蛋白质分子所带的正、负电荷相等成为两性离子，在电场中既不向正极移动也不向负极移动，此时溶液的pH值称为该蛋白质的等电点（pI）。

蛋白质在不同pH值水溶液中的电离情况如下：

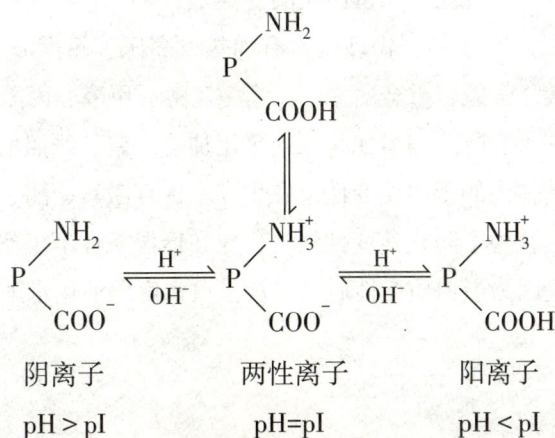

$$P\diagdown{\overset{NH_2}{\underset{COOH}{}}}$$

$$P\diagdown{\overset{NH_2}{\underset{COO^-}{}}} \xrightleftharpoons[OH^-]{H^+} P\diagdown{\overset{NH_3^+}{\underset{COO^-}{}}} \xrightleftharpoons[OH^-]{H^+} P\diagdown{\overset{NH_3^+}{\underset{COOH}{}}}$$

阴离子　　　　　两性离子　　　　阳离子

pH > pI　　　　pH=pI　　　　pH < pI

人体内的血浆蛋白质等电点大多是5.0左右，而血液的pH为7.35～7.45，故人体血浆蛋白质大多以阴离子形式存在，可与血液里的 K^+、Na^+、Ca^{2+}、Mg^{2+} 等结合成盐。蛋白质和蛋白质盐可以组成缓冲对，在血液中起着重要的缓冲作用。一些蛋白质的等电点见表10-2。

蛋白质在等电点时最不稳定，溶解度、渗透压都最小，容易聚集成沉淀析出。因此，利用蛋白质的等电点，可以分离、提纯蛋白质。

表10-2　一些蛋白质的等电点

蛋白质	等电点	蛋白质	等电点
胃蛋白酶	1.1	胰岛素	5.3
酪蛋白	3.7	血红蛋白	6.8
卵清蛋白	4.7	核糖核酸酶	9.5
血清蛋白	4.8	溶菌酶	11.0

（二）蛋白质的盐析

向蛋白质溶液中加入大量的无机盐，使蛋白质的溶解度降低并析出沉淀的现象称为盐析。盐析时所需盐的最小浓度称为盐析浓度。

盐析蛋白质常用的无机盐有 $(NH_4)_2SO_4$、Na_2SO_4、$NaCl$，其中 $(NH_4)_2SO_4$ 的效果最好。蛋白质盐析是可逆过程，盐析生成的沉淀性质并未改变，加水沉淀又能重新溶解。因此，采用盐析方法可以分离、提纯蛋白质。

不同的蛋白质，盐析时需要盐的浓度也不同。因此，调节盐的浓度，可使不同的蛋白质分段从溶液中析出，这种方法称分段盐析法。临床检验中常用此法来分离蛋白质。

（三）蛋白质的变性

在物理或化学因素的作用下，蛋白质分子的内部结构发生变化，导致其理化性质改变，生理活性丧失的不可逆现象叫作蛋白质的变性。

能使蛋白质变性的因素很多，物理因素有加热、高压、超声波、紫外线或X-射线照射等；化学因素有强酸、强碱、重金属盐、尿素、乙醇、甲醛、丙酮等。

蛋白质的变性有许多实际应用。如临床上采用加热、紫外线照射、酒精等进行杀菌消毒，其结果就是使细菌体内的蛋白质变性。在生产和保存激素、酶、疫苗、抗体血清等具有生物活性的蛋白质时，为了防止其变性失活，应在低温条件下生产与贮存。日常生活中熟食较生食易于消化是因为蛋白质变性后，易被蛋白水解酶消化水解，便于人体吸收。

知 识 链 接

蛋白质变性的应用

蛋白质的变性已广泛应用于医学。如75%乙醇、加热、紫外线等应用于消毒灭菌；抢救重金属盐中毒的患者时，给病人口服大量的蛋清和牛奶（含蛋白质）使生成不溶性的沉淀，阻止金属离子的吸收，之后再洗胃催吐，将重金属离子从胃肠道中清除，起到解毒的作用。

（四）蛋白质的水解反应

蛋白质在酸、碱溶液中加热或在酶催化作用下能够水解，最终得到各种α-氨基酸。

食物里的蛋白质在人体各种蛋白酶的作用下水解成α-氨基酸，被肠壁吸收后进入血液，再在体内重新合成人体所需的蛋白质。

（五）蛋白质的颜色反应

1. **缩二脲反应** 蛋白质在碱性溶液（如NaOH）中与微量$CuSO_4$溶液作用呈紫色或紫红色的反应称为缩二脲反应。蛋白质分子含有多个肽键，可以发生缩二脲反应。蛋白质的含量越高，产生的颜色越深。医学上，利用这个反应来测定血清蛋白的总量和其中白蛋白、球蛋白的含量。

2. **茚三酮反应** 所有蛋白质分子中都含有α-氨基酸残基，与水合茚三酮溶液共热呈现蓝紫色。利用这个反应，可对蛋白质进行定性、定量分析。

3. **黄蛋白反应** 含有苯基的蛋白质溶液与浓硝酸混合呈现黄色的反应称为黄蛋白反应。皮肤、指甲不慎沾上浓硝酸会出现黄色，就是因为蛋白质中的苯环与浓硝酸发生硝化反应，生成黄色的硝基化合物的缘故。

四、重要的蛋白质

（一）血红蛋白

血红蛋白是人体内负责运载氧气的一种蛋白质（缩写为HB或HGB）。血红蛋白由四条多肽链组成，两条α链和两条β链，每条链有一个包含铁原子的环状血红素，氧气结合在铁原子上，被血液运输。血红蛋白中的铁在二价状态时，可与氧气呈可逆性结合成氧合血红蛋白，如果铁氧化为三价状态，血红蛋白则转变为高铁血红蛋白，就失去了载氧能力。血红蛋白在氧气含量高的地方，容易与氧气结合；在氧气含量低的地方，又容易与氧气分离。

一般成年男性血红蛋白<120g/L，成年女性血红蛋白<110g/L为贫血。根据血红蛋白降低的程度，贫血可分为四个级别：血红蛋白在90～110（或120）g/L之间为轻度贫血；血红蛋白在60～90g/L之间为中度贫血；血红蛋白在30～60g/L之间为重度贫血；血红蛋白<30g/L为极重度贫血。

（二）白蛋白

白蛋白（又称清蛋白）是由肝实质细胞合成，是血浆中含量最多、分子最小、功能较多的一种蛋白质，占血浆总蛋白的40%~60%。白蛋白能维持血浆胶体渗透压的恒定，具有运输功能，可以与体内许多难溶性的小分子有机物和无机离子形成易溶性的复合物。白蛋白具有黏性、胶质性，在人体内遇到重金属离子时，会自动与重金属离子结合排出体外，起到解毒的作用。人体不同年龄段白蛋白的正常范围值不同：新生儿为28~44g/L；青少年为38~54g/L；成人为35~50g/L；60岁后为34~48g/L。

在肝功能检查中，是根据白蛋白的检查结果来判断某些疾病。一般情况下，严重脱水和休克、大量出血、严重烧伤、烫伤、慢性肾上腺皮质功能降低等疾病会使白蛋白指标偏高；肝硬化合并腹水及其他肝功能严重损害（如急性肝坏死、中毒性肝炎等）、营养不良、糖尿病、肾病综合征等疾病会使白蛋白指标偏低。当白蛋白降低至25g/L以下易产生腹水。

知 识 链 接

生物催化剂——酶

酶是生物体内活细胞产生的一种生物催化剂，大多数由蛋白质组成。生物体内含有数千种酶，它们支配着生物体的新陈代谢、营养和能量转换等许多催化过程。

食物中的蛋白质、淀粉、脂肪等大分子物质不能直接被消化道吸收，它们必须经过消化，由大分子物质变成小分子物质才能被消化道吸收。食物的消化与消化液中的酶有着密切的关系。例如，食物中的淀粉被人们的唾液和胰液中的淀粉酶水解为麦芽糖，再进一步通过麦芽糖酶的作用水解为葡萄糖等可以吸收的小分子；食物中的脂肪被胰液和小肠中的脂肪酶水解；蛋白质被胃液和胰液中的蛋白酶水解。

酶具有高度的专业性，即一种酶只能催化一种或一类反应。如脲酶只能催化尿素水解。酶还具有高度的不稳定性，很容易受机体内各种因素的影响，如温度、pH或各种离子浓度等，它们的细微改变都可改变酶的活性；凡可使蛋白质变性的各种因素，都可使酶失去活性。

复习思考

一、选择题

1. 人体必需氨基酸有（　　）

　　A. 6种　　　　　　　　　　　　B. 7种

　　C. 8种　　　　　　　　　　　　D. 9种

2. 构成蛋白质的基本单位是（　　）

　　A. α-氨基酸　　　　　　　　　B. β-氨基酸

　　C. 葡萄糖　　　　　　　　　　D. 蔗糖

3. 已知天冬氨酸的pI=2.77，它在pH7.8的溶液中，主要形式是（　　）

　　A. 中性分子　　　　　　　　　B. 阴离子

　　C. 阳离子　　　　　　　　　　D. 两性离子

4. 向甘氨酸溶液中滴加3～5滴茚三酮溶液，加热片刻后溶液变为（　　）

　　A. 蓝紫色　　　　　　　　　　B. 黄色

　　C. 红色　　　　　　　　　　　D. 白色

5. 下列物质中不含有蛋白质的是（　　）

　　A. 豆腐　　　　　　　　　　　B. 牛奶

　　C. 血液　　　　　　　　　　　D. 淀粉

6. 下列物质能发生水解的是（　　）

　　A. 氨基酸　　　　　　　　　　B. 葡萄糖

　　C. 蛋白质　　　　　　　　　　D. 乙酸

7. 欲使蛋白质沉淀且不变性，宜选用（　　）

　　A. 乙醇　　　　　　　　　　　B. 重金属盐

　　C. 浓硫酸　　　　　　　　　　D. 硫酸铵

8. 大多数蛋白质的等电点接近5，所以在血液（pH7.35～7.45）中，它们常常是
（　　）

　　A. 带正电荷　　　　　　　　　B. 带负电荷

　　C. 不带电　　　　　　　　　　D. 既带正电，又带负电

9. 在急救重金属盐中毒的病人时，可以服用大量的（　　）

　　A. 生理盐水　　　　　　　　　B. 葡萄糖溶液

    C. 牛奶　　　　　　　　　D. 醋

10. 医药中常用75％酒精来消毒，是因为酒精能够（　　　）

    A. 与细菌蛋白质发生氧化反应

    B. 使细菌蛋白质发生盐析

    C. 使细菌蛋白质发生变性

    D. 与细菌蛋白质生成配合物

二、填空题

1. 在氨基酸分子中，既含显酸性的_____基，又含显碱性的_____基，所以氨基酸是_____化合物。

2. 肽中的—CONH—称为_____。

3. 蛋白质主要由_____、_____、_____、_____4种元素构成；蛋白质系数是_____。

4. 向蛋白质溶液中加入大量的饱和硫酸铵时，溶液会出现_____，这种现象称为_____；加热蛋白质溶液，使蛋白质凝固的现象称为_____。

5. 蛋白质的颜色反应有_____、_____、_____。

三、简答题

1. 为什么蛋白质具有两性？

2. 蛋白质的变性与盐析的主要区别是什么？

扫一扫，看课件

第十一章

对映异构体

有机化合物的异构现象可以分为两大类：构造异构和立体异构。构造异构又称结构异构，是指分子中原子或基团相互连接的次序和方式不同而引起的异构，它包括碳链异构、官能团异构（官能团种类和位置）和互变异构等。立体异构是指分子式和结构式都相同，但分子中的原子或原子团在三维空间的排列方式不同而引起的异构，它包括顺反异构、构象异构和对映异构。本章节主要学习对映异构。

第一节 物质的旋光性

【学习目标】
1. 熟悉旋光仪的结构和原理，能进行物质旋光度的测量和计算。
2. 了解平面偏振光、旋光性以及比旋光度的概念。

案例导入

立体影院里，带上3D眼镜，是否感觉对突然从面前掠过的蜘蛛侠或阿凡达触手可及，如临其境。如果取下立体眼镜，屏幕上就会模糊一片。原因是立体眼镜的偏光片产生了平面偏振光，帮助你看到了3D电影的立体影像。

问题：1. 什么是偏振光？它与普通光有何不同？
2. 偏振光是怎样产生的？

一、偏振光和物质的旋光性

（一）偏振光

光是一种电磁波，其振动的方向与光波前进的方向互相垂直。普通光源所产生的光线是由多种波长的光波组成，它们都在垂直于其传播方向的各个不同的平面上振动。当自然光通过尼克尔（Nicol）棱镜后，只有振动方向与棱镜的晶轴互相平行的光波才能通过，而其他方向振动的光波则被尼克尔棱镜挡住了。这种只在一个方向上振动的光称为平面偏振光，简称偏振光。

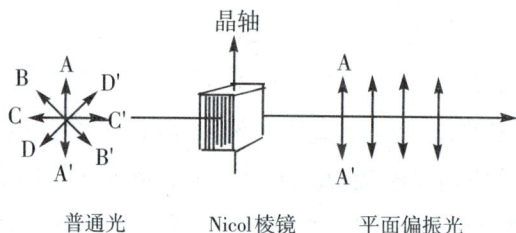

图11-1　偏振光的产生

（二）物质的旋光性

自然界中许多物质能够使平面偏振光的偏振面发生偏转，这种现象称为旋光现象，物质的这种性质称为旋光性，或者光学活性，具有这种性质的物质叫做旋光性物质。

让一束光通过两个平行放置的尼克尔棱镜，在两个棱镜之间放入乙醇、丙酮溶液等物质时，偏振光可通过这些物质，再经第二个棱镜传播出去，说明这些物质不具有旋光性，属非旋光性物质。如果在两个棱镜之间放入乳酸、葡萄糖溶液等物质时，则偏振光不能直接通过第二个棱镜，这时需将第二个棱镜旋转一定的角度后，偏振光才能传播出去。说明这些物质具有旋光性，属于旋光性物质。

二、旋光度和比旋光度

测定物质旋光方向和旋光度的仪器叫旋光仪，它的基本构造为一个光源，两个尼克尔棱镜，一个旋光样品测定管和一个能读数的指示盘。其工作的基本原理如图11-2所示：

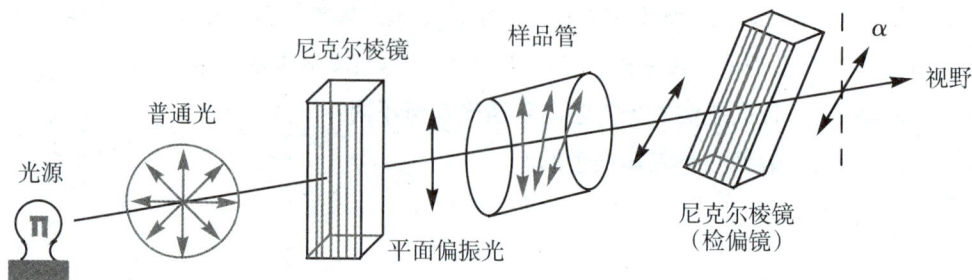

图11-2　旋光仪的工作原理

光源产生的一束光经过第一个尼克尔棱镜（称为起偏镜）的筛选滤过，就产生了平面偏振光，偏振光通过旋光性物质溶液时，偏振面发生偏转，第二个尼克尔棱镜（称为检偏镜）转动一定的角度后可观察到偏振光。转动的角度即为该旋光性物质溶液的旋光度，通常用α表示。正对着光源观察，若旋光性物质使偏振光的偏振面按顺时针方向偏转，则称该化合物为右旋体，用符号"+"或"d"表示。若旋光性物质使偏振光的偏振面按逆时针方向偏转，则称该化合物为左旋体，用符号"－"或"l"表示。

旋光性物质在不同条件下用旋光仪测定得到的旋光度不同，旋光度的测定结果与旋光性物质溶液的浓度，样品测定管的长度，光源的波长以及测定时的温度等因素有关。因此，旋光度的大小并不能准确表达旋光性能的强弱。为了比较旋光性物质的旋光性强弱，消除外在因素的影响，我们用比旋光度[α]来描述物质的旋光性。比旋光度是指在一定温度下，光源波长一定时，待测溶液浓度为1g/mL，旋光样品测定管长度为1dm，光波长在589nm条件下测得的旋光度。旋光度与比旋光度的关系用下式表示：

$$[\alpha]_\lambda^t = \frac{\alpha}{l \times \rho_B}$$

式中：α 是旋光仪所测得的旋光度（°）；t 为测定时的温度（℃）；λ 为测定时光源的波长（一般用钠光灯，波长589nm）；l 为旋光样品测定管的长度（dm）；ρ_B 为样品的浓度（g/mL）。

比旋光度是物质的一项重要的物理常数，已知物质的比旋光度可在文献或相关手册中查到。因此利用比旋光度可以鉴定未知的旋光性物质。同时也可用来进行旋光性物质的纯度及含量分析。

知 识 链 接

利用比旋光度鉴定未知的旋光性物质

已知某药物可能是葡萄糖或维生素C，现将其溶解配置成0.05g/mL的水溶液，利用旋光仪测得该溶液的旋光度为+2.635°，通过计算，鉴别该药物的成分。

解：已知20℃下，葡萄糖比旋光度为+52.5°，维生素C比旋光度为+20.8°。

由比旋光度公式可得该物质比旋光度为：$\frac{2.635°}{0.05} = +52.7°$。

可判断该药物为葡萄糖。

第二节　对映异构

【学习目标】

1. 掌握手性、手性分子和对映异构体的概念。
2. 学会 R、S 及 D、L 构型命名法。

案例导入

自然界中尤其是生物体中，许多物质存在对映异构现象，它们具有不同的光学性质。比如，组成人体蛋白质的氨基酸中，L-(−)-丙氨酸具有营养作用，D-(+)-丙氨酸则无任何作用；人体所需要的糖类物质中，D-(+)-葡萄糖是机体代谢的主要能量物质，具有补充能量、利尿、解毒的作用。许多药物的生物活性和药理作用也与对映异构有着密切的关系。

问题：1. 什么是对映异构？
　　　2. 同是丙氨酸，为什么会有不同的作用？

一、手性、手性分子与对映异构现象

（一）手性

我们观察自己的左手和右手，它们的外形相似，但却不能完全重合，通过照镜子，我们会发现，镜像中的左手（右手）与现实中的右手（左手）恰好相同。左手和右手的关系就是实物和镜像的关系。这种像左右手一样互为镜像但不能完全重合的特征称为"手性"或"手征性"。

（二）手性碳原子与手性分子

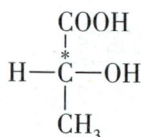

观察比较丙酸、2-羟基丙酸（乳酸），发现乳酸分子中的中间的碳原子与众不同，与之相连的四个原子或原子团均不相同（—H、—OH、—CH_3、—COOH）。我们将这种与四个互不相同的原子或原子团相连的碳原子称作"手性碳原子"或"不对称碳原子"，通常用 $\overset{*}{C}$ 表示。

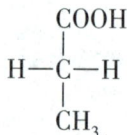

$$
\begin{array}{c}
\text{COOH} \\
| \\
\text{H—C—H} \\
| \\
\text{CH}_3
\end{array}
\qquad\qquad
\begin{array}{c}
\text{COOH} \\
| \\
\text{H—}\overset{*}{\text{C}}\text{—OH} \\
| \\
\text{CH}_3
\end{array}
$$

丙酸　　　　　　　　　　2-羟基丙酸（乳酸）

为什么有些物质有旋光性，有些物质没有旋光性？研究发现，这与物质的分子结构有关。我们比较乳酸（具有旋光性）和乙醇（没有旋光性）两种物质的分子立体结构与镜像的关系，如下图所示。发现乙醇分子能够与其镜像重合，所以乙醇分子没有手性，而乳酸分子无论如何旋转都不能使其与镜像完全重合，所以乳酸分子具有手性。物质的分子具有手性特征是物质具有旋光性的必要条件。

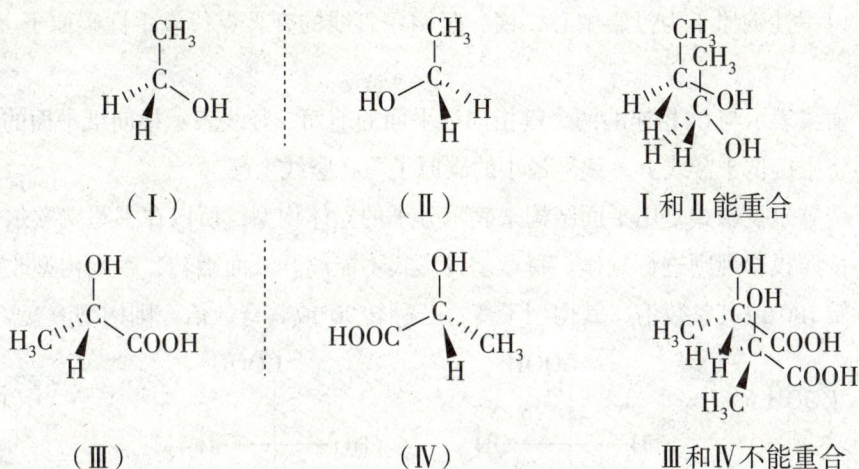

（Ⅰ）　　　　　　　（Ⅱ）　　　　　　Ⅰ和Ⅱ能重合

（Ⅲ）　　　　　　　（Ⅳ）　　　　　　Ⅲ和Ⅳ不能重合

图11-3　手性分子与非手性分子

有手性的分子，称为手性分子，没有手性的分子为非手性分子。判断化合物分子有无手性不能简单依靠分子中有无手性碳原子来判断。通常只含有一个手性碳原子的分子是手性分子，含有多个手性碳原子的分子要分析分子中有无对称因素。不存在任何对称因素的分子称为不对称分子，是手性分子，具有旋光性。

（三）对映异构

对映异构又称为光学异构或旋光异构。像乳酸分子一样，由于构成分子的原子或原子团在空间的排列顺序不同，我们观察到两种立体结构的乳酸分子，他们互为实物与镜像的关系，不能完全重合，称为对映异构关系。这种互为对映异构关系的异构体称为对映异构体，简称对映体。具有这种关系的同分异构现象称为对映异构现象。

互为对映体的分子为手性分子，具有旋光性，在相同的条件下，它们的旋光度相同，但旋光方向相反。所以将一对对映体等量混合后，旋光仪检测不到旋光性，或旋光性为零。将一对对映体等量混合得到的混合物称为外消旋体。外消旋体没有旋光性，其物理性质也与单一的对映体表现出一定的不同。外消旋体常用（±）或 dl 表示。

一对对映体除了其旋光方向相反外，具有相似的物理和化学性质，但是在很多情况下，对映体在生理性能和药理作用方面却表现出不同的反应活性。例如，左旋麻黄碱在升高血压作用上要比右旋麻黄碱大4倍；左旋氯霉素治疗伤寒等疾病很有疗效，而右旋氯霉素几乎无效。

（四）Fischer 投影式

对映体的构型可用立体结构式（透视式）和费歇尔（Fischer）投影式表示，立体结构式形象生动，但书写不方便。1891年，德国化学家费歇尔（Fischer）为了更直观方便地表示分子的立体结构，将分子的立体模型按照一定的方式放置，然后将其投影到平面上，即得到费歇尔投影式。投影的原则主要有三个方面：

（1）以手性碳原子为投影中心，横、竖两条直线的交叉点代表手性碳原子（C*），位于纸平面。

（2）横线表示与C*相连的两个键指向纸平面的前面，竖线表示指向纸平面的后面。

（3）将主链位于竖线上，编号最小的碳原子写在竖线上端。

由于费歇尔投影式是用平面结构来表示分子的立体构型，所以在书写费歇尔投影式时必须严格按照投影规则进行操作。费歇尔投影式不能离开纸面翻转，否则构型改变，可在纸面内翻转180°或其整数倍，其构型不变；若翻转90°或其奇数倍，则构型改变。

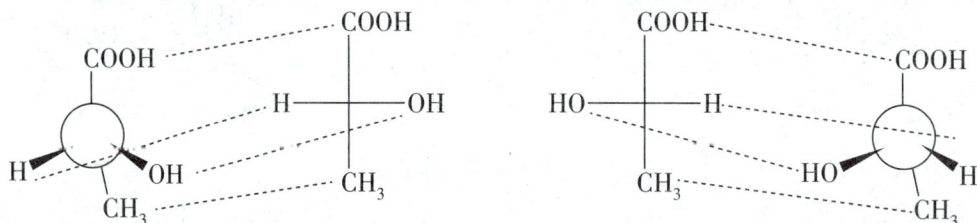

图11-4　乳酸对映体的费歇尔投影式

二、对映异构体的构型标记方法

乳酸的一对对映体中，用旋光仪测定可知其中一个是左旋乳酸，一个是右旋乳酸，但无法确定左旋和右旋乳酸分别对应哪一个立体结构式。为了区分一对对映体的构型，常用D、L构型标记法和R、S构型标记法进行命名。

（一）D、L标记法

1951年以前，人们无法得到旋光性物质分子的真实构型，但为了方便研究和交流，在19世纪末，费歇尔等人提出了用甘油醛为标准进行标记。按照费歇尔投影式的原则写出甘油醛的费歇尔投影式，并规定羟基（—OH）在手性碳原子右侧的构型为D–型，羟基（—OH）在手性碳原子左侧的构型为L–型。这个构型标准是人为规定的，与分子的真实构型不一定相符。直到1951年，化学家毕育特（J. M. Bijvoet）证明了费歇尔人为规定的甘油醛构型与其真实构型一致。甘油醛的两种构型标记如下：

$$
\begin{array}{ccc}
& \text{CHO} & \\
\text{H} & - & \text{OH} \\
& \text{CH}_2\text{OH} &
\end{array}
\qquad
\begin{array}{ccc}
& \text{CHO} & \\
\text{HO} & - & \text{H} \\
& \text{CH}_2\text{OH} &
\end{array}
$$

D-(+)-甘油醛　　　　　　L-(−)-甘油醛

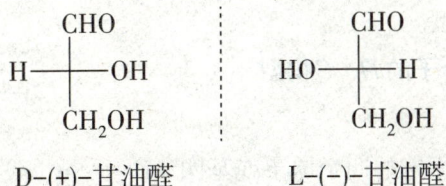

其他手性分子的构型可通过化学转变的方法，与甘油醛联系起来进行对照以确定其构型。因为这种构型是人为规定的，并非实际测出，所以称为相对构型。比如，D-(+)-甘油醛中醛基被氧化成羧基，再将羟甲基还原成甲基，反应中与手性碳原子相连的任何一个化学键都没有断裂，所以与手性碳原子相连的原子或原子团在空间的排列顺序不会改变，反应没有改变羟基的空间位置，所以得到的乳酸应为D-型。

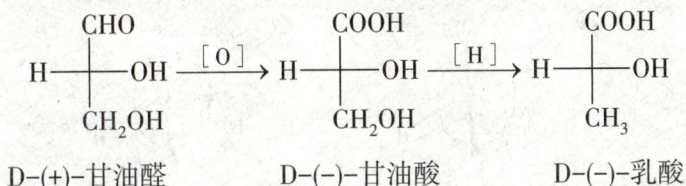

$$
\begin{array}{ccc}
& \text{CHO} & \\
\text{H} & - & \text{OH} \\
& \text{CH}_2\text{OH} &
\end{array}
\xrightarrow{[\text{O}]}
\begin{array}{ccc}
& \text{COOH} & \\
\text{H} & - & \text{OH} \\
& \text{CH}_2\text{OH} &
\end{array}
\xrightarrow{[\text{H}]}
\begin{array}{ccc}
& \text{COOH} & \\
\text{H} & - & \text{OH} \\
& \text{CH}_3 &
\end{array}
$$

D-(+)-甘油醛　　　　　　D-(−)-甘油酸　　　　　　D-(−)-乳酸

物质的旋光性与其构型没有直接的关联，D-型的旋光性物质可能是左旋体，也可能是右旋体，一般而言，如果一对对映体中的一个是D-型左旋（右旋）的，那么另一个一定是L-型右旋（左旋）的。

D、L构型标记法，使用方便，但是却有一定的局限性。该标记法一般只适用于含有一个手性碳原子的化合物，含有多个手性碳原子的化合物，该种表示方法具有局限性，使用不方便，目前只有糖类和氨基酸类化合物还在普遍使用。含有多个手性碳原子的糖类和氨基酸类化合物主要将投影式中最下端的手性碳原子即编号最大的手性碳原子与甘油醛中的手性碳原子类比，然后确定其构型。其他含有两个或两个以上手性碳原子的化合物大多用R、S标记法命名。

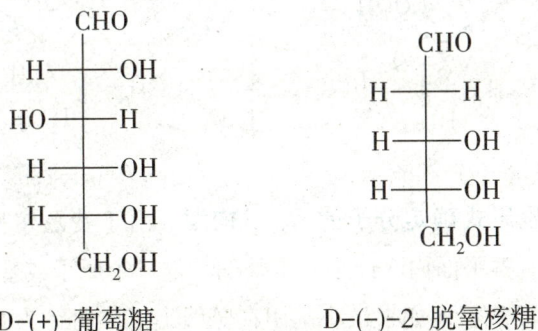

$$
\begin{array}{ccc}
& \text{CHO} & \\
\text{H} & - & \text{OH} \\
\text{HO} & - & \text{H} \\
\text{H} & - & \text{OH} \\
\text{H} & - & \text{OH} \\
& \text{CH}_2\text{OH} &
\end{array}
\qquad\qquad
\begin{array}{ccc}
& \text{CHO} & \\
\text{H} & - & \text{H} \\
\text{H} & - & \text{OH} \\
\text{H} & - & \text{OH} \\
& \text{CH}_2\text{OH} &
\end{array}
$$

D-(+)-葡萄糖　　　　　　　D-(−)-2-脱氧核糖

（二）R、S标记法

1970年，国际上根据国际纯粹与应用化学联合会（IUPAC）的建议，构型的命名采用R、S法，这种表示法目前被广泛使用，可根据化合物的实际构型或投影式进行命名，不需要人为规定参照标准构型。

1. 根据透视式确定分子的 *R*、*S* 构型

命名规则如下：

（1）将与手性碳原子相连的四个原子或基团（a、b、c、d）按照由大到小的次序进行排序，假设a>b>c>d。

（2）把排序最小的基团（d）放在离观察者眼睛最远的位置，使视线与手性碳原子和最小基团在一条直线上。

（3）观察其余三个基团由大到小的顺序，若是顺时针方向，则其构型为 *R*（*R* 是拉丁文 *Rectus* 的字头，是右的意思），若是逆时针方向，则构型为 *S*（*Sinister*，左的意思）。

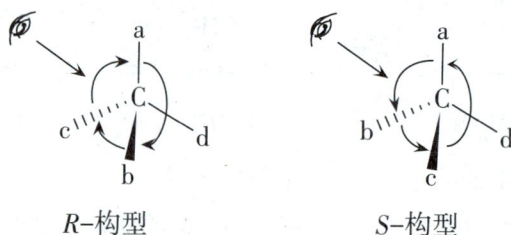

R-构型　　　　　　　　*S*-构型

次序规则：连接在手性碳原子上的原子或基团，按原子序数由大到小排列，原子序数大的优先；同位素中质量数高的优先；原子序数相同时，则依次比较第二个原子的原子序数，依此类推。双键或三键，当作两个或三个相同的单键看待。

观察乳酸的透视式，手性碳原子上连接四个不同的原子或基团，按照次序规则排序，—OH>—COOH>—CH_3>—H。—H最小，应放在离眼睛最远的位置，如下图所示。—H和—COOH在纸平面上，—OH在纸平面前面，—CH_3在纸平面后面。通过观察，左侧乳酸构型为 *S*-构型，右边为 *R*-构型。

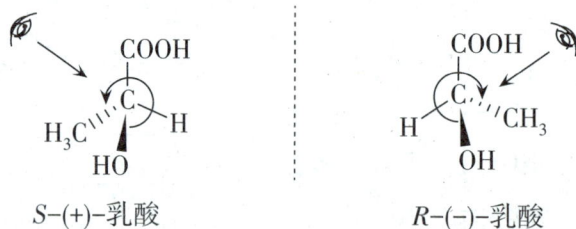

S-(+)-乳酸　　　　　　　　*R*-(-)-乳酸

2. 根据费歇尔投影式确定分子的 *R*、*S* 构型

由于费歇尔投影式是平面结构表示的。我们可通过直接观察平面内除最小原子外的其他三个原子或基团的大小顺序方向。我们让眼睛正对着纸平面观察，如果最小基团在竖线上，顺时针为 *R*-构型，逆时针为 *S*-构型；如果最小基团在横线上，则顺时针为 *S*-构型，逆时针为 *R*-构型。

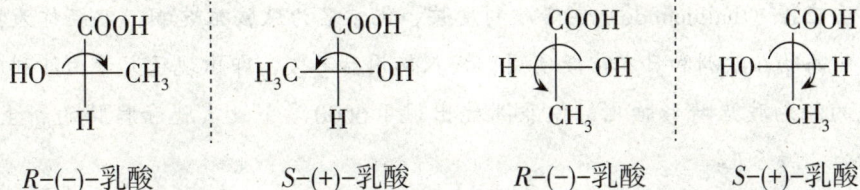

R-(−)-乳酸　　　　S-(+)-乳酸　　　　R-(−)-乳酸　　　　S-(+)-乳酸

R、S-构型表示法和D、L-构型表示法是基于两种不同规定的构型表示法，两者之间没有对应关系，与物质的旋光方向也没有对应关系。

三、手性药物在医药学上的应用

通常人们将具有药理活性的手性化合物组成的药物称为手性药物。目前，合成的手性药物中90%以上是以外消旋体的形式存在的。当手性药物分子对映体进入人体后，将受到体内手性受体、酶、载体的不同进行识别，表现出药理活性。一对对映体中与受体有较强亲和力或有较高药理活性的一个对映体，称为优对映体；与受体有较弱亲和力或有较低药理活性的一个对映体，称为劣对映体。优对映体活性与劣对映体活性的比值即优劣比，是对映体药理作用的立体特异性的量度。优劣比值越大，立体特异性越高。

手性化合物的一对对映体在生物体内的药理活性、代谢过程、代谢速率及毒性等存在显著的差异。可能存在以下四种不同情况：

（1）对映体有相同的药理活性。

（2）对映体活性类型相同但强度不同。

（3）只有一个对映体有药理活性。

（4）对映体有不同或相反的药理活性。

但大多数情况下，在生物体中具有药理活性的只是对映体中的一种，另一种往往没有活性或具有相反的效果。20世纪60年代的"反应停"事件就是人类在认识使用手性药物过程中的一个惨痛教训。

知 识 链 接

"反应停"事件

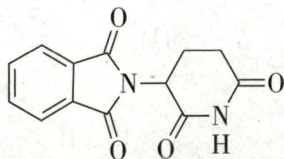

R-型，镇静作用

S-型，致畸作用

　　反应停（thalidomide）学名沙利度胺，化学名为肽胺哌啶酮，曾经作为抗妊娠反应药物在欧洲和日本广泛使用，投入使用后不久，即出现了大量由沙利度胺造成的海豹肢症畸形胎儿。仅欧洲就出现了6000多个没有腿和胳膊的新生儿，被称为"海豚儿"。

　　沙利度胺有R-肽胺哌啶酮和S-肽胺哌啶酮2种对映异构体，R-型的反应停能减轻孕妇初期的妊娠反应，有镇静作用，而S-型的反应停却有致畸作用。因此，自20世纪60年代起，反应停就被禁止作为孕妇止吐药物使用，仅在严格控制下被用于治疗某些癌症、麻疯病等。

复习思考

一、选择题

1. 与四个不相同的原子或原子团相连的碳原子称为（　　　）

    A. 手性碳原子　　　　　　　　　　B. 伯碳原子

    C. 仲碳原子　　　　　　　　　　　D. 叔碳原子

2. 下列分子中含有手性碳原子的是（　　　）

    A. CH_3CH_2OH

    B. $CH_3\overset{\overset{\displaystyle OH}{|}}{C}HCOOH$

    C. $CH_3\overset{\overset{\displaystyle CH_3}{|}}{C}HCOOH$

    D. CH_3COOH

3. 下列费歇尔投影式中，属于D-型的是（　　　）

    A.
$$\begin{array}{c} COOH \\ H \!-\!\!\!-\!\!\!\mid\!\!\!-\!\!\!- OH \\ CH_3 \end{array}$$

    B.
$$\begin{array}{c} COOH \\ HO \!-\!\!\!-\!\!\!\mid\!\!\!-\!\!\!- H \\ CH_3 \end{array}$$

    C.
$$\begin{array}{c} COOH \\ H_2N \!-\!\!\!-\!\!\!\mid\!\!\!-\!\!\!- H \\ CH_3 \end{array}$$

    D.
$$\begin{array}{c} CHO \\ HO \!-\!\!\!-\!\!\!\mid\!\!\!-\!\!\!- H \\ CH_3 \end{array}$$

4. 下列费歇尔投影式中，属于R-型的是（　　　）

    A.
$$\begin{array}{c} COOH \\ H \!-\!\!\!-\!\!\!\mid\!\!\!-\!\!\!- NH_2 \\ CH_3 \end{array}$$

    B.
$$\begin{array}{c} CH_3 \\ H \!-\!\!\!-\!\!\!\mid\!\!\!-\!\!\!- Br \\ Cl \end{array}$$

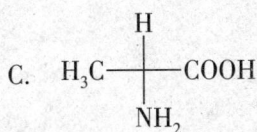

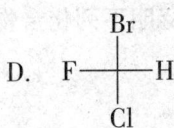

C. $H_3C-\overset{\overset{\displaystyle H}{|}}{\underset{\underset{\displaystyle NH_2}{|}}{C}}-COOH$

D. $F-\overset{\overset{\displaystyle Br}{|}}{\underset{\underset{\displaystyle Cl}{|}}{C}}-H$

5. 2-氯丙酸的投影式为 $H-\overset{\overset{\displaystyle COOH}{|}}{\underset{\underset{\displaystyle CH_3}{|}}{C}}-Cl$ ，其构型为（　　）

A. R-型   B. S-型

C. Z-型   D. E-型

6. 下列哪种分子的构型为 S-型（　　）

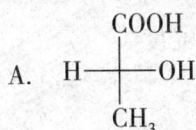

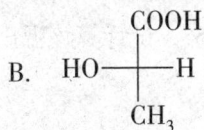

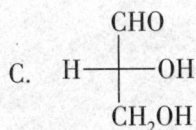

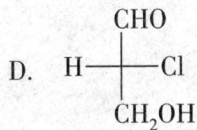

A. $H-\overset{\overset{\displaystyle COOH}{|}}{\underset{\underset{\displaystyle CH_3}{|}}{C}}-OH$

B. $HO-\overset{\overset{\displaystyle COOH}{|}}{\underset{\underset{\displaystyle CH_3}{|}}{C}}-H$

C. $H-\overset{\overset{\displaystyle CHO}{|}}{\underset{\underset{\displaystyle CH_2OH}{|}}{C}}-OH$

D. $H-\overset{\overset{\displaystyle CHO}{|}}{\underset{\underset{\displaystyle CH_2OH}{|}}{C}}-Cl$

二、填空题

1. 偏振光是指_____。

2. 比旋光度是指_____。

3. 在对映异构中，D、L 表示_____；"+、–"表示

_____。

4. 互为实物和_____关系又不能完全重合的异构体称为_____。

三、判断下列化合物分子中有无手性碳原子，如果有请用 "*" 标示出来

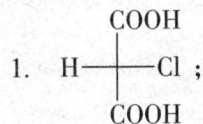

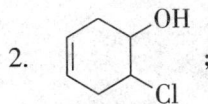

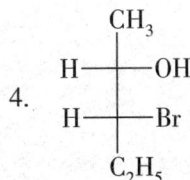

1. $H-\overset{\overset{\displaystyle COOH}{|}}{\underset{\underset{\displaystyle COOH}{|}}{C}}-Cl$ ；

2. ；

3. $CH_3CHOHCH_2CH_3$ ；

4. $H-\overset{\overset{\displaystyle CH_3}{|}}{C}-OH$ $H-\overset{}{\underset{\underset{\displaystyle C_2H_5}{|}}{C}}-Br$

四、用 *R*、*S*构型标记法标明下列化合物的分子构型

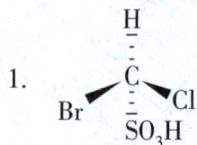

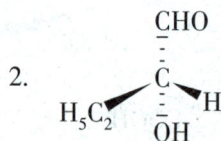

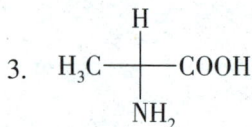

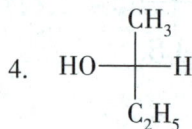

1.
$$\begin{array}{c} H \\ | \\ Br\text{---}C\text{---}Cl \\ | \\ SO_3H \end{array}$$

2.
$$\begin{array}{c} CHO \\ | \\ H_5C_2\text{---}C\text{---}H \\ | \\ OH \end{array}$$

3.
$$\begin{array}{c} H \\ | \\ H_3C\text{---}C\text{---}COOH \\ | \\ NH_2 \end{array}$$

4.
$$\begin{array}{c} CH_3 \\ | \\ HO\text{---}C\text{---}H \\ | \\ C_2H_5 \end{array}$$

五、计算

20℃时，将500mg氢化可的松溶解在100mL乙醇中，用20cm的样品测定管测定其旋光度，测得的旋光度是+1.65°，试计算该温度下氢化可的松的比旋光度。

实训部分

实训一　有机化学实训基础知识

有机化学实训是药学专业、检验专业重要的基础实训课程，是有机化学教学的重要组成部分。通过有机化学实训，不仅能够加深学生对理论知识的理解和巩固，而且能够掌握有机化学最基本的实训操作技能，同时还能够培养学生观察事物、发现问题、分析问题和解决实际问题的能力，开拓学生理论联系实际、积极创新的思维模式，逐渐养成严谨求实、一丝不苟、团结协作的工作作风，为后续的学习发展以及更好地适应工作岗位需求奠定基础。

一、有机化学实训室规则

（一）实训前

1. 实训前必须认真预习，包括实训目的、基本原理、实训内容等，重点了解实训的关键步骤及注意事项，并简要写出预习提纲。

2. 了解实训室的布局和设备放置地点，如水、电总开关的位置，消防器材（消火栓、灭火器等）、紧急急救箱以及安全通道。

3. 实训前，先清点本次实训所用仪器是否齐全，仪器装置是否正确。

（二）实训中

1. 进实训室必须穿白服。实训室内严禁饮食和吸烟，禁止玩手机、看视频、听音乐等。实训室应保持肃静，禁止大声喧哗和随意走动，未经允许不得擅自离开。

2. 实训过程中，要严格按照操作规程进行，若有疑难问题或意外事故，立即报告老师解决和处理。应仔细观察实训现象，如温度、颜色的变化，有无气体、沉淀产生等，并及时如实地记录现象和数据；随时观察装置是否漏气、破损等。

3. 要爱护公物，节约水、电和消耗性药品，公用器材用后放回原处。药品应按照规定用量取用，不得任意增减。破损仪器应及时报告老师并登记，实训室的物品一律不得带出室外。

4. 保持实训室的干净整洁。实训台面、地面、水槽等应保持清洁，药品、试剂用后应及时归放原位，不准随意乱放。

5. 污物、残渣等应倒在指定的地点。残渣、纸屑、火柴棒等固体废物投入污物桶内；易污染环境、有毒、易燃、易挥发、有腐蚀性的酸性或碱性废弃液等倒入指定的有盖废液瓶中；一般废弃液冲入下水道。

（三）实训后

1. 实训完毕后，将实训记录及产品交给指导教师检查，清洗仪器，清点数目。将台面打扫干净，物品摆放整齐，检查水电开关，确认安全后请指导教师检查，合格后方可离开实训室。

2. 轮流值日的学生应对实训室进行全面清扫，倾倒污物桶，协助实训教师将器材放到指定的橱柜中，关好实训室的水、电总阀和门窗等，经指导教师检查认可后再离开。

3. 认真如实地填写实训报告并按时上交。

二、有机化学实训室安全知识

有机化学实训所用的试剂多数易燃、易爆、有毒、有腐蚀性，所用仪器大部分是易破、易碎的玻璃制品，此外，还要用到电器设备。实训时，一旦没有按照规程操作或者粗心大意，就容易发生触电、火灾、受伤、中毒、甚至爆炸等意外事故。为了保证实训顺利开展，学生必须树立"安全第一"的意识，充分了解并重视安全规则，并严格执行，确保人身安全。

（一）一般安全规则

1. 实训开始前应检查仪器有无漏气、破裂等现象，蒸馏、回流以及加热装置，必须与大气相通。实训过程中要密切注意反应进行的情况。

2. 使用易燃、易爆试剂或材料时，要保持实训室内空气畅通且须远离火源。

3. 酒精灯需用火柴点燃，切不可用已经点燃的酒精灯对接引火；严禁向正在燃烧的酒精灯中添加酒精，如果需要补充酒精，需将火焰熄灭后用漏斗添加。

4. 吸取有毒液体，应使用滴管。称取和使用有毒、强烈刺激性物质时，或会生成有毒物质的反应都须在通风橱进行。有可能发生危险的实训，操作时应使用防护眼镜、面罩、手套等防护设备。使用有毒物质后，要立即洗手。

5. 不要正面俯视正在加热的物质。加热的容器口不要对着别人或自己。玻璃仪器不能骤冷或骤热。

6. 蒸馏或回流易燃有机物时，应采取水浴或电热套加热，严禁直接明火加热。易燃、易挥发药品，避免放在敞口容器中加热。

7. 若将玻璃管插入胶塞中，可在塞孔中涂些水和甘油等润滑剂，用布包住玻璃管使其旋转而入，防止折断或割伤人。

8. 使用电器时，先检查是否漏电，勿用湿手接触电插头，使用结束关闭电源。

（二）常见事故的处理

1. 着火　实训室一旦发生着火事故，不要惊慌失措，应沉着冷静，立即将热源、电源切断，将火源附近的可燃物品移走，再根据燃烧物的性质、火灾的轻重采取适当的灭火措施。

（1）有机溶剂或油类着火，若火势小，可用湿抹布或砂覆盖扑灭；火势大时，可用干粉灭火器或其他适宜的灭火器灭火。

（2）反应器皿内着火，可用石棉板盖住瓶口，隔绝空气火即熄灭。

（3）电器着火，应立即切断电源，用干粉灭火器或其他适宜的灭火器灭火。

（4）衣服着火时，切勿奔跑，应立即卧地打滚，其他人员可用防火毯或麻包布之类东西将其包住，使火焰隔绝空气而熄灭。

（5）如果实训室不具备灭火器材，可将实训室常用的碳酸钠或碳酸氢钠固体倒在火焰上将火扑灭。

2. 触电　若发生触电事故，立刻切断电源总开关，尽快用绝缘物（干燥的木棒、竹杆）将触电者与电源分开，切忌用手与触电者直接接触。必要时，进行人工呼吸，重者应尽快就医。

3. 烫伤　若伤势较轻，涂抹苦味酸或烫伤软膏；若伤势较重，可撒纯净的碳酸氢钠，然后立即就医。切勿用冷水冲洗，更不能把烫起的水泡戳破。

4. 灼伤　被酸、碱、溴灼伤后，应立刻用干布或卫生纸拭去，然后用大量的水冲洗，再根据灼伤物的特点分别处理。

（1）酸灼伤　皮肤灼伤用5%碳酸氢钠冲洗，眼睛灼伤用1%碳酸氢钠溶液清洗，再用水冲洗。

（2）碱灼伤　皮肤灼伤用1%~2%醋酸溶液冲洗，眼睛灼伤用1%硼酸溶液清洗，再用水冲洗。

（3）溴灼伤　皮肤灼伤用75%乙醇将溴擦净，涂上甘油或烫伤油膏，眼睛灼伤用1%碳酸氢钠溶液冲洗。

（4）苯酚灼伤　立即用大量有机溶剂如乙醇或汽油清洗干净，涂上甘油。如果溅入眼中，先用水清洗，再滴入可的松眼药水。

（5）钠、钾灼伤　先用镊子移去金属，之后与碱灼伤处理方法相同。

（6）灼伤严重者，经上述处理后，应立即就医。

5. 割伤　若被玻璃割伤，先仔细检查伤口中有无玻璃碎粒，有则取出。若轻伤，用医用双氧水洗净伤口，涂上碘酊后用消毒纱布包扎好或贴创可贴；若伤势较重，可在伤口上部约10cm处用纱布扎紧，减缓流血，然后立即就医。

6. 中毒 吸入溴蒸气、氯气等有毒气体时，立即吸入少量酒精和乙醚的混合蒸气，并立即到室外呼吸新鲜空气。

三、常用玻璃仪器简介

实训表1-1列出了有机化学实训中常用的玻璃仪器。

实训表1-1 有机化学实训常用的玻璃仪器

仪器	主要用途	使用注意事项
烧瓶 平底　圆底　三颈	1.加热温度较高、试剂量较大时用圆底烧瓶，常作为蒸馏瓶，也可用于装配气体发生装置 2.加热温度低、时间短的低沸点化合物用平底烧瓶 3.长时间的加热反应或回流时用三颈烧瓶	1.烧瓶中盛放的液体体积一般不超过其容积的2/3，不少于1/3 2.不能直火加热，需垫石棉网，并固定在铁架台上 3.防止骤冷，以免容器破裂 4.三颈烧瓶的三个口，可以同时加入多种反应物，或与温度计、电动搅拌器、蒸馏头、冷凝管等连接
蒸馏头　　　尾接管	1.蒸馏头用于连接烧瓶、冷凝管、温度计 2.尾接管连接冷凝管，用于将馏分导入接收瓶	1.蒸馏头下接烧瓶，上接温度计，斜口接直形冷凝管 2.尾接管与接受瓶之间要与大气相通，不可封闭
冷凝管 空气　直形　球形　蛇形	1.用于蒸馏装置中冷却蒸气 2.空气冷凝用于冷凝沸点高于130℃的液体 3.直形冷凝管用于冷凝沸点低于130℃的液体 4.球形冷凝管一般用于回流 5.蛇形冷凝管用于冷凝沸点很低的液体	1.直形冷凝管用于倾斜式装置，球形、蛇形冷凝管用于垂直式装置 2.用万能夹夹住冷凝管中部固定于铁架台上 3.冷凝管下口为进水口，上口为出水口，且上端出水口朝上，以保证套管中充满水 4.在加热之前，应先通冷凝水
梨形、球形分液漏斗　滴液漏斗	1.分液漏斗主要应用于从溶液中萃取某种成分 2.分离2种互不相溶的液体 3.用水、酸或碱洗涤某种产品 4.滴液漏斗用于滴加液体试剂	1.使用前先检查活塞处是否漏水，若漏水，则将活塞处擦干，均匀地涂上薄薄的一层凡士林（注意不要堵住活塞的孔道） 2.所盛放的液体总量不能超过漏斗容积的3/4，切勿用手拿漏斗的下端 3.用毕洗净后，在塞子处加一纸条以防黏结，进烘箱前把塞子拿出来 4.分离液体时，分液漏斗要固定于铁架台的铁圈上 5.分离液体时，下层液体通过活塞放出，上层液体从漏斗口倒出

仪器	主要用途	使用注意事项
熔点测定管（b形管）	用于测定熔点	1.应固定在铁架台上 2.应在测定管的侧管末端进行加热 3.加入的传热液要略高于测定管的上侧管口
布氏漏斗　抽滤瓶	1.分离晶体和母液时的抽气过滤装置 2.抽滤瓶用于接收滤液，连接布氏漏斗和真空泵	1.布氏漏斗以橡皮塞固定在抽滤瓶上，必须紧密不透气 2.布氏漏斗下端的缺口须对着抽滤瓶的侧管 3.滤纸应小于布氏漏斗的底面，但须盖住其所有小孔，用同一种溶剂润湿滤纸，使其紧贴在布氏漏斗的底面上

四、玻璃仪器的洗涤和干燥

有机化学实训中使用的玻璃仪器必须洁净，否则将对反应产物及现象的观察造成影响，从而影响实训结果。因此，将玻璃仪器洗涤干净非常重要。玻璃仪器都有其各自的性能，洗涤时，要根据其性能以及污染物的特点选择适当的方法。

（一）玻璃仪器的洗涤

1. 普通玻璃仪器　如实训室常用的烧杯、锥形瓶、试剂瓶和试管等，可先把仪器和毛刷淋湿，用毛刷蘸取去污粉或洗涤剂擦洗仪器内、外壁，再用自来水冲洗干净即可。

2. 具有精密刻度的仪器　移液管、吸量管、滴定管等具有精密刻度的仪器，其内壁不能用刷子刷洗，以免损伤刻度而影响准确度。通常用含0.5%的合成洗涤剂的水溶液浸泡或将其倒入仪器中晃动几分钟后弃去，再用自来水冲洗干净。

对于用去污粉洗不净的污物，可根据污物的性质选择不同的洗涤液浸泡洗涤，最常用的洗涤液是由等体积的浓硫酸和饱和重铬酸钾溶液配制而成。玻璃仪器若用于精制或有机分析，按上述方法洗涤后，还需用去离子水冲洗，以除去自来水引入的杂质。

检查玻璃仪器是否洗涤干净，可将玻璃仪器倒置，水顺着内壁流下，只留下一层既薄又均匀的水膜，而无水珠附着在上面，则表示仪器已洗干净。需要注意的是，洗净后的仪器不能用抹布、滤纸等擦干。

（二）玻璃仪器的干燥

1. 自然晾干　这是最常用的一种方法，将洗净的玻璃仪器在常温下放置，晾干即可。

2. 加热烘干　急需用的玻璃仪器可放于烘箱内干燥，温度控制在100~110℃之间，也可倒置在玻璃仪器烘干器上烘干。需要注意的是，带有精密刻度的计量仪器不可用加热的方法烘干，以免影响准确度。

五、实训预习、实训记录和实训报告的书写

（一）实训预习提纲

实训预习是做好实训的基础。每位同学应该准备一本预习本（兼作记录本），在预习本上简明扼要地写出实训预习提纲。

在预习提纲中，实训步骤应简洁明了，尽量避免全部用文字描述。例如，对于基本操作实训和有机物制备实训，实训步骤最好用流程图表示；对于性质验证实训，需将实训步骤以及预测的现象用表格的形式表示，尽量用简练的语句和符号，例如，化合物用分子式；毫升用"mL"；克用"g"；加用"+"；加热用"△"；气体用"↑"；沉淀用"↓"；滴可用"d"；仪器用示意图代替等来表示。具体可参考后面的实训报告框架。

（二）实训记录

实训记录是科学研究的第一手资料，也是完成实训报告的原始依据，实训记录是否准确，将直接影响实训结果的分析。因此，在实训中，学生要及时、如实地将观察到的现象和测得的数据记在记录本上，决不允许事后凭记忆或零星纸条上的记载补写实训记录。

（三）实训报告

实训报告要在课后完成，将所观察到的现象如实填写，所得数据按要求进行处理，并对数据结果进行合理分析。实训报告内容要实事求是，语句简练通顺，誊写清楚整洁。下面总结几种实训报告的框架，以供参考。

1. 性质报告

实训 ×××

课程_____专业_____班级_____姓名_____ ____年____月____日

一、实训目的

二、实训仪器和药品

三、实训内容及现象（表格如下）

项目	操作步骤	实训现象	解释或结论
邻二醇的特性	+5滴 $CuSO_4$ +10滴 NaOH +3滴甘油	天蓝色沉淀变为深蓝色溶液	$CuSO_4 + NaOH \longrightarrow Cu(OH)_2\downarrow + Na_2SO_4$ 天蓝色 深蓝色
……	……	……	……

2. 基本操作报告

实训　×××

课程_____专业_____班级_____姓名_____　　　　　___年___月___日

一、实训目的

二、实训原理

三、仪器装置

四、操作步骤与现象

五、数据记录与处理

样品	初熔（℃）	终熔（℃）	熔点范围	熔程	结论
1.					
2.					

六、实训思考与讨论

3. 制备报告

实训　×××

课程_____专业_____班级_____姓名_____　　　　　___年___月___日

一、实训目的

二、实训原理（写出主反应、副反应方程式并简单文字说明）

三、主要试剂及产物的物理常数

四、主要试剂的的规格及用量

五、实训装置图

六、实训步骤及现象

七、实训记录及处理

产品	外观	质量(g)	熔点	产率

八、实训思考与讨论

实训二　熔点的测定

一、实训目的

1. 掌握毛细管法测定熔点的方法。

2. 了解测定熔点的原理和意义。

3. 培养学生认真细致、规范操作、敏锐观察的态度。

二、实训用品

1. **仪器** 提勒熔点管、铁架台、铁夹、毛细管（长 7~8cm，内径 1mm）、缺口单孔软木塞、玻璃管（内径 5mm 左右，长约 40cm）、酒精灯、200℃温度计、表面皿、牛角匙。

2. **试剂** 液体石蜡、苯甲酸、尿素。

三、实训原理

每种结晶的有机化合物都有其特定的熔点，熔点是晶体物质重要的物理常数。在标准大气压下，加热固态化合物到一定温度时，即从固态转变成液态，这时的温度就是该化合物的熔点。一种纯净的化合物从开始熔化到完全熔化的温度范围叫做熔点距（又叫熔点范围或熔程），一般不超过 0.5~1℃。当纯物质中有杂质时，会使熔点降低，熔程延长。由于大多数有机物熔点较低，一般在 300℃ 以下，较易测定，因此，利用熔点测定技术，可以用来鉴定有机物并判断有机物的纯度。

四、实训步骤

1. **熔点管** 通常用内径约 1mm、长 7~8cm、一端封闭的毛细管作为熔点管。

制作方法：将毛细管一端呈 45° 角放在酒精灯的外焰边缘，边加热边捻动，直至端口熔化封闭。

2. **填装样品** 取一堆研磨成细粉的苯甲酸放在干净的表面皿上，将毛细管的开口一端垂直插入样品堆中，使样品挤入管内，然后将装有样品的毛细管开口端向上，放入直立在表面皿中央、约 40cm 长的玻璃管内，使毛细管沿玻璃管内壁滑下，粉末也就落入毛细管管底。反复操作数次，使样品粉末均匀、紧密地填入管底，高度 2~3mm。每种样品填装 2 根毛细管。

3. **熔点测定仪器的组装** 熔点测定的装置如实训图 2-1 所示。用铁夹夹紧提勒管管颈的上部，并固定在铁架台上。向提勒管中加入传热液液体石蜡至液面略高于提勒管上侧管口。把装有样品的毛细管外粉末擦净后，用小橡皮圈固定在温度计的侧面，样品部分要位于水银球中部，如实训图 2-2。再将温度计固定在一个带缺口的单孔软木塞中，然后将带有温度计的缺口软木塞塞紧于提勒管管口，温度计的刻度应转向软木塞的缺口，即面向观测者且不要接触提勒管壁。温度计插入提勒管的深度，以水银球位于提勒管的上下两侧管的中部为好。

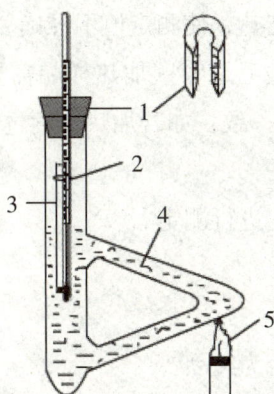

1. 缺口软木塞　2. 橡皮圈　3. 熔点毛细管
4. 传热液　　　5. 酒精灯外焰

实训图2-1　熔点测定装置　　实训图2-2　毛细管附在温度计上的位置

4. 熔点的测定

（1）粗测　熔点测定的关键操作之一就是加热速度，使热能透过毛细管，将样品熔化，熔化温度与温度计所显示的温度要一致。因此，仪器组装好后，用酒精灯在提勒管的侧管末端进行加热，开始时可以较快加热（约5℃/min），使温度均匀上升，得到一个近似的熔点。

（2）精测　待传热液温度降至样品熔点30℃以下，换上另一支装有样品的新毛细管。缓慢加热，以约5℃/min的速度升温。当温度加热达到距熔点约15℃时，减缓加热速度，控制升温速度为1~2℃/min，当接近熔点时，加热要更慢，升温速度0.2~0.3℃/min。在加热的同时要仔细观察温度的上升与毛细管内样品的变化情况，当毛细管中样品开始塌落并出现小液滴时，表示样品已开始熔化，立即记下此时的温度（初熔），继续微热至剩下的固体样品完全消失变透明时，表示样品已全熔，记下此时的温度（全熔）。初熔到全熔之间的温度范围即为熔程。

5. 混合物熔点的测定　将少量苯甲酸和尿素等量混合，按上述方法测定混合物的熔点。

6. 测定完毕　待石蜡冷却后，方可将其倒入回收瓶中。温度计放好，自然冷却至接近室温时，先用废纸擦去石蜡后用水冲洗，否则热温度计遇冷水极易炸裂。

五、实训提示

1. 封闭的端口要尽可能薄而均匀，这样的毛细管热传导性好。待毛细管冷却后，将封闭端口插入水中片刻，检查是否封闭严密。

2. 橡胶圈和毛细管开口端不要浸入到传热液中，否则橡胶圈泡涨后造成样品管从温度计上脱落。

3. 样品研磨的越细越好，否则填装不紧密，影响传热，使测定值不准确。

4. 熔点测定的关键是控制加热速度，因热量透过毛细管壁加热样品需要一定的时间，控制加热速度可使熔化温度与温度计所示温度显示一致，如若加热速度过快会使测定值偏高。

5. 测定药物的熔点时，应按《中国药典》有关规定进行测定。

六、实训思考

1. 什么是固体物质的熔点？如何判断固体物质是否为纯品？

2. 测定熔点时有哪些注意事项？

实训三　烃的性质

一、实训目的

1. 学会验证烷烃、烯烃和炔烃的主要化学性质。

2. 掌握用化学方法鉴别不饱和烃。

3. 熟悉实验基本操作技能。

4. 培养学生实事求是、科学严谨的工作作风。

二、实训用品

1. **仪器**　试管（大、小）、试管夹、铁架台、带导管的塞子、酒精灯、烧杯、温度计、量筒、石棉网。

2. **试剂**　液体石蜡、松节油、3%溴的四氯化碳溶液、饱和溴水、0.03mol/L 高锰酸钾溶液、3mol/L 硫酸溶液、苯、甲苯、0.05mol/L 硝酸银溶液、0.5mol/L 氨水溶液、碳化钙、饱和食盐水、浓硫酸、浓硝酸。

三、实训步骤

（一）烷烃和烯烃的性质

1. **加成反应**　取2支干燥试管，分别滴加10滴液体石蜡和10滴松节油（含有双键的环烯烃），然后向每支试管中各滴加5滴3%溴的四氯化碳溶液，振摇试管，观察和记录2支试管的现象_____、_____，并分别加以解释_____、_____。

2. **氧化反应**　取2支干燥试管，分别滴加10滴液体石蜡和10滴松节油，然后向每支试管中各滴加 5 滴 0.03mol/L 高锰酸钾溶液、5 滴 3mol/L 硫酸溶液，振摇试管，观察和记录 2 支试管的现象_____、_____，并分别加以解释_____、_____。

（二）炔烃的性质

1. 取 3 支试管，编为 1 号、2 号、3 号。向 1 号试管中加入 2 mL 0.03mol/L 高锰酸钾溶液和 2 滴 3mol/L 硫酸溶液，摇匀；向 2 号试管中加入 2 mL 饱和溴水；向 3 号试管中加入 2mL 0.05mol/L 硝酸银溶液，然后逐滴加入 0.5mol/L 氨水溶液，边滴边振摇，直至生成的沉淀恰好完全消失，即得银氨溶液备用。

2. 取 1 支大试管，向其中加入 4mL 饱和食盐水，再加入几小块碳化钙（俗称电石），立即将疏松的棉花塞进试管上部，并塞上带有导管的塞子，将导管依次插入步骤 1 中准备好的 1 号试管、2 号试管、3 号试管。分别观察和记录 1 号、2 号、3 号试管里的现象_____、_____、_____。并分别加以解释_____、_____、_____。实验装置图见实训图 3-1。

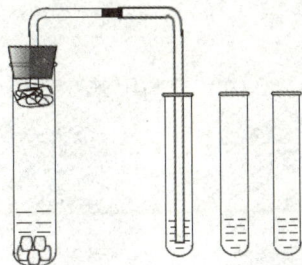

实训图 3-1　乙炔制备装置

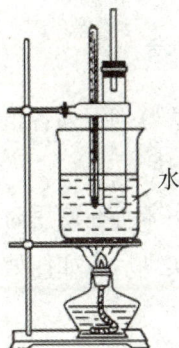

实训图 3-2　苯的磺化、硝化反应装置图

（三）芳香烃的性质

1. **硝化反应**　取 1 支干燥大试管，加入 2mL 浓硝酸和 2mL 浓硫酸，摇匀，冷却后加入 10 滴苯，剧烈振摇 1 分钟，然后放在 60℃水浴中加热。10 分钟后，把试管中的物质倒入盛有 30mL 水的小烧杯中，观察和记录现象_____，解释_____。实验装置图见实训图 3-2。

2. **氧化反应**　取 2 支试管，各加入 5 滴 0.03mol/L 高锰酸钾溶液和 5 滴 3mol/L 硫酸溶液，然后分别加入 10 滴苯和甲苯，剧烈振摇数分钟，观察和记录 2 支试管现象_____、_____，并分别加以解释_____、_____。

四、实训提示

1. 浓硫酸和浓硝酸都是强酸，有很强的腐蚀性，使用时要特别小心。如果不小心溅到皮肤上，立即用大量自来水冲洗，然后用饱和碳酸氢钠溶液洗涤后，涂上软膏。

2. 溴水会灼伤皮肤，如果不小心滴在手上，应立即用 2% $Na_2S_2O_3$ 溶液或酒精冲洗至伤口处呈白色，然后涂上甘油。

3. 制备乙炔时，用饱和食盐水代替水，可降低反应速率；塞入疏松的棉花，可防止反应液进入导管。

4. 硝化反应中，配制混合酸时，要将浓硫酸慢慢加入到浓硝酸中，以减少硝酸的挥发，并不断振荡降温；混合酸要冷却到60℃以下，再慢慢滴加苯，以免温度过高时有副反应发生，且苯、硝酸易挥发，硝酸也会分解；使用带长导管的试管可以使挥发出的反应物冷凝回流到反应管中。

5. 干燥的金属炔化物易爆炸，实验完毕，立即用稀硝酸洗涤金属炔化物，不要随意丢弃。

6. 苯和甲苯有毒，与其相关的性质实验应在通风橱中进行；苯、甲苯及其取代产物应回收至废液池，不要直接倒入水池。

五、实训思考

1. 用化学方法鉴别下列各组物质。

（1）乙烯和乙炔　　　　（2）丙烷和丙烯　　　　（3）苯与甲苯

2. 溴、苯、甲苯等在使用时应注意什么？为什么？

3. 乙炔银在实训后应如何处理？为什么？

实训四　醇、酚和醛、酮的性质

一、实训目的

1. 掌握酚、醛和酮的鉴别性实验。

2. 学会验证醇、酚、醛和酮的主要化学性质；配制托伦试剂和斐林试剂。

3. 养成严谨求实、认真的科学态度，养成爱护公物、节省试剂的良好品质。

二、实训用品

1. 仪器　试管、酒精灯、水浴锅、温度计、石棉网。

2. 试剂　100g/L氢氧化钠溶液、48g/L硫酸铜溶液、乙醇、甘油、正丁醇、仲丁醇、叔丁醇、卢卡斯试剂、0.1mol/L苯酚溶液、浓溴水、0.06mol/L三氯化铁溶液、饱和

NaHSO$_3$溶液、乙醛、苯甲醛、丙酮、2.5mol/L盐酸、2,4-二硝基苯肼、甲醛、碘溶液、无水乙醇、50g/L氢氧化钠溶液、0.05mol/L硝酸银溶液、0.5mol/L氨水、福尔马林、斐林试剂甲、斐林试剂乙、希夫试剂。

三、实训步骤

（一）醇的化学性质

1. **甘油与氢氧化铜反应**　取2支试管各加入10滴100g/L氢氧化钠溶液和5滴48g/L硫酸铜溶液，混匀后，分别加入乙醇、甘油各10滴，振摇，静置，观察记录上述2支试管的现象分别为＿＿＿＿＿＿、＿＿＿＿＿＿。

2. **与卢卡斯试剂反应**　取3支试管，分别各加5滴正丁醇、仲丁醇、叔丁醇，在50~60℃水浴中加热，然后同时向3支试管中各加入5滴卢卡斯试剂，振摇、静置，观察记录上述3支试管的现象分别为＿＿＿＿＿＿、＿＿＿＿＿＿、＿＿＿＿＿＿。

（二）苯酚的鉴别

1. **与溴水的反应**　在试管中加入5滴0.1mol/L苯酚溶液，逐滴加入浓溴水，振摇至白色沉淀生成，解释现象产生的原因＿＿＿＿＿＿＿＿＿＿＿＿＿＿＿＿＿＿＿。

2. **与三氯化铁反应**　在试管中加入10滴0.1mol/L苯酚溶液，再滴入1滴0.06mol/L三氯化铁溶液，振摇，观察和记录现象＿＿＿＿＿＿＿＿＿＿＿＿＿＿＿＿。

（三）醛、酮的化学共性

1. **与饱和NaHSO$_3$的反应**　取3支试管，各加入10滴饱和NaHSO$_3$溶液，然后分别加入5滴乙醛、苯甲醛、丙酮，振摇；待析出结晶后，再往试管中各加入2.5mol/L的盐酸，观察和记录上述3支试管的现象分别为＿＿＿＿＿＿、＿＿＿＿＿＿、＿＿＿＿＿＿。

2. **与2,4-二硝基苯肼的反应**　取3支试管，各加15滴2,4-二硝基苯肼，然后分别加入5滴乙醛、丙酮、苯甲醛，振摇试管，水浴加热，观察和记录上述3支试管的现象分别为＿＿＿＿＿＿、＿＿＿＿＿＿、＿＿＿＿＿＿。

3. **碘仿反应**　往试管中加入2mL碘溶液，再逐滴加入50g/L氢氧化钠溶液至碘的颜色褪去，即得碘仿试剂。取4支试管，分别加入5滴甲醛、乙醛、无水乙醇、丙酮。再各加入10滴碘仿试剂，振摇，观察和记录上述4支试管的现象分别为＿＿＿＿＿、＿＿＿＿＿、＿＿＿＿＿、＿＿＿＿＿。再将它们都进行温热水浴加热，冷却后再观察和记录现象＿＿＿＿＿、＿＿＿＿＿、＿＿＿＿＿、＿＿＿＿＿。

（四）醛的化学特性

1. **银镜反应**　在洁净的试管中加入2mL 0.05mol/L硝酸银溶液，1滴50g/L氢氧化钠溶液，然后在振摇下滴加0.5mol/L氨水，直至生成的氧化银沉淀恰好溶解为止，配成托伦试剂。把配好的托伦试剂分装在3支洁净的试管中，然后分别加入5滴福尔马林、乙醛、丙酮，摇匀后放在80℃的水浴中加热几分钟，观察和记录上述3支试管的现象分别为＿＿＿＿＿＿、＿＿＿＿＿＿、＿＿＿＿＿＿。

2. **斐林反应**　取斐林试剂甲和斐林试剂乙各2mL于一支大试管中混匀，配成斐林试剂。取3支洁净的试管，分别加入5滴乙醛、苯甲醛、丙酮，再各滴入10滴斐林试剂，振摇，放在80℃热水浴中加热2~3分钟，观察和记录上述3支试管的现象分别为＿＿＿＿＿＿、＿＿＿＿＿＿、＿＿＿＿＿＿。

3. **希夫反应**　取3支试管，分别加入5滴的乙醛、乙醇、丙酮，然后各加入10滴希夫试剂，振摇，观察和记录上述3支试管的现象分别为＿＿＿＿＿＿、＿＿＿＿＿＿、＿＿＿＿＿＿。

四、实训提示

1. 进行卢卡斯实验时试管必须干燥。卢卡斯实训适用于含3~6个碳原子的醇，因为少于6个碳原子的醇都能溶于盐酸-氧化锌溶液中，而多于6个碳原子的醇则不溶，故不能借此检验。而1~2个碳原子的醇，由于产物的挥发性，此法也不适合。

2. 苯酚对皮肤有很强的腐蚀性，使用时切莫与皮肤接触，万一碰到皮肤可用水冲洗，再用酒精棉球擦洗。

3. 进行苯酚与三氯化铁显色反应时，三氯化铁不可过量。

4. 苯酚与溴水作用，生成微溶于水的2,4,6-三溴苯酚白色沉淀，滴加过量溴水，则白色的三溴苯酚就转化为淡黄色的难溶于水的四溴化物。

5. 硝酸银溶液与皮肤接触，立即形成难于洗去的黑色金属银，故滴加和振摇时应小心操作。

6. 银氨溶液只能临时配制，不能久置，如果久置会析出氮化银、亚氨基化银等爆炸性沉淀物。这些沉淀物即使用玻璃棒摩擦也会分解而发生猛烈爆炸。

7. 进行银镜反应时试管要洁净，否则只得到黑色疏松的银沉淀，没有银镜产生或产生的银镜不光亮。溶液混合后，振荡要充分，否则会出现黑斑或产生银镜不均匀。氨水的浓度不能太大，滴加氨水的速度一定要缓慢，否则氨水容易过量。

五、实训思考

1. 用卢卡斯试剂检验伯、仲、叔醇的实验成功的关键何在？对于六个碳以上的伯、仲、叔醇是否都能用卢卡斯试剂进行鉴别？

2. 举例说明具有什么结构的化合物能与 FeCl₃ 溶液发生显色反应?

3. 进行银镜反应时应注意什么? 为什么银镜反应实验后, 应加入少量的硝酸?

4. 鉴别醛和酮有哪些简单的方法?

实训五　萃取操作技术

一、实训目的

1. 掌握分液漏斗的正确使用方法。
2. 学会液–液萃取的基本操作技术。
3. 养成准确操作、细心观察的实验态度。

二、实训用品

1. **仪器**　100mL 分液漏斗、10mL 量筒、100mL 锥形瓶、50mL 烧杯、铁架台、铁圈、点滴板。

2. **试剂**　5%苯酚溶液、乙酸乙酯、1%三氯化铁、凡士林。

三、实训原理

萃取是提取或提纯有机物的常用方法之一, 是利用待萃取物在两种互不相溶的溶剂中溶解度或分配比不同, 使其从一种溶剂转移到另一种溶剂中, 从而与混合物分离的过程。根据被萃取物的状态不同, 萃取分为两种: 被萃取物是液体, 称为液–液萃取; 被萃取物是固体, 称为固–液萃取。固–液萃取通常用索氏提取器。

萃取依据的主要理论是分配定律, 即在一定温度和压力下, 当 X 在 A、B 两相间达到分配平衡时, X 在两相间的浓度之比为一常数 K ($K = \dfrac{C_A}{C_B}$), 此规律称为分配定律。

萃取效率与萃取次数和萃取剂的性质有关。将一定量的溶剂分多次萃取比用全部量的溶剂一次萃取更好, 但并不是说萃取次数越多越好, 一般以 3~5 次为宜。

萃取剂的选择原则是: ①与原溶剂互不相溶; ②不与被萃取物或原溶剂发生化学反应; ③对被萃取物溶解度大; ④沸点较低; ⑤无腐蚀, 毒性低, 价格低, 操作方便。萃取方法用的最多的是从水溶液中萃取有机物, 常用的萃取剂有: 苯、四氯化碳、乙醚、石油醚、乙酸乙酯等。

本实训验证原理是利用苯酚水溶液遇三氯化铁会显紫色。当萃取后的水层中加入三氯化铁后无紫色出现, 说明水溶液中苯酚基本萃取完全; 若显示紫色, 说明萃取失败; 若显示紫色变浅，说明还应继续萃取直至无色。

四、实训步骤

1. **选择分液漏斗**　分液漏斗的体积至少是被萃取液体积的2倍。

2. **检漏**　关闭漏斗下口径活塞，向漏斗中加入适量的自来水，观察活塞周围和下口径是否漏水。若不漏水，将上口玻塞塞好（勿使玻塞的凹槽对准漏斗上口颈部的小孔），倒置漏斗观察是否漏水，若不漏，将活塞旋转180度后再倒置观察，若还是不漏水，则漏斗活塞和玻塞的密封性能合格，可以使用。

3. **加液**　关好分液漏斗的活塞，将其放在铁架台的铁圈上。打开上口玻塞，依次从上口倒入10mL苯酚溶液和4mL乙酸乙酯（萃取剂），塞紧顶塞（注意塞子不能涂凡士林）。

4. **振摇、放气、静置**　取下分液漏斗，用右手的食指根部顶住漏斗的上口玻塞并握住漏斗，漏斗颈下活塞枕在左手虎口上，并用左手拇指、食指和中指控制漏斗的活塞，开始上下振摇（要慢）数次后，见图5-1（a），旋开活塞，将漏斗中的气体放出（称放气）。关闭活塞后再振摇再放气（如此重复2~3次）。再振摇2~3分钟后将分液漏斗放回铁圈中直立静置，见图5-1（b）。

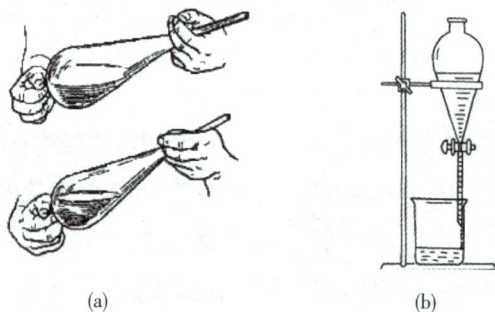

实训图5-1　分液漏斗的振摇和静置、分离液体

5. **分离**　待两相分层后，旋转上口玻塞，使玻塞的凹槽对准漏斗上口颈部的小孔，再慢慢开启活塞，放出下层水溶液（当两层液体界面接近活塞时，旋紧活塞静置片刻，然后稍旋开活塞缓慢流出剩余下层，直至分界面恰好切住活塞小孔上边缘，立即旋紧活塞），而上层乙酸乙酯溶液则从分液漏斗上口颈倒入锥形瓶中，切不可从下口流出。

6. **再萃取**　将水层再倒回分液漏斗中，同上法再萃取2次。每次需加入新的萃取剂并且要比上次所用量减少。将3次萃取的乙酸乙酯层合并。

7. **检验**　分别取几滴未萃取的苯酚水溶液和萃取后的水层溶液于点滴板中，再分别滴入2滴1%三氯化铁溶液，观察对比所发生的现象，若萃取后的水层溶液无紫色或紫色很浅，说明萃取完全。

五、实训提示

1. 玻塞和活塞要用橡皮筋绑好，避免脱落打破分液漏斗。

2. 若活塞漏水，把水放掉，取出活塞，将活塞上和塞孔里的水用吸水纸吸干，在活塞的细端和塞孔的粗端各涂抹薄薄一层凡士林（注意切勿涂得太多而使凡士林进入孔中堵塞孔道），然后小心将活塞插入塞孔并同方向旋转数圈，使凡士林均匀分布。再次检查是否渗漏，并观察分液漏斗液体是否能顺畅流下，确认不漏水和活塞小孔不堵塞方可使用。

3. 萃取过程中有时会发生乳化现象（尤其是强碱性溶液），可适当延长静置时间，或加入氯化钠破坏乳化，促进分层。

4. 从漏斗下端放出液体之前，要先打开上口顶塞，或使玻塞上的凹槽对准漏斗口上的小孔，使分液漏斗内气体与大气相通，否则液体不会顺畅流出。

5. 分液漏斗使用完毕应及时清洗并擦干，并在活塞和塞孔、玻塞与顶口之间垫干净的纸。

六、实训思考

1. 萃取剂应具备哪些条件？在用量和次数方面应注意什么？

2. 分液漏斗中两种不相溶的液体中，密度大的在哪一层？上层液体和下层液体分别怎样放出？

实训六　羧酸、胺和酰胺的性质

一、实训目的

1. 学会验证羧酸、胺和尿素的主要化学性质。
2. 掌握羧酸脱羧反应和酯化反应的基本操作。
3. 会用简单的化学方法区别伯胺、仲胺和叔胺。
4. 养成准确操作、细心观察的实验态度。

二、实训用品

1. **仪器**　10mL量筒、试管、试管夹、试管架、滴管、玻璃棒、点滴板、铁架台、酒精灯、烧杯、橡皮塞、导气管、玻璃导管。

2. **试剂**　0.1mol/L甲酸溶液、0.1mol/L乙酸溶液、0.1mol/L乙二酸、10%氢氧化钠溶液、5%盐酸溶液、苯甲酸晶体、碳酸钠固体、草酸固体、石灰水、碎瓷片、95%乙醇、浓硫酸、1mol/L乙酸溶液、饱和碳酸钠溶液、苯胺、N-甲基苯胺、N,N-二甲基苯胺、氨水、甲胺、二甲胺、三甲胺、红色石蕊试纸、pH试纸、1.25mol/L氢氧化钠溶液、苯磺酰氯、2mol/L盐酸、浓盐酸、浓硝酸、尿素、蒸馏水、硫酸铜溶液。

三、实训步骤

（一）羧酸的酸性

1. 酸性检验　分别取2滴0.1mol/L甲酸、0.1mol/L乙酸、0.1mol/L乙二酸滴于点滴板的三个凹孔中，分别用pH试纸测试其近似pH值。甲酸、乙酸、乙二酸近似pH值分别为_____、_____、_____。三者酸性由大到小的顺序是_____。

2. 与碱反应　取1支试管，加少许苯甲酸晶体和1mL蒸馏水，振摇并观察溶解情况_____。边振摇边向试管中滴加10%氢氧化钠溶液，观察和记录现象_____并写出反应方程式_____。再逐滴加入5%盐酸溶液，观察和记录现象_____并写出反应方程式_____。

3. 与碳酸盐反应　取1支试管，加入少量固体碳酸钠，再滴加1mol/L乙酸约3mL，观察和记录现象_____并写出反应方程式_____。

（二）脱羧反应

如实训图6-1所示，在干燥的大试管中加入约3g草酸固体，用带有导气管的塞子塞紧管口，试管口稍向下倾斜固定在铁架台上，将导气管出口插入到盛有3mL澄清石灰水的试管中，小心加热大试管，观察石灰水的变化情况_____，并写出有关的反应方程式_____。

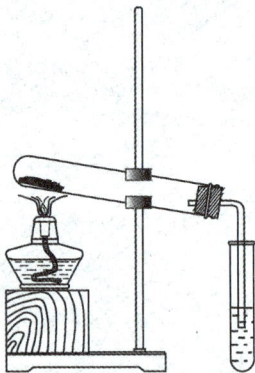

实训图6-1　羧酸的脱羧

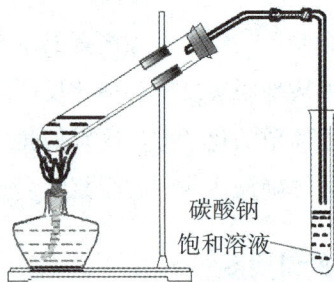

碳酸钠饱和溶液

实训图6-2　酯化反应

（三）酯化反应

操作步骤为：

1. 在大试管中加入两小块碎瓷片，然后加入3mL 95%乙醇，再缓慢加入1mL浓硫酸和3mL 1mol/L乙酸并振摇，按实训图6-2所示把装置连接好，在另一支试管里加入约3mL

碳酸钠饱和溶液。

2. 用酒精灯缓慢加热，把产生的蒸汽经导管通到盛有饱和碳酸钠溶液试管的上方约0.5cm处，当看到有油状透明液体产生时，停止加热。

3. 振摇盛有碳酸钠溶液的试管，静置，待溶液分层后，观察上层油状液体，并揭闻其气味。记录现象_____，并写出有关反应方程式_____。

（四）胺的性质

1. **胺的碱性比较** 用干净的玻璃棒分别沾取苯胺、氨水、甲胺、二甲胺和三甲胺溶液滴于湿润的pH试纸上，比较它们的碱性强弱_____>_____>_____>_____>_____。

2. **与酸作用** 向一支试管中加入1mL水和3滴苯胺，观察苯胺是否溶解_____。然后在此溶液中加入2～3滴2moL/L盐酸，振荡，记录观察现象_____。

3. **磺酰化反应** 取3支试管，分别加入苯胺、N-甲基苯胺、N,N-二甲基苯胺溶液各10滴，然后加入5滴1.25mol/L氢氧化钠溶液、3滴苯磺酰氯，塞住管口，用力振荡，并在水浴中温热，直到苯磺酰氯气味消失，冷却，记录现象_____、_____、_____，然后各滴加浓盐酸，将溶液酸化，记录现象_____、_____、_____，并解释原因 _____。

（五）尿素的性质

1. **尿素的弱碱性** 取1支试管，加入20%尿素溶液5滴，再加入5滴浓硝酸，振摇，记录现象_____。

2. **缩二脲反应** 在干燥试管中加入约0.2g尿素，加热至熔化，在试管口放湿润的红色石蕊试纸，观察颜色变化_____，有大量的刺激臭味气体放出，该气体为_____，继续加热至试管内的物质凝固，此物体为_____。写出化学方程式_____。冷却后，向试管中加入1.25mol/L氢氧化钠溶液约1mL至试管内物质溶解，再加入少量硫酸铜溶液，记录现象_____。

四、实训提示

1. 酯化反应中，加入试剂的顺序为乙醇、浓硫酸和乙酸，不能先加浓硫酸。

2. 酯化反应中，用酒精灯加热时应加入少量碎瓷片，以防止乙酸和乙醇大量挥发及液体剧烈沸腾。

3. 导管通到盛有饱和碳酸钠溶液试管的上方约0.5cm处，不能伸入碳酸钠溶液里，以防倒流，发生危险。

4. 胺有臭味并有毒，做实验时要在通风橱中进行，并控制使用量。

5. 苯胺有毒，可透过呼吸和皮肤进入体内而引起人体中毒，注意不可直接与皮肤接触，也不能闻其味。

五、实训思考

1. 酯化反应时，加入浓硫酸的作用是什么？

2. 在脱羧反应中，若向石灰水中通入过量的 CO_2 会出现什么现象？

3. 什么是缩二脲反应？哪一类物质能发生缩二脲反应？

实训七　从茶叶中提取咖啡因

一、实训目的

1. 掌握索氏提取法和升华法的操作技术。

2. 了解从茶叶中提取和纯化咖啡因的原理和方法。

二、实训用品

1. **仪器**　研钵、酒精灯、脱脂棉、滤纸、温度计（量程为0~200℃）、电子调温电热套、150mL圆底烧瓶、索氏提取器、球形冷凝管、直形冷凝管、蒸发皿、三脚架、石棉网、玻璃漏斗、电子天平、玻璃棒。

2. **试剂**　绿茶叶、95%乙醇、生石灰。

三、实训原理

咖啡因又称咖啡碱，具有刺激心脏、兴奋大脑神经等作用，常用作中枢神经兴奋药，是复方阿司匹林等药物的组分之一。

茶叶含有多种生物碱，其中咖啡因约占1%~5%，此外，茶叶中还含有多元酚、色素、蛋白质等成分。含结晶水的咖啡因是白色针状晶体，味苦，能溶于乙醇、氯仿、热水等。咖啡因在100℃时失去结晶水，开始升华，120℃时升华相当显著，178℃时升华很快。无水咖啡因的熔点为238℃。

咖啡因是嘌呤衍生物，其结构式如下：

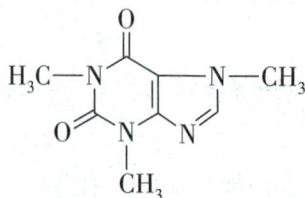

本实验选用95%乙醇为溶剂，用索氏提取器连续抽提，再经浓缩，得到粗咖啡因。利用咖啡因易升华的性质进行提纯，除去粗咖啡因中含有的其他生物碱和杂质，得到纯咖啡因。

四、实训步骤

1. 提取　称取10g茶叶，用研钵研成细末，放入卷好的滤纸筒中，轻轻压实。将滤纸筒放入索氏提取器的提取筒中，上端盖一层脱脂棉。在圆底烧瓶中加入95%乙醇100mL和1~2粒沸石，从下而上组装好索氏提取器，置电子调温电热套中回流提取2小时左右，如实训图7-1。当烧瓶中液体颜色变成墨绿色，而提取筒中萃取液变为浅色时，立即停止加热。

2. 浓缩　拆卸索氏提取器，改成常压蒸馏装置，如实训图7-2，将提取液中大部分乙醇蒸出，直至圆底烧瓶中的提取液浓缩至5~6mL时，立即停止加热。拆卸装置，趁热将浓缩液倒入蒸发皿中，用少许乙醇荡洗2~3次蒸馏瓶，一并倒入蒸发皿中，均匀拌入4g生石灰，将蒸发皿放在蒸气浴上加热，用玻璃棒不断搅拌，蒸发至干。将蒸发皿转移到石棉网上，用小火焙烧，直至全部水分被蒸出为止。冷却后，擦去附在蒸发皿边上的粉末。

3. 提纯　取一张滤纸，用大头针在纸上扎数十个小孔，毛刺面朝上覆盖于蒸发皿上。取一大小合适的玻璃漏斗，颈部塞一小团棉花，倒扣在蒸发皿上，组成升华装置，如实训图7-3。将蒸发皿放在石棉网上，逐渐升温加热。当滤纸上开始出现白色针状结晶时，要控制好火焰，缓慢升华。当滤纸上出现大量的白色针状结晶时，停止加热，冷却后，用刀片将滤纸上的咖啡因刮下。残渣经搅拌后，用较大火再升华一次。合并两次收集的咖啡因晶体，称重并测熔点。

实训流程可总结为：

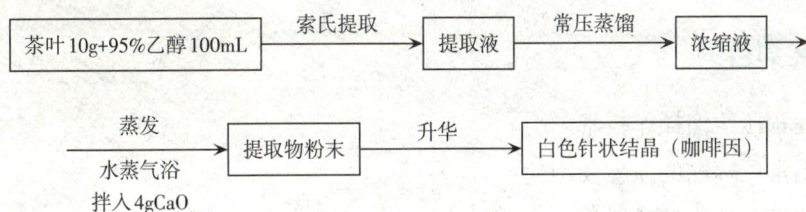

$$茶叶10g+95\%乙醇100mL \xrightarrow{\text{索氏提取}} 提取液 \xrightarrow{\text{常压蒸馏}} 浓缩液 \rightarrow$$

$$\xrightarrow[\substack{水蒸气浴\\拌入4gCaO}]{\text{蒸发}} 提取物粉末 \xrightarrow{\text{升华}} 白色针状结晶（咖啡因）$$

实训图7-1索氏提取器　　实训图7-2常压蒸馏装置　　实训图7-3升华装置

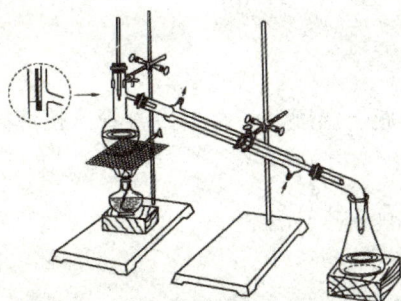

五、实训提示

1. 盖上一层脱脂棉，能够避免茶叶末漏出堵塞虹吸管口；滤纸筒要大小合适，既要紧贴器壁，又要放取方便，高度不能超过虹吸管。纸套上面折成凹形，以保证回流时溶剂可均匀浸润被萃取物。

2. 通常虹吸7~8次，提取液就会变浅，此时提取物已大部分被提取，当最后一次冷凝液刚刚虹吸回流到烧瓶中，应立即停止加热。

3. 生石灰可吸收残留的少量水分，还能除去多元酚、核酸等酸性杂质，使咖啡碱游离而易于挥发。

4. 在蒸发皿上铺一张插满小孔的滤纸，是为了防止升华的晶体又回落到蒸发皿中。

5. 升华温度是关键。升华过程中始终用小火间接加热，温度不可过高，否则易使滤纸碳化变黑，并把一些有色物质烘出来，影响产物的纯度。

六、实训思考

1. 从茶叶中提取的粗咖啡因为什么呈绿色？
2. 为什么升华前要将水分除尽？

实训八　用常压蒸馏法提纯工业酒精

一、实训目的

1. 掌握常压蒸馏操作技术。
2. 熟悉常压蒸馏的原理及用途。
3. 培养学生认真规范操作、一丝不苟的工作作风。

二、实训用品

1. **仪器**　100mL蒸馏烧瓶、温度计、直形冷凝管、接液管、50mL锥形瓶、铁架台、50mL量筒、玻璃漏斗、酒精灯。

2. **试剂**　工业酒精、沸石。

三、实训原理

蒸馏是将液态物质加热到沸腾变成蒸汽，再将其蒸汽冷凝为液体这两个过程的联合操作。在常压下（101.325kPa）进行的蒸馏叫做常压蒸馏。每种纯液态有机化合物在一定压力下具有固定的沸点，通常所说的沸点是指大气压为101.325kPa时，液体沸腾的温度。

蒸馏法主要有三种用途。第一种是可以把沸点相差30℃以上的几种液体混合物加以分离，其中沸点较低者先蒸出，沸点较高者后蒸出，不挥发的留在蒸馏器内。第二种是通过蒸馏法测定有机化合物的沸点，根据沸程的大小判断其纯度。纯净液体物质的沸点是固定的，沸程较小（0.5~1℃），如果含有杂质，沸程就会增大。第三种是通过蒸馏法回收部分有机溶剂使溶液中的溶质浓度增大，此方法叫作有机溶液的浓缩。因此，蒸馏法为分离、提纯液体有机物或浓缩有机溶剂提取液的常用方法之一，是重要的基本操作之一。

沸程：蒸馏时冷凝管开始滴下第一滴液体时的温度为初馏温度，蒸馏接近完毕时的温度为末馏温度，两个温度之差为沸程。

工业酒精也称变性酒精，它的主要成分是乙醇，含量一般为95%和99%，此外含有少量的甲醇、醛类和有机酸等。甲醇的沸点为64.7℃，乙醇的沸点为78.4℃。

四、实训步骤

（一）蒸馏仪器安装

1. 主要蒸馏仪器

（1）蒸馏烧瓶　蒸馏烧瓶的选用与被蒸馏液体的体积有关，通常装入的液体体积应为蒸馏烧瓶容积的1/3~2/3。

（2）冷凝管　冷凝管可分为水冷凝管和空气冷凝管两类，水冷凝管用于被蒸馏液体沸点在130℃以下的液体，空气冷凝管用于被蒸馏液体沸点高于130℃以上的液体。水冷凝管又分为直形冷凝管、蛇形冷凝管、球形冷凝管等。直形冷凝管主要用于倾斜式蒸馏装置；蛇形冷凝管和球形冷凝管适用于垂直蒸馏装置。液体沸点很低时，可用冷却效果好的蛇形冷凝管。

（3）接液管及接收瓶　接液管将冷凝液导入接收瓶中。常压蒸馏常选用锥形瓶为接收瓶。

2. 蒸馏仪器的安装　从热源处开始，按照"由下而上、从左到右"的顺序安装蒸馏装置，如实训图8-1。温度计的位置通常使水银球的上端恰好位于蒸馏烧瓶支管的底边所在的水平线上，如实训图8-2所示。冷凝管与蒸馏烧瓶的支管同轴紧密连接，冷凝管下口为进水口，通过乳胶管与自来水水龙头连接，上口为出水口，用乳胶管连接后导入水池。冷凝管尾部连接接液管，接液管末端伸入接收瓶中。注意各处铁夹不应夹的太紧或太松，以夹住后能轻微转动为宜。

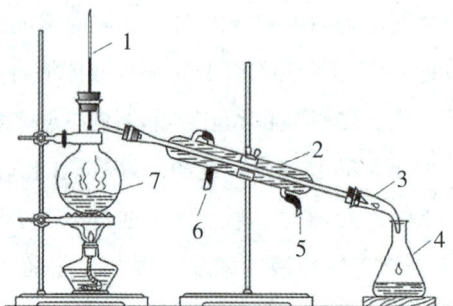

1-温度计　2-冷凝管　3-接液管　4-锥形瓶
5-进水口　6-出水口　7-圆底烧瓶

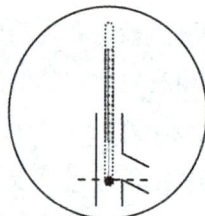

实训图8-1　蒸馏装置图　　　　　　　实训图8-2　蒸馏装置中温度计的位置

（二）蒸馏操作

1. 加料　小心取下蒸馏烧瓶塞和温度计，将待蒸酒精40mL小心倒入蒸馏瓶中，不要使液体从支管流出，随后沿瓶壁加入几粒沸石，塞好带温度计的塞子。再检查一次仪器各部分连接处是否紧密不漏气。

2. 加热　先缓缓通入冷凝水，然后开始加热。加热最初宜用小火，慢慢增大火力。当大量液体蒸汽到达水银球部位时，温度计读数会出现急剧上升，此时应通过调节热源，控制温度缓慢均匀上升，直至液体沸腾。进一步调节热源，使蒸馏速度以每秒1～2滴进行。蒸馏过程中温度计读数恒定且保持不变的读数就是馏出液的沸点。

3. 收集馏液　准备两个接收瓶，在需要的物质蒸出之前，常有低沸点的物质先蒸出，这部分馏出液称为"前馏分"。前馏分（主要是甲醇）接收过程中，温度读数趋于平稳，当温度读数忽然上升，说明前馏分接受完毕，可移去第一只接收瓶，更换为第二只接收瓶，此时的馏分才是预期要得到的较纯物质（即无水乙醇）。

如果维持原来的加热温度，不再有馏出液蒸出，并且温度计读数突然下降，就应停止蒸馏，即使杂质量很少，也不要蒸干，以免蒸馏瓶破裂及发生其他意外事故。

4. 拆除蒸馏装置　蒸馏完毕，先应撤热源，待接液管中无馏分滴出时，停止通水，最后按照与安装顺序相反的次序拆除蒸馏装置。

五、实训提示

1. 液体在加热时，会出现"过热"现象，即温度已超过沸点而未沸腾，此时会产生"暴沸"。为防止此类现象发生，通常需要加入沸石，避免液体暴沸。在任何情况下，切忌将沸石加至已受热接近沸腾的液体中，否则大量液体将会从蒸馏瓶口喷出造成危险。若蒸馏在中途停止过，重新蒸馏时应加入新的沸石。

2. 蒸馏时加热不能太快或太慢，蒸馏速度以每秒1～2滴为宜。太快，温度计读得的沸点偏高；太慢，温度计读得的沸点偏低。

3. 冷凝水流速以能保证蒸汽充分冷凝为宜，通常只需保持缓缓水流即可。

4. 注意液体切勿蒸干，特别是蒸馏低沸点液体（如乙醚）时更要注意不能蒸干，否则易发生意外事故。蒸馏完毕，应先撤掉热源，待体系稍冷后再停止通冷凝水。

5. 蒸馏低沸点、易燃或有毒的有机物时，整套装置密封性要好，各接口包括接液管和接收器的接口必须磨砂并配套，馏分完全导入接收装置中，不能扩散到空气中，以免造成环境污染或发生其他安全事故。

六、实训思考

1. 什么是蒸馏？蒸馏时常用的仪器有哪些？

2. 如果加热后才发现没加沸石怎么办？当重新蒸馏时，用过的沸石能否继续使用？

实训九 糖类的性质

一、实训目的

1. 学会验证糖类化合物的主要化学性质。

2. 熟练进行糖类化合物的鉴别。

3. 培养学生一丝不苟、耐心细致的工作态度。

二、实训用品

1. **仪器** 试管、酒精灯、试管夹、恒温水浴箱、白瓷点滴板、滴管。

2. **试剂** 5%葡糖糖、5%果糖、5%蔗糖、5%麦芽糖、2%淀粉、碘试剂、浓盐酸、浓硫酸、5%碳酸钠、10g/L硝酸银、50g/L氢氧化钠、0.2mol/L氨水、班氏试剂、斐林试剂A（0.2mol/L硫酸铜）、斐林试剂B（0.8mol/L酒石酸钾钠的氢氧化钠溶液）、莫立许试剂、塞利凡诺夫试剂、pH试纸、蒸馏水。

三、实训步骤

（一）糖的还原性

1. **与托伦试剂的反应** 在1支洁净的大试管内加入2mL 10g/L硝酸银，加1滴50g/L氢氧化钠，逐滴加入0.2mol/L氨水使沉淀刚好消失为止，即得到托伦试剂，分装于5支洁净的小试管中，编号。再向上述5支小试管中分别滴加5滴5%葡萄糖、5%果糖、5%麦芽糖、5%蔗糖、2%淀粉，摇匀后，将试管放在60℃的水浴中加热数分钟，观察和记录上述

5支试管的现象分别为_____、_____、_____、_____、_____。

2. 与班氏试剂的反应 向已编号的5支试管中各加入1mL班氏试剂，再分别滴加5滴5%的葡萄糖、5%果糖、5%麦芽糖、5%蔗糖、2%淀粉，摇匀后，放在沸水浴中加热数分钟，观察和记录上述5支试管的现象分别为_____、_____、_____、_____、_____。

（二）糖的颜色反应

1. 莫立许反应 向已编号的5支试管中分别加入5%葡萄糖、5%果糖、5%麦芽糖、5%蔗糖、2%淀粉各1mL，再各滴入2滴莫立许试剂，摇匀，然后将试管倾斜约为45°角，用胶头滴管沿试管壁慢慢滴入10滴浓硫酸（注意不要振动试管），使糖液和浓硫酸之间有明显的分层，观察并记录5支试管交界面处的颜色变化_____、_____、_____、_____、_____。

2. 塞利凡诺夫反应 向已编号的5支试管中分别加入5%的葡萄糖、5%果糖、5%蔗糖、5%麦芽糖、2%淀粉各5滴，再各滴入塞利凡诺夫试剂20滴，摇匀，然后放在沸水浴中2分钟，观察和记录上述5支试管的现象分别为_____、_____、_____、_____、_____。

3. 淀粉与碘的反应 取1支大试管，加入4mL蒸馏水、1滴2%淀粉溶液和1滴碘试剂，颜色变为_____，用冷水冷却大试管，颜色变为_____。

（三）蔗糖与淀粉的水解

1. 蔗糖的水解 取2支试管，各加入1mL5%蔗糖，然后往第一支试管中加入3滴浓盐酸，第二支试管中加入3滴蒸馏水，摇匀，将2支试管同时置于沸水浴中加热10分钟。取出冷却后，往第一支试管中加入5%碳酸钠中和至弱碱性（一边滴加碳酸钠，一边振荡，直到滴入碳酸钠振荡时无气泡放出为止），然后向上述2支试管中各加入10滴班氏试剂，摇匀，再置于沸水中加热2分钟，观察试管1现象_____，试管2现象_____。

2. 淀粉的水解 取1支试管加入2%淀粉2mL和3滴浓盐酸，摇匀，放在沸水浴中加热水解约20分钟后，每隔5分钟用干净的玻璃棒沾取少量水解液于点滴板的凹穴中，用碘试剂检验，若变蓝则继续加热淀粉水解液，直至碘试剂检验不变色。然后用5%碳酸钠溶液中和至弱碱性，再滴入班氏试剂20滴，摇匀，放在沸水中加热2分钟，观察试管现象_____。

四、实训提示

1. 小心使用浓硫酸和浓盐酸，勿滴到皮肤上。若少量溅在皮肤上马上用干布擦去再做处理。

2. 蔗糖和淀粉的水解反应时间比较长，要注意实训时间的分配。

3. 糖类物质都能发生莫立许反应，但丙酮、甲酸、乳酸、草酸、葡萄糖醛酸及糠醛衍生物等也能与莫立许试剂发生颜色反应。因此反应阳性只能表明可能是糖类，而反应阴性则是糖类不存在的确实证据。

4. 在相同条件下，塞利凡诺夫试剂与酮糖的反应速度比醛糖快15~20倍，在短时间内，酮糖已呈红色而醛糖几乎没有变化。但醛糖若加热的时间过长会出现红色，影响正常的实验结果。

5. 蔗糖和淀粉水解的沸水浴温度必须在80℃以上，否则无法水解完全。

6. 托伦试剂的配制：在硝酸银溶液中，先滴加1滴氢氧化钠溶液，然后在振摇下滴加氨水直至生成的氧化银沉淀恰好溶解为无色透明溶液即为托伦试剂。

7. 塞利凡诺夫试剂是间苯二酚的盐酸溶液。

五、实训思考

1. 为什么用碘液能证明淀粉溶液已经水解完全？淀粉水解后要先用碳酸钠中和至碱性，再用班氏试剂，为什么？

2. 在进行莫立许反应的实验操作时，为了能观察到明显的实验现象，需要注意什么问题？

3. 如何检验葡萄糖？

4. 使用浓硫酸需要注意哪些事项？

实训十　氨基酸和蛋白质

一、实训目的

1. 学会验证氨基酸和蛋白质的主要化学性质。

2. 掌握利用颜色反应鉴别氨基酸、蛋白质的方法。

3. 养成准确操作、细心观察的实验态度。

二、实训用品

1. **仪器**　10mL量筒、试管、试管夹、试管架、胶头滴管、玻璃棒、酒精灯、烧杯、石棉网、水浴锅、洗瓶、纱布。

2. **试剂**　鸡蛋、2.5mol/L盐酸、20g/L氢氧化钠溶液、95%乙醇、饱和硫酸铵溶液、10g/L硫酸铜溶液、0.2mol/L甘氨酸溶液、酪氨酸悬浊液、浓硝酸、氨水、蒸馏水、茚三酮。

三、实训步骤

（一）蛋白质溶液的配制

取1个鲜鸡蛋的蛋白置于烧杯中，再加入约50mL蒸馏水，用玻璃棒搅拌，让鸡蛋白充分溶解，用双层纱布过滤鸡蛋白溶液，将滤液装入试剂瓶中待用。

（二）蛋白质的两性

取2支试管，一支中加入1mL蛋白质溶液，再加1mL 2.5mol/L盐酸，沿试管壁慢慢加入1mL 20g/L氢氧化钠溶液，不要振荡，即分成上下两层，观察两层交界处发生的现象_____。另一支试管中，加入1mL蛋白质溶液后，再加入1mL 20g/L氢氧化钠溶液，然后沿试管壁加入1mL 2.5mol/L盐酸，不要振荡，即分成上下两层，观察两层交界处发生的现象_____。

（三）蛋白质的盐析

取1支试管，加入3~4mL蛋白质溶液，用滴管沿着试管壁慢慢加入3~4mL饱和硫酸铵溶液，静置，观察溶液变化_____。另取1支试管，加入1mL上述浑浊液，再加入2~3mL蒸馏水，振荡，观察浑浊液的变化_____，解释原因_____。

（四）蛋白质的变性

1. 加热 取1支试管，加入1mL蛋白质溶液，用酒精灯加热试管，观察变化_____并解释原因_____。

2. 乙醇对蛋白质的作用 取1支试管，加入3~4mL蛋白质溶液，用滴管沿试管壁缓慢加入20~25滴95%乙醇，静置几分钟，观察溶液变化_____。再在试管中加入3~4mL蒸馏水，振荡，观察沉淀有何变化_____，解释原因_____。

（五）颜色反应

1. 缩二脲反应 取2支试管，分别加入1mL 0.2mol/L甘氨酸溶液和蛋白质溶液，再加入2mL 20g/L氢氧化钠溶液和2~5滴10g/L硫酸铜溶液，振荡，观察并记录溶液颜色变化：甘氨酸溶液_____，蛋白质溶液_____，并解释原因_____。

2. 与茚三酮反应 取3支试管，分别加入1mL 0.2mol/L甘氨酸溶液、酪氨酸悬浊液和蛋白质溶液，再加入2~3滴茚三酮试剂，在沸水中加热5~10分钟，观察现象并记录：甘氨酸溶液_____，酪氨酸悬浊液_____，蛋白质溶液_____，并解释原因_____。

3. 黄蛋白反应 取3支试管，分别加入1mL 0.2mol/L甘氨酸溶液、酪氨酸悬浊液和蛋白质溶液，再加入6~8滴浓硝酸，试管放在沸水浴中或直接加热，观察现象并记录：甘氨酸溶液_____，酪氨酸悬浊液_____，蛋白质溶液_____。冷却后，再加入过量的氨水，观察现象并记录：甘氨酸溶液_____，酪氨酸悬浊液_____，蛋白质溶液_____。

四、实训提示

1. 浓硝酸是强氧化剂，具有腐蚀性，使用时应注意安全。
2. 缩二脲反应中，硫酸铜溶液不要过量，以免在碱性溶液中生成氢氧化铜沉淀。

五、实训思考

1. 怎样区别氨基酸和蛋白质？
2. 为什么在临床可以用酒精消毒？
3. 如何解释浓硝酸滴在皮肤上能使皮肤变黄？
4. 蛋白质的盐析和变性有什么不同？

实训十一　葡萄糖溶液旋光度的测定

一、实训目的

1. 掌握旋光仪的使用方法。
2. 学会计算比旋光度。
3. 了解旋光仪的构造和旋光度的测定原理。
4. 养成准确操作、细心观察的实验态度。

二、实训用品

1. 试剂　葡萄糖晶体、葡萄糖溶液。
2. 仪器　目测旋光仪、分析天平、洗瓶、胶头滴管、滤纸、100mL烧杯、100℃温度计、10mL容量瓶。

三、实训原理

根据物质是否具有光学活性可分为两类：一类具有使偏振光的偏振面旋转的性质（旋光性），如乳酸、葡萄糖等，称为旋光性物质或者光学活性物质；另一类对偏振光的偏振面不产生影响，没有旋光性，称为非旋光性物质。光学活性物质使偏振光的振动平面旋转的角度叫做旋光度。物质的旋光度与温度、溶液的浓度、溶剂、旋光样品测定管的长度和所用光源的波长等都有关系，所以各物质的旋光性常用比旋光度 $[\alpha]_\lambda^t$ 来表示。

$$[\alpha]_\lambda^t = \frac{\alpha}{l \times \rho_B}$$

式中：t 表示测定时的温度（℃）；λ 表示测定时光源的波长（一般用钠光灯，波长589nm）；l 表示旋光样品测定管的长度（dm）；ρ_B 表示样品溶液的浓度（g/mL）。

在一定条件下，比旋光度是光学物质的一个重要物理常数，通过测定旋光度可以进行含量测定或者纯度鉴定。

四、实训步骤

1. 葡萄糖溶液的配制　用分析天平准确称量10.000g（±0.003g）葡萄糖样品，放到小烧杯中，加入适量蒸馏水，搅拌使之溶解，定容转移到100mL容量瓶中，配成溶液。溶液若不透明澄清，用滤纸过滤。由于葡萄糖溶液具有变旋现象，所以待测葡萄糖溶液应该提前6小时配好（或可在配制葡萄糖溶液时加少量氨水作为稳定剂），以消除变旋现象，否则测定过程中会出现读数不稳定的现象。

2. 旋光仪零点的校正　在测定样品前，必须校正旋光仪的零点。方法是将旋光仪的测定管清洗干净，装上蒸馏水，使液面凸出管口，将玻璃盖沿管口边缘轻轻平推盖好，不能带入气泡，管内不能有空隙，否则会影响测定结果。然后拧上螺丝帽盖，使其不漏水，但不能拧得过紧，过紧使玻璃盖产生扭力，导致管内有空隙，影响测定结果。将测定管外壁擦干，放入旋光仪内，合上盖子，开启钠光灯5分钟左右预热，待发光正常后，将标尺盘调到零点左右，旋动旋钮，使光域中心明暗分界线清晰，即视场内Ⅰ和Ⅱ部分的明暗一致（见图11-1），记录读数。重复操作至少5次，取其平均值即为零点读数。如果零点相差太大时，应对仪器进行重新校正。

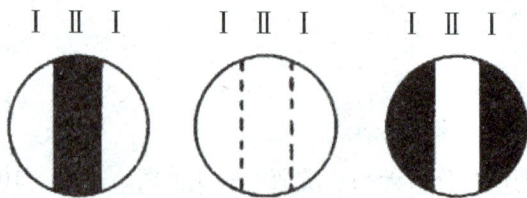

图11-1　旋光仪目镜视场图

3. 测定已知浓度的葡萄糖溶液的旋光度　样品的测定和调零的方法相同。每次测定之前测定管必须先用蒸馏水清洗1~2遍，再用上述少量已经配好的葡萄糖溶液润洗测定管2~3次，防止葡萄糖溶液被蒸馏水稀释而改变浓度。然后把葡萄糖溶液按照上述方法装入测定管中，这时的读数与零点之间的差距即为葡萄糖溶液的旋光度。读数时，观察葡萄糖溶液的变旋现象，读其稳定的读数。重复操作4~5次并取其稳定读数的平均值，读数与零点之差，即为葡萄糖在测定温度时的旋光度。记录溶液的温度和测定管的长度，然后按照公式计算其比旋光度。

4. **测定未知浓度葡萄糖的旋光度**　将测定管用蒸馏水洗净后，再用少量待测溶液润洗2～3次，按同样的方法测定旋光度，然后利用步骤3求出的比旋光度计算其浓度。

5. **整理清洗仪器**　实验完毕，用清水冲洗测定管，再用蒸馏水洗净，擦干存放。注意擦干外壁，以防止金属部件被腐蚀。镜片应用软绒布揩擦，勿用手触摸。

五、实训提示

1. 不能用手触摸镜片，以防玷污或划痕影响透光性。
2. 葡萄糖溶液应提前6小时配制，以防止变旋现象。
3. 测定管两端的螺扣不能拧松，防止溶液渗出。
4. 仪器不用时应该放在空气流通和温度适宜的地方，不能放在低处，以免光学零部件、偏振片等受潮发霉生锈而性能衰退。
5. 测定管使用后，应及时用水或者蒸馏水冲洗干净，擦干收好。
6. 仪器、钠光灯管、测定管用完后，应按规定位置放入箱内，以免压碎和落入灰尘。

六、实训思考

1. 测定糖类溶液的旋光度时，为什么要提前6小时配制？
2. 旋光度和比旋光度有什么区别？

参 考 答 案

第一章 绪论

一、选择题

1. A　2. C　3. B　4. D　5. B　6. D　7. D
8. C　9. C　10. B　11. C　12. A

二、填空题

1. 羰基（或酮基）　酯基　碳碳双键；氨基　羧基；醛基　酚羟基　醚键；羧基　醇羟基　酚羟基

2. 卤代烃　醛　羧酸　醇　酯　炔烃　烯烃　酰胺　胺　酮　醚　酚

3. 4-甲基-3-乙基-2-戊醇　3,4-二甲基戊酸　苯乙酸

4. 加氧　去氢　燃烧氧化　催化氧化　强氧化剂氧化　弱氧化剂氧化

5. CD　E　EB　A　D

三、将下列结构式转换为结构简式

CH₃CH₃　　CH₃CH₂CH₃　　CH₃CH₂OH

H₂C═CH₂　　HC≡CCH₃　　□

第二章 烃

第一节 饱和链烃

一、选择题

1. B　2. D　3. C　4. C　5. D　6. B

二、命名

1. 2-甲基丙烷　2. 2-甲基丁烷　3. 2,4-二甲基戊烷
4. 2,2-二甲基丙烷（新戊烷）　5. 2,2,4-三甲基戊烷

三、简答题

1. C₅H₁₂

2. CH₃CH₂CH₂CH₂CH₃　　　CH₃CHCH₂CH₃
　　　　　　　　　　　　　　　　　CH₃

　　正戊烷　戊烷　　　　异戊烷　2-甲基丁烷

新戊烷　2,2-二甲基丙烷

3. 正戊烷中甲基上的碳和氢分别为伯碳和伯氢；
—CH₂— 上的碳和氢分别为仲碳和仲氢。

异戊烷中甲基上的碳为伯碳，氢为伯氢；
—CH₂— 上的碳和氢分别为仲碳和仲氢；　—CH—

上的碳和氢分别为叔碳和叔氢。

新戊烷中甲基上的碳和氢分别为伯碳和伯氢；

—C— 上的碳为季碳。

第二节 不饱和链烃

一、选择题

1. B　2. A　3. A　4. C　5. A　6. B　7. D

二、填空题

1. 碳碳双键　碳碳叁键　2. 烯烃　炔烃　3. 乙烯　乙炔　4. CₙH₂ₙ　CₙH₂ₙ₋₂　5. 加成反应　6. 褪色　氧化　乙炔　加成

三、化合物的命名

1. 1-丁烯　2. 2,3-二甲基-2-丁烯　3. 4-甲基-2-己炔　4. 2-丁炔

四、完成下列反应方程式

1. CH₃CH₂CH₂CH₃

2. 　　BrBr
　　CH₃C CH　或　CH₃CBr₂CHBr₂
　　BrBr

3. CH₃CH₂COOH + CH₃COOH

4. 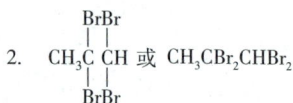　　5.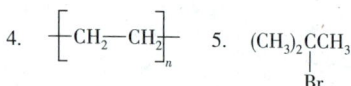

五、用化学方法鉴别下列各组化合物

1. 丙烷和丙烯：方法一：取2支洁净的试管各加入1mL溴水或溴的四氯化碳，将丙烷和丙烯分别通入上述

试管中，使溴水（黄~橙）或溴的四氯化碳（橙~橙红）褪色者为丙烯，不褪色者为丙烷。方法二：取2支洁净的试管各加入1mL酸性高锰酸钾溶液，将丙烷和丙烯分别通入上述试管中，使酸性高锰酸钾溶液褪色者为丙烯，不褪色者为丙烷。

2. 丁烷和丁炔：方法一、方法二同上。方法三：取2支洁净的试管各加入1mL硝酸银或氯化亚铜的氨溶液，将丁烷和丁炔分别通入上述试管中，生成白色或棕红色沉淀的是丁炔，无沉淀者为丁烷。

3. 1-戊炔和2-戊炔：取2支洁净的试管各加入1mL硝酸银或氯化亚铜的氨溶液，将1-戊炔和2-戊炔分别加入上述试管中，生成白色或棕红色沉淀的是1-戊炔，无沉淀者为2-戊炔。

六、简答题

炔诺酮为 RC≡CH 型炔烃，末端氢原子（炔氢）比较活泼，具有一定的酸性，可以被 Ag⁺、Cu⁺ 等金属离子置换生成白色炔化银或棕红色的炔化亚铜沉淀。

第三节　芳香烃

一、选择题

1. C　2. D　3. B　4. B　5. B　6. D

二、填空题

1. 苯环　苯　2. 烷基　C_nH_{2n-6}（$n \geq 6$）　加成　氧化　取代

三、用化学方法区别下列物质。

1. 室温下，取2支洁净的试管各加入1mL酸性高锰酸钾溶液，再分别加入苯和甲苯，能使高锰酸钾溶液褪色的是甲苯，不褪色的是苯。

2. 室温下，取3支洁净的试管各加入1mL溴的四氯化碳溶液，再分别加入苯丙烯、异丙基苯和叔丁基苯，使溴的四氯化碳溶液褪色的是苯丙烯；不褪色的是叔丁基苯和异丙基苯。取不褪色的叔丁基苯和异丙基苯于2支洁净的试管，向其中各加入酸性高锰酸钾溶液，紫色褪去的是异丙基苯，不褪色的是叔丁基苯。

四、完成下列反应式

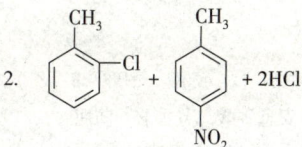

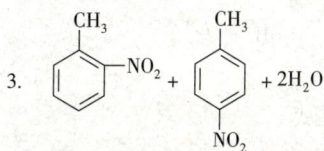

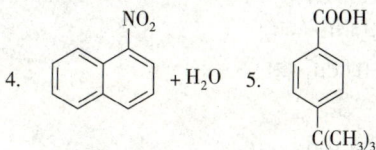

1. 〔苯〕—Cl + HCl

2. 〔2-氯甲苯〕 + 〔对硝基甲苯〕 + 2HCl

3. 〔邻硝基甲苯〕 + 〔对硝基甲苯〕 + 2H₂O

4. 〔硝基萘〕 + H₂O　5. 〔对叔丁基苯甲酸〕

第三章　有机化合物的电子效应

一、选择题

1. A　2. A　3. D　4. C　5. B

二、填空题

1. A > C > B　2. 诱导效应　共轭效应　3. π-π共轭　p-π共轭　σ-π共轭　4. 吸电子诱导效应　给电子诱导效应　增强　减弱　5. 稳定　更低　更趋于平均化　增大　6. 〔苯胺〕　$H_2C=CH-CH=CH_2$　$CH_3CH=CH_2$

第四章　烃的几种重要含氧衍生物

第一节　醇和醚

一、选择题

1. D　2. C　3. C　4. C　5. A　6. D　7. A　8. C　9. B　10. C　11. C　12. C　13. C　14. B　15. D　16. C　17. D　18. A　19. B

二、填空题

1. 木精或者木醇　酒精　毒性　2. 醛　乙醛　酮　丙酮　叔醇　3. 分子间　乙醚　分子内　乙烯　4. 消去反应　5. 酯化反应

三、命名题

1. 3-甲基-2-丁醇　2. 甲乙醚　3. β-苯乙醇

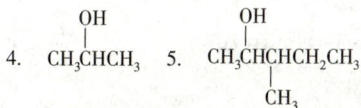

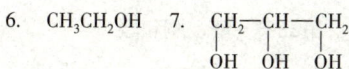

4. $CH_3\overset{OH}{\underset{\,}{C}}HCH_3$　5. $CH_3\overset{OH}{\underset{\,}{C}}HCH\overset{\,}{\underset{CH_3}{C}}H_2CH_3$

6. CH_3CH_2OH　7. $CH_2-CH-CH_2$ （OH OH OH）

8. 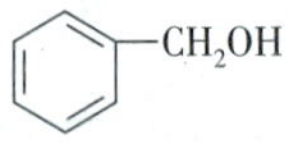

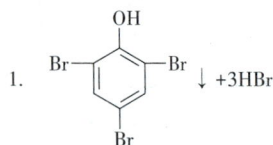

四、完成方程式

1. $CH_2{=}CH_2\uparrow + H_2O$

2. $2CH_3CHO + 2H_2O$

3. $2CH_3\overset{\displaystyle O}{\overset{\|}{C}}CH_3 + 2H_2O$（O 在 C 下方）

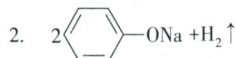

4. $2CH_3CH_2ONa + H_2\uparrow$

5. $CH_3CH_2OCH_2CH_3 + H_2O$

五、鉴别题

1. 取二种试液少许于二支试管中，分别加入新配制的 $Cu(OH)_2$，有深蓝色溶液生成的是甘油，无明显变化的是乙醇。

2. 方法一：取二种试液少许于二支试管中，分别加入Na，有气泡生成的是苯乙醇，无气泡生成的是苯乙烯；

方法二：取二种试液少许于二支试管中，分别加入溴水，颜色褪去的是苯乙烯，颜色无变化的是苯乙醇

3. 取二种试液少许于二支试管中，分别加入Na，有气泡生成的是苯甲醇，无气泡生成的是苯甲醚。

第二节 酚

一、选择题

1. D 2. B 3. C 4. C 5. C 6. D 7. B 8. B 9. B 10. B

二、填空题

1. 石炭酸 无 氧化 红 杀菌 消毒剂和防腐剂 2. 3 甲酚（或煤酚） 消毒剂

三、完成方程式

1. 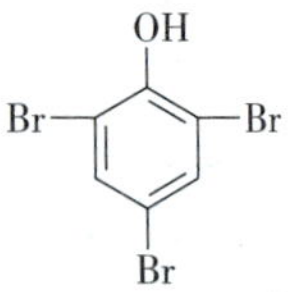 $\downarrow + 3HBr$

2. 2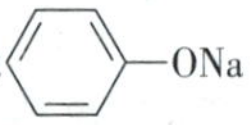 $+ H_2\uparrow$

3. 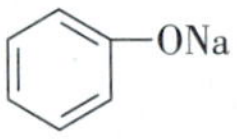 $+ H_2O$

第三节 醛、酮和醌

一、选择题

1. D 2. B 3. B 4. A 5. B 6. D 7. C

二、填空题

1. 醛基或 $-\overset{O}{\overset{\|}{C}}-H$ 酮基或 $-\overset{O}{\overset{\|}{C}}-$ 2. 银镜 斐林 3. 伯 仲 4. 蚁醛 福尔马林 消毒剂 防腐剂 5. 亚硝基铁氰化钠 鲜红 丙酮

三、用系统命名法命名下列化合物

1. 2-甲基-3-戊酮 2. 3-甲基丁醛 3. 3-氯丁醛 4. 2-甲基环己酮 5. 2-苯基丙醛

四、用化学方法鉴别下列各组化合物

1. 方法一：取二种试液少许于二支试管中，分别加入希夫试剂，显紫红色的是丙醛，不显色的是丙酮。

方法二：取二种试液少许于二支试管中，加入托伦试剂或斐林试剂并加热，出现银镜或砖红色沉淀的是丙醛，不反应的是丙酮。

方法三：取二种试液少许于二支试管中，加入亚硝基铁氰化钠的氢氧化钠溶液，呈鲜红色的为丙酮，不反应的是丙醛。

2. 方法一：取三种试液少许于三支试管中，分别加入碘水和氢氧化钠溶液，出现黄色沉淀的是乙醛和乙醇，不反应的是苯甲醛。取出现黄色沉淀的两种试液少许于另两支试管中，分别加入几滴希夫试剂，出现紫红色的是乙醛，不显色的是乙醇。

方法二：取三种试液少许于三支试管中，分别加入斐林试剂并加热，有砖红色沉淀的是乙醛，不反应的是乙醇和苯甲醛。取不反应的两种试液少许于另两支试管中，分别加入几滴希夫试剂，出现紫红色的是苯甲醛，不显色的是乙醇；或分别加入几滴托伦试剂并加热，出现银镜的是苯甲醛，不反应的是乙醇。

五、完成下列反应方程式

1. 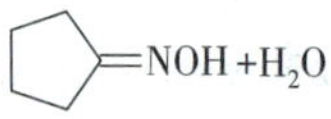 2. 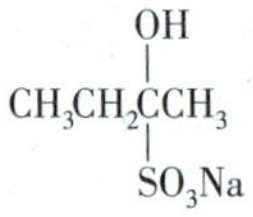

3. $CHI_3\downarrow + CH_3COONa + NaI + H_2O$

第四节 羧酸和取代羧酸

一、选择题

1. A 2. B 3. C 4. B 5. C 6. B 7. C 8. C

二、填空题

1. —COOH 甲酸 2. 醇酸 酚酸 3. 乙酰水杨酸 解热镇痛 4. 安息香酸 芳香酸 防腐

5. β-丁酮酸 β-羟基丁酸 丙酮

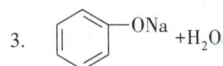

三、命名下列化合物或写出结构式

1. 3-甲基丁酸　2. 苯甲酸　3. 乙二酸　4. β-羟基丁酸　5. β-丁酮酸　6.

$$\underset{\underset{OH}{|}}{CH_3CHCOOH}$$

7.
$$\begin{array}{c} \text{(苯环)} \\ -OH \\ -COOH \end{array}$$

8.
$$\begin{array}{c} HO-CH-COOH \\ | \\ HO-CH-COOH \end{array}$$

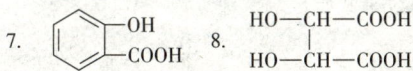

四、完成下列方程式

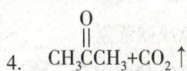

1. $CH_3COONa + CO_2\uparrow + H_2O$

2. $\underset{\underset{O}{\|}}{CH_3COCH_2CH_3} + H_2O$

3. $HCOOH + CO_2\uparrow$

4. $\underset{\underset{O}{\|}}{CH_3CCH_3} + CO_2\uparrow$

五、用化学方法鉴别下列各组化合物

1. 方法一：取三支洁净的试管，分别加入少量的甲醇、甲醛和甲酸，再各加入适量的托伦试剂，加热后有明亮银析出的是甲醛和甲酸，没有反应的是甲醇；再取两支洁净的试管，分别加入少量甲醛和甲酸，各加入 Na_2CO_3 溶液或 $NaHCO_3$ 溶液，有气泡产生的是甲酸，没有变化的是甲醛。

方法二：取三支洁净的试管，分别加入少量的甲醇、甲醛和甲酸，再各加入饱和 $NaHCO_3$ 溶液，有气泡产生的是甲酸，无气泡产生的是甲醇和甲醛；再取两支洁净的试管，分别加入少量甲醇和甲醛，各加入适量的托伦试剂（或斐林试剂），加热后有银析出（或产生砖红色沉淀）的是甲醛，没有变化的是甲醇。

2. 方法一：取三支洁净的试管，分别加入少量的丙醛、丙酮和丙酸，再各加入适量托伦试剂（或斐林试剂），加热后有银析出（或产生砖红色沉淀）的是丙醛，没有反应的是丙酮和丙酸；再取两支洁净的试管，分别加入少量丙酮和丙酸，各加入适量的2,4-二硝基苯肼，生成橙黄色或橙色晶体的是丙酮，没有变化的是丙酸。

方法二：取三支洁净的试管，分别加入少量的丙醛、丙酮和丙酸，再各加入适量的亚硝基铁氰化钠和 $NaOH$ 溶液，显鲜红色的是丙酮，没有变化的是丙醛和丙酸；再取两支洁净的试管，分别加入少量丙醛和丙酸，再各加入适量的托伦试剂（或斐林试剂），加热后有银（或产生砖红色沉淀）析出的是丙醛，没有变化的是丙酸。

第五节　酯

一、选择题

1. C　2. C　3. D　4. C　5. C　6. D　7. D　8. A

二、填空题

1. 酰基　烃氧基　2. 酸　醇　酯化　3. 异羟肟酸铁

三、化学反应方程式

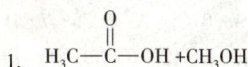

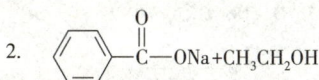

1. $\underset{\underset{O}{\|}}{H_3C-C-OH} + CH_3OH$

2. $\underset{\underset{O}{\|}}{\text{(苯环)}-C-ONa} + CH_3CH_2OH$

四、鉴别题

1. 方法一：取2支洁净的试管各加入1mL碳酸钠，再将乙酸和乙酸乙酯分别加入上述试管中，与碳酸钠反应有气泡生成的是乙酸，无气泡产生的是乙酸乙酯。

方法二：取2支洁净的试管分别加入1mL乙酸和乙酸乙酯，再各加入羟胺和碱性（过量），反应一段时间后，加酸至溶液显酸性，再加三氯化铁试剂，出现紫红色或红色的是乙酸乙酯，无该现象的是乙酸。

2. 取二种试液少许于二支试管中，加入托伦试剂或斐林试剂并加热，出现银镜或砖红色沉淀的是甲酸乙酯，不反应的是乙酸甲酯。

第五章　卤代烃

一、选择题

1. C　2. B　3. B　4. D

二、填空题

1. 难　易　大　增大　2. 醇　正丙醇　3. 乙烯　4. 四氯化碳

三、完成下列反应式

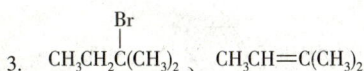

1. $CH_3CH_2CH_2CH_2OH$ 、 $CH_3CH_2CH=CH_2$

2. $CH_3C\equiv CH$

3. $\underset{\underset{Br}{|}}{CH_3CH_2C(CH_3)_2}$ 、 $CH_3CH=C(CH_3)_2$

四、简答题

1. 答：卤代烃取代反应的条件是碱的水溶液，需要加热；消去反应的条件是碱的醇溶液，需要加热。

2. 答：卤代烃与碱（NaOH 等）的水溶液共热一段时间后，加入硝酸至溶液显酸性，再加入硝酸银，若有白色沉淀出现则为氯代烃，若有浅黄色沉淀出现则为溴代烃，若有黄色沉淀出现则为碘代烃。

第六章　胺、酰胺和偶氮化合物

一、选择题

1. C　2. A　3. C　4. B　5. A　6. B　7. D
8. C　9. B　10. A　11. A　12. B　13. A　14. B
15. A　16. A　17. D　18. C

二、填空题

1. 碱性　中性　2. 两个或两个以上肽键　硫酸铜溶液　紫色或紫红色

3. 取代反应　芳醛或芳酮缩合反应　重氮化-偶合反应　2,4,6-三溴苯胺的白色沉淀　盐酸　亚硝酸钠　碱性 β-萘酚　猩红　黄　4. 酰胺　酰化　5. 酰化反应　6. 仲胺　叔胺　伯胺　仲胺

三、完成方程式

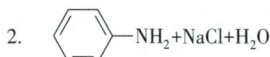

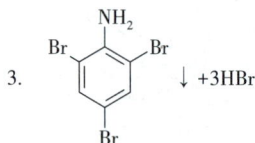

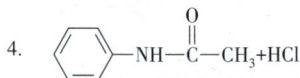

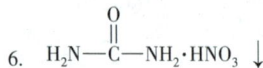

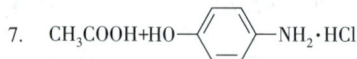

1.

2.

3.

4.

5.

6.

7. CH₃COOH+HO——NH₂·HCl

四、鉴别题

往三支洁净的试管中分别加入 1mL 三种胺，再各加入苯磺酰氯 1mL 和碱液 nmL 至溶液显碱性，与苯磺酰氯

不反应的是三乙胺，有沉淀物析出的是二乙胺，能溶解的是乙胺。

五、简答题

1. 答：利用胺与酰卤或酸酐的酰化反应来制备，制备的反应方程式如下：

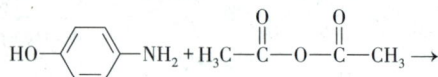

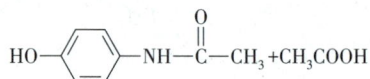

2. 答：化学性质可发生氧化反应、水解反应、取代反应、与 FeCl₃ 的显色反应、显弱酸性。稳定性差。

鉴别方法一：加 FeCl₃ 显紫色或蓝紫色

鉴别方法二：加 NaOH 并加热一段时间后，冷却至室温下，加二甲氨基苯甲醛有黄色物质生成或在低温下，加 HCl 和 NaNO₂ 后，再加碱性 β-萘酚有猩红色沉淀。

第七章　杂环化合物和生物碱

一、选择题

1. D　2. A　3. D　4. C　5. D　6. B

二、填空题

1. 非碳原子　杂原子　O　N　S　2. 碘化铋钾试剂　碘化汞钾试剂　碘-碘化钾试剂　硅钨酸试剂　苦味酸试剂　硫氰酸铬铵试剂　钒酸铵-浓硫酸溶液　钼酸铵或钼酸钠-浓硫酸溶液　甲醛-浓硫酸溶液　浓硫酸溶液　浓硝酸溶液　3. 植物碱　碱性　生理活性　氮杂环　4. 生物碱盐　5. 生物碱沉淀　生物碱显色

三、请说出下列物质中所含杂环母环的名称

1. 嘧啶　2. 吡啶　3. 吲哚　4. 嘌呤　5. 呋喃

第八章　脂类

一、选择题

1. D　2. D　3. C　4. D　5. B

二、填空题

1. 植物　液态　动物　固态　2. 高级脂肪酸钾盐　3. 不饱和程度　4. 氯仿　浅红色　蓝紫色　绿色

三、写出下列反应方程式

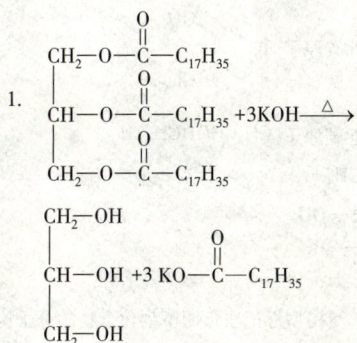

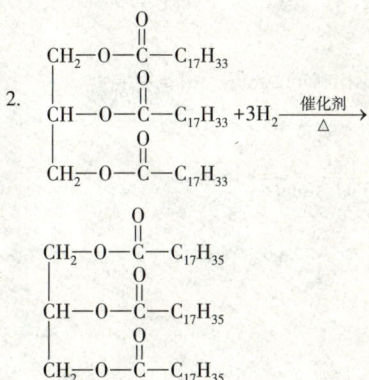

1.
$$\begin{matrix} CH_2-O-\overset{O}{\overset{\|}{C}}-C_{17}H_{35} \\ CH-O-\overset{O}{\overset{\|}{C}}-C_{17}H_{35} \\ CH_2-O-\overset{O}{\overset{\|}{C}}-C_{17}H_{35} \end{matrix} +3KOH \xrightarrow{\triangle}$$

$$\begin{matrix} CH_2-OH \\ CH-OH \\ CH_2-OH \end{matrix} +3\ KO-\overset{O}{\overset{\|}{C}}-C_{17}H_{35}$$

2.
$$\begin{matrix} CH_2-O-\overset{O}{\overset{\|}{C}}-C_{17}H_{33} \\ CH-O-\overset{O}{\overset{\|}{C}}-C_{17}H_{33} \\ CH_2-O-\overset{O}{\overset{\|}{C}}-C_{17}H_{33} \end{matrix} +3H_2 \xrightarrow[\triangle]{催化剂}$$

$$\begin{matrix} CH_2-O-\overset{O}{\overset{\|}{C}}-C_{17}H_{35} \\ CH-O-\overset{O}{\overset{\|}{C}}-C_{17}H_{35} \\ CH_2-O-\overset{O}{\overset{\|}{C}}-C_{17}H_{35} \end{matrix}$$

四、名词解释

1. 油脂在碱性溶液中发生的水解反应称为皂化反应。

2. 工业上把每100g油脂吸收碘的最大质量称为油脂的碘值。

3. 油脂在空气中放置过久，会逐渐发生变质，产生难闻的气味，这个现象称为酸败。

第九章　糖

一、选择题

1. D　2. D　3. D　4. A　5. B　6. B　7. D
8. C　9. C　10. A　11. B　12. A　13. C　14. D
15. B

二、填空题

1. 单糖　低聚糖　多糖　2. 血糖　班氏　3. 多羟基醛　多羟基酮　4. 糖　非糖　糖苷基　配糖基
5. 磷酸　1-磷酸葡萄糖酯　6-磷酸葡萄糖酯　1,6-二磷酸葡萄糖酯　6. 糊精　麦芽糖　葡萄糖

三、名词解释　答案略

四、简答题

1. 答：由于葡萄糖的六元环状结构含有5个碳原子和1个氧原子组成的六元杂环，它和杂环化合物吡喃的环型相似，因此称为吡喃葡萄糖。

由于果糖的五元环状结构含有4个碳原子和1个氧原子组成的五元杂环，它和杂环化合物呋喃的环型相似，因此称为呋喃果糖。

2. 答：糖原分子结构中的分支链比支链淀粉更多，更复杂。

五、鉴别题

1. 往两支洁净的试管中分别加入1mL两种糖溶液，再各加入0.5mL溴水，稍加热，溴水的红棕色褪去的是葡萄糖，溴水的红棕色不褪去的是果糖。

2. 往两支洁净的试管中分别加入1mL两种糖溶液，再各加入0.5mL班氏试剂或托伦试剂，水浴加热，有砖红色沉淀或银生成的是麦芽糖，没有砖红色沉淀或银生成的是蔗糖。

3. 往两支洁净的试管中分别加入1mL两种糖溶液，再各加入0.5mL班氏试剂或托伦试剂，水浴加热，有砖红色沉淀或银生成的是葡萄糖，没有砖红色沉淀或银生成的是蔗糖。

4. 往三支洁净的试管中分别加入1mL三种糖溶液，再各加入1滴碘水，变蓝色的是淀粉；再取两支洁净的试管，分别加入1mL蔗糖溶液和麦芽糖溶液，在这两支试管中分别加入0.5mL班氏试剂或托伦试剂，水浴加热，有砖红色沉淀或银生成的是麦芽糖，没有砖红色沉淀或银生成的是蔗糖。

第十章　氨基酸和蛋白质

一、选择题

1. C　2. A　3. B　4. A　5. D　6. C　7. D
8. B　9. C　10. C

二、填空题

1. —COOH　—NH$_2$　两性　2. 肽键　3. C H O N 6.25　4. 沉淀　盐析　变性　5. 缩二脲反应　茚三酮反应　黄蛋白反应

三、简答题

1. 因为蛋白质中具有显碱性的官能团氨基（—NH$_2$），也有显酸性的官能团羧基（—COOH），它是两性化合物。

2. 蛋白质的盐析是可逆的，变性是不可逆的。

第十一章　对映异构体

一、选择题

1. A　2. B　3. A　4. A　5. A　6. B

二、填空题

1. 只在某一个平面方向上振动的光

2. 在一定温度下，光源波长一定时，待测溶液浓度为1g/mL，旋光样品测定管长度为1dm条件下测得的旋光度

3. 构型　旋光方向

4. 镜像　对映异构体

三、判断下列化合物分子中有无手性碳原子，如果有请用*标示出来

1. 无手性碳原子；

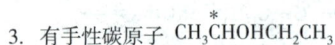

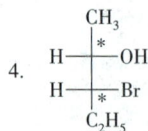

2. 有手性碳原子

3. 有手性碳原子 $CH_3\overset{*}{C}HOHCH_2CH_3$

4.

四、用 R、S 构型标记法标明下列化合物的分子构型

1. R-型；2. S-型；3. S-型；4. R-型。

五、计算

解：根据比旋光度公式：$[\alpha]_{\lambda}^{T} = \dfrac{\alpha}{l \times \rho_B}$

可得其比旋光度为：

$$\frac{+1.65°}{0.005/mL \times 2dm} = +165°$$

主要参考书目

［1］刘斌. 有机化学. 北京：人民卫生出版社，2016

［2］李湘苏. 医用化学基础. 西安：第四军医大学出版社，2016

［3］李晓岚. 医用化学基础. 南京：江苏凤凰科学技术出版社，2015

［4］孙颜坪. 有机化学基础. 北京：人民卫生出版社，2015

［5］马祥志. 有机化学. 北京：中国中医药出版社，2015

［6］韦国锋. 有机化学. 北京：中国中医药出版社，2014

［7］陆涛. 有机化学. 北京：人民卫生出版社，2014

［8］王志江. 有机化学. 北京：人民卫生出版社，2014

［9］庞满坤. 天然药物化学基础. 北京：中国中医药出版社，2013

［10］宋克让. 有机化学基础. 北京：中国中医药出版社，2013

［11］刘斌，陈任宏. 有机化学. 北京：人民卫生出版社，2013

［12］刘文娟. 药物化学基础. 北京：中国中医药出版社，2013

［13］卫月琴. 有机化学基础. 北京：中国中医药出版社，2013

［14］王志宏. 生物化学. 北京：中国中医药出版社，2013

［15］曾崇理. 有机化学. 北京：人民卫生出版社，2010

［16］曾崇理. 有机化学. 北京：人民卫生出版社，2008

［17］倪沛洲. 有机化学. 北京：人民卫生出版社，2003

［18］曾明. 化学实验. 北京：北京大学医学出版社，2009